Heinz-Jürgen Beyer · Birgit Röder
Studienführer Geschichts-, Kunst- und
Altertumswissenschaften

Heinz-Jürgen Beyer
Birgit Röder

Studienführer Geschichts-, Kunst- und Altertumswissenschaften

Archäologie
Geschichte
Klassische Philologie
Kunstgeschichte
Musikwissenschaft
Theaterwissenschaft
Völkerkunde / Ethnologie
Volkskunde
Vor- und Frühgeschichte

Mit Beiträgen von
Gerhard Binder
Christoph Brumann
Reinhold Glei
Rolf Hachmann
Jürgen Hofmann
Kurt Lehnstaedt
Jan Lichardus
Christoph-Hellmut Mahling
Michael Prosser
Barbara Purbs
Dieter Scheler
Frauke Stein

Studienführer Geschichts-, Kunst- und Altertumswissenschaften
Archäologie, Geschichte, Klassische Philologie, Kunstgeschichte,
Musikwissenschaft, Theaterwissenschaft, Völkerkunde / Ethnologie, Volkskunde,
Vor- und Frühgeschichte

Heinz-Jürgen Beyer, Birgit Röder. Mit Beiträgen von Gerhard Binder ...,
3., aktualisierte und erweiterte Auflage
Redaktion: SWB Communications, Dr. Sabine Werner-Birkenbach
Würzburg: Lexika Verlag / Krick Fachmedien GmbH + Co., 1998
ISBN 3-89694-210-7

Lexika Verlag erscheint bei Krick Fachmedien GmbH + Co., Würzburg

3., aktualisierte und erweiterte Auflage
© 1998 Krick Fachmedien GmbH + Co., Würzburg
Satz: Fotosatz-Service Köhler, Würzburg
Druck: Schleunungdruck, Marktheidenfeld
Printed in Germany
ISBN 3-89694-210-7

Vorwort

Die kunst- und altertumswissenschaftlichen Fächer gelten im Hochschulbereich traditionell als „Orchideenfächer": mehr Dozenten als Studenten. Diese Aussage hat heute allerdings kaum noch Gültigkeit, denn einerseits wird gerade in diesen Fächern gespart, und andererseits sind auch hier die Studentenzahlen in die Höhe geschnellt. Trotzdem können diese Fächer immer noch zu den sogenannten kleinen Fächern gezählt werden: bundesweit studieren gerade 600 Studenten Griechisch, während in Geschichte, als stärkstem Fach, etwas über 30 000 Hauptfachstudierende gezählt werden.

Unter wirtschaftlichen Gesichtspunkten würde sich für keines der hier behandelten Fächer ein detaillierter Studienführer lohnen. Doch gibt es auch andere Aspekte, die dafür sprechen, die Fächer Archäologie, Vor- und Frühgeschichte, Geschichte, Kunstgeschichte, Klassische Philologie (Latein und Griechisch), Theaterwissenschaft, Musikwissenschaft, Völkerkunde und Volkskunde in einem Studienführer zu vereinigen. Zum einen bestehen zwischen ihnen historisch und methodisch beachtliche Gemeinsamkeiten, zum anderen beschränken sich die Studierenden bei der Kombination ihrer Studien- und Prüfungsfächer selten auf nur eines aus dem hier vorgestellten Spektrum.

Damit nähern wir uns auch den Adressaten dieses Studienführers: alle diejenigen, die unmittelbar als Schüler bzw. Abiturienten oder mittelbar als Eltern und Lehrer vor einer Studienwahl stehen. Daß jedoch nicht nur Abiturienten angesprochen sind, sondern auch ältere Mitbürger, die sich erstmals mit der Hochschulwelt beschäftigen, ergibt sich schlicht daraus, daß gut zwei Drittel der studieninteressierten Senioren sich für Lehrveranstaltungen gerade dieser Fächer einschreiben.

So haben wir uns bemüht, Gemeinsamkeiten in diesem Fächer-Spektrum zusammenzufassen. Dies gilt besonders für die Übersicht über die Hochschulorte, für den Hochschulzugang, das Lehrveranstaltungsangebot, die Studienorganisation, die Finanzierung und schließlich die Arbeitsmarktsituation. Andererseits haben sich die Autoren aus den verschiedenen Disziplinen bemüht, Spezifika der jeweiligen Fächer hervorzuheben und zu charakterisieren. Daß dies alles nur ein erster Ansatzpunkt sein kann und weder ein Beratungsgespräch noch persönliche Erfahrungen zu ersetzen vermag, wird auch im nachfolgenden noch eigens hervorgehoben werden. Denn wie meinte doch auch schon Goethe in seinem „Faust" vor 200 Jahren: „Grau, teurer Freund, ist alle Theorie ..."

Die starke Nachfrage nach diesem Studienführer hat Verfasser wie Herausgeber natürlich gefreut. Immerhin ist so bereits die 3. Auflage möglich und nötig geworden, die nunmehr auch die erweiterte Bildungslandschaft des zwischenzeitlich zusammengewachsenen Deutschland hinreichend berücksichtigt. Zugleich wird auch ein besonderes Augenmerk auf die neuen Informationstechniken und -technologien wie beispielsweise das Internet gelegt.

Inhalt

1 Allgemeiner Teil zur Studienwahl

1.1 Studium oder nicht?

Die Entscheidung zum Studium muß heute gut überlegt sein. Entgegen der Bildungseuphorie der 60er Jahre, daß ein „Mehr an Bildung auch ein Mehr an Chancen" bedeute, müssen wir heute mindestens genauso skeptisch auf ein Studium wie auf andere Arten von Ausbildung blicken. Der Arbeitsmarkt honoriert derzeit „Bildung" nur dort, wo sie tatsächlich zum Beispiel aufgrund tarifvertraglicher Voraussetzungen verlangt wird – alles andere gilt als Luxus.

Wer dies nicht beachtet oder sich im Bildungspoker verrechnet, wird dafür in irgendeiner Form zu bezahlen haben. Auch an den Hochschulen ist man sich dieser Situation auf dem Bildungs- und Arbeitsmarkt zunehmend bewußt geworden und bemüht sich, hochschulexterne Faktoren stärker ins Studium einzubeziehen. Dies entbindet den einzelnen Studierenden jedoch nicht davon, selbst zu überlegen, wie er die jeweiligen Angebote zu bewerten hat und sinnvoll einbeziehen will.

Wer studiert dann heute noch? Und vor allem die stärker „musisch" orientierten sogenannten Orchideenfächer? Hinsichtlich derer, die sich zu studieren anschicken, lassen sich immerhin verschiedene Gruppen, Persönlichkeitsbilder und Charaktere unterscheiden:
- diejenigen, die sich in der Schule in einem entsprechenden Leistungskurs wohlgefühlt haben, zu achtbaren Punktzahlen gelangt sind und nun in einem „entsprechenden" Fach Vergleichbares erwarten,
- diejenigen, die auf fremde Völker und Kulturen oder ferne Zeiten neugierig sind,
- diejenigen, die hoffen, durch die Wahl eines eher seltenen Studiengangs eine Arbeitsmarktnische zu erhaschen,
- diejenigen, die aus „Verlegenheit" oder als „Übergangslösung" (bis sie etwas „Vernünftiges" gefunden haben) mal in eine solche Disziplin hineinschnuppern.[1]

---

[1] „Bei etwa 15 v. H. der Studienanfänger ist das Studium aufgrund des Zusammentreffens von fehlender Studienmotivation und schlechten Berufsaussichten oder infolge fehlender Aussichten, die schwerpunktmäßig mit dem Studium verbundenen Berufs- und Karriereziele zu verwirklichen, als Verlegenheitslösung einzuschätzen." Bei den Fächern der Philosophischen Fakultät liegt der entsprechende Prozentsatz wohl noch um einiges höher (K. Lewin, Leszczensky u. a., Studienwünsche und Studienwahl ... – Befragung im WS 1983/84 = HIS-Kurzinformation A8/84, S. 10). Hierzu „passen" auch die Ergebnisse neuerer Hochschul-Informationssystem-Studien, wonach sich lediglich ein Viertel aller Studienanfänger vor Studienbeginn „halbwegs gut" über das Studium und die Situation an der Hochschule informiert fühlt, während sich über zwei Fünftel als „nicht ausreichend" informiert betrachten (K. Lewin, U. Heublein u. a., Vorbereitung auf das Studium und Informationsstand deutscher Studienanfänger bei Studienbeginn =

Die Studienwahl bewegt sich nach wie vor in einem Engpaß zwischen Notenjagd und Numerus clausus (NC), zwischen elterlichem Drängen und jugendlicher Skepsis, zwischen schwer definierbaren persönlichen Interessen und durchaus verständlichen Zukunftsängsten. Politische Unsicherheit und berufliche Unwägbarkeiten belasten heute weitaus mehr als in früheren Jahren und Jahrzehnten. „Das Wichtigste im Leben ist die Berufswahl. Der Zufall entscheidet darüber ..." bemerkte der französische Philosoph Pascal.[2] Wenn er recht hat, dann gilt seine Feststellung auch in erheblichem Maße für die Studienwahl. Dies zum Trost für diejenigen, die sich zu sehr mit ihrer Entscheidungsfindung quälen: Es kommt doch häufig alles anders ...

Ein Hobby wird professionalisiert, man verspricht sich von diesem Studium eine Menge schöner Sachen und dies nicht nur unter einer wachsenden Anzahl von ‚Alternativlern', die ihr Studium ähnlich ‚anders' gestalten wollen wie ihr übriges Leben. Im Verlaufe des Studiums findet dann eine Korrektur falscher Vorstellungen statt – Illusionen werden gebrochen. Denn schon ab dem 2. Semester wird in zunehmendem Maße erkannt, daß Kunstgeschichte an einer Universität vornehmlich Ausbildung für Wissenschaftler ist, wobei ‚Schönheit' durch Reflexion zunächst zerstört wird. Denn hier an der Universität sollen Leute herangezogen werden, die nicht am Kaminfeuer über Kunst plaudern und Kunst genießen, sondern eines Tages Bücher und Aufsätze über Kunst schreiben können.

Dr. Ernst Rebel, Studienberater des Instituts für Kunstgeschichte der LMU München, in: Magister (1983), S. 34.

1.2 Woher bekommt man Informationen?

Das *Lesen* ist eine wichtige Kategorie für die Überprüfung der Studieneignung. Lesen, aber was? Literaturempfehlungen zu den einzelnen Fächern finden sich jeweils am Ende der fachspezifischen Kapitel dieses Studienführers, aber bereits an dieser Stelle können einige allgemeinere Hinweise gegeben werden.

HIS-Kurzinfo A8/97, S. 9 f.), und interessanterweise geben immerhin 18 % der Studienabbrecher an, daß ihnen im Kontext der Ausbildungswahl „das Studium das kleinste Übel" zu sein schien. (H. Cordier, Studienabbruch ... = HIS-Kurzinfo A6/94, S. 13).
[2] Zitiert nach A. Stöcklein, „Nach Jahr und Tag", in: AGAB-Bulletin 134 (Mai 1990) S. 19 f.

Jeden Monat bringen die in den Schulen kostenlos verteilten abi-Hefte[3] Einführungen in verschiedene Studiengänge, Ausbildungen und Berufsfelder. Dabei werden meist auch Anregungen zur Lektüre gegeben. Erwähnt seien hier Beiträge aus den letzten Jahren:

- Archäologie: „In die Tiefe gehen", in: abi 8+9/97, S. 16ff.; Arbeitsmarkt-Situation, in: abi 2/95, S. 20ff. (vgl. auch „Archäologin als Studienreiseleiterin", in: UNI 6/95, S. 58ff.),
- Geschichte: Quellen-Studium (abi 5/93, S. 37ff.),
- Historiker-Arbeitsmarkt: Zurück ohne Zukunft? (abi 2/95, S. 20ff.),
- Journalismus: Wege zum Journalismus (abi 4/93, S. 26ff.),
  Journalisten-Arbeitsmarkt: Nachgehakt (abi 3/95, S. 28ff.),
- Klassische Philologie: Alte Sprachen im Studium (abi 1/96, S. 20f.),
- Kunstgeschichte (abi 4/93, S. 36ff.) (vgl. auch „Kunsthistorikerin bei einem Spezialversicherer", in: UNI 7/96, S. 18),
- Lehrer-Arbeitsmarkt: Bedarfsprognosen (abi 3/97, S. 27ff. & 5/95, S. 35ff.), (vgl. auch „Arbeitsmarkt Gymnasiallehrer/Sekundarstufe II", in: UNI 3/96, S. 11ff. sowie „... Sekundarstufe I", in: UNI 3/97, S. 46ff.),
- Theaterberufe-Arbeitsmarkt: Nachwuchs im Rampenlicht (abi 10/94, S. 30ff.) (vgl. auch „Die Zukunft der Theaterberufe", in: UNI 7/94, S. 35ff.).

Die Hefte sind auch in den Berufsinformationszentren (BIZ) der Arbeitsämter einsehbar.

Weiterführende Literaturhinweise enthalten die manchen Schülern schon bekannten „Blätter zur Berufskunde", die im Auftrag der Bundesanstalt für Arbeit vom Bertelsmann Verlag vertrieben werden. Mit einer Bestellkarte, die sich im Buch „Studien- und Berufswahl", das im allgemeinen von den Berufsberatern in der Jahrgangsstufe 12 verteilt wird, findet, können kostenlos 2 Hefte beim Verlag bestellt werden. In unserem Fächerkontext können beispielsweise die folgenden Hefte interessant sein:

- Archivar, höherer Dienst (3-X A 01/ 1997),
- Auswärtiger Dienst, Beamter des höheren Dienstes (3-VII F 01/ 1994),
- Bibliothekar, höherer Dienst an wissenschaftlichen Bibliotheken (3-X B 01/ 1994),
- Bundesanstalt für Arbeit, höherer Dienst (3-VII E 02/ 1993),
- Dokumentar, wissenschaftlicher (3-X C 01/ 1984 – nicht mehr verfügbar),[4]

---

[3] Ergänzt werden hier auch einzelne Artikel der Zeitschrift UNI, die ebenfalls von der Bundesanstalt für Arbeit herausgegeben wird und inzwischen (immerhin teilweise) auch im Internet verfügbar ist: http://www.unimagazin.de.

[4] Vgl. auch „Wissenschaftlicher Dokumentar im Industrieunternehmen", in: UNI 5/97, S. 30ff.

- Historiker (3-X J 01/ 1992),
- Internationale Organisationen, Beamter (3-VII F 02/ 1994) (vgl. auch „Praktika bei internationalen Organisationen", in: UNI 1/96, S. 33 ff.),
- Journalist (2-X F 30/ 1996),[5]
- Klassischer Archäologe (3-X J 03/ 1995),
- Klassischer Philologe (3-X H 02/ 1994),
- Kulturwissenschaftler/-pädagoge (3-X L 05/ 1994),
- Kunsthistoriker (3-X J 02/ Neuaufl. 1998 in Vorbereitung),
- Lehrer an Grund- und Haupt-, Realschulen, Gymnasien bzw. entsprechenden Schulstufen (3-III A 01/ 1993, 3-III B 01/ 1993, 3-III C 01/ 1996) sowie beruflichen Schulen (3-III D 02/ 1994),
- Musikwissenschaftler (3-X L 01/ 1992),
- Professor an wissenschaftlichen Hochschulen (3-III F 01/ 1994) ,
- Theaterwissenschaftler u.a. (3-X K 01/ 1995),
- Völkerkundler/Ethnologe (3-X G 02/1980 – nicht mehr verfügbar),
- Volkshochschulen, Leiter / pädagogischer Mitarbeiter (3-III E 04/ 1994)[6].

Wer in einer größeren Stadt lebt, hat natürlich mehr Möglichkeiten zur Literaturrecherche und -beschaffung: Universitäts-, Landes- oder Stadtbibliothek. Durchweg findet sich dort ein Schlagwortkatalog, der den direkten Zugriff auf eine Fülle von Fachliteratur gestattet. Aber selbst in kleineren Bibliotheken finden sich zumeist ordentliche Nachschlagewerke – und sei es nur der Große Brockhaus –, die immerhin einen Einstieg in spezielle Literatur ermöglichen. Die Anmerkungen und Fußnoten des ersten Fachbuchs führen dann sowieso in höhere Literatursphären weiter. Bei der Buchbeschaffung per Fernleihe kann jede Bibliothek behilflich sein.

Wer schon den genannten regionalen Vorzug genießt, an einem Hochschulort oder in seiner Nähe zu wohnen, sollte sich auch nicht scheuen, einen mutigen Schritt weiter zu gehen. Denn in der Hochschule gibt es ja nicht nur eine Unibibliothek und viele Instituts- oder Seminarbibliotheken, sondern auch Lehrveranstaltungen. Dort einmal – oder besser sogar mehrmals – hineinzuhorchen, erspart nicht nur manche spätere Überraschung, sondern vermittelt auch unzählige Lektüreanregungen. Nicht umsonst empfehlen inzwischen viele Hochschulen den Abiturienten ein sogenanntes *Schnupperstudium*. Mitunter haben die Zentralen Studienbera-

---

[5] Eine Broschüre „Arbeitsmarkt-Information für Jornalistinnen und Journalisten" ist kostenlos erhältlich bei der Zentralstelle für Arbeitsvermittlung (ZAV) Arbeitsmarktinformationsstelle (60079 Frankfurt/M., Postfach 170545).
[6] Vgl. auch „Pädagogin in einer Weiterbildungseinrichtung", in: UNI, 2/96, S. 54 ff.

tungen zu diesem Zweck sogar spezielle Lehrveranstaltungsverzeichnisse zusammengestellt.

Die Studienanfänger weisen bei Studienbeginn große Lücken in ihren Kenntnissen über die Situation an den Hochschulen und in ihren jeweiligen Studiengängen auf. ... Eine der Ursachen für diese Wissenslücken ist darin zu suchen, daß die Studienanfänger in der Vorphase des Studiums zwar häufig ihre Freunde und Eltern zu Rate ziehen, aber primäre Informationsquellen wie Hochschullehrer, Studierende, Kontakte zur beruflichen Praxis und die Studienberatung der Hochschule in dieser Phase nur wenig nutzen. Gerade aber das persönliche Gespräch mit Hochschullehrern und Studierenden wird von jenen Studienanfängern, die solche Gespräche vor dem Studium geführt haben, als am wichtigsten und ergiebigsten hinsichtlich ihrer Informationssituation über Studienanforderungen und -bedingungen eingeschätzt.

J. Ederleh, HIS-Materialien zum Hochschulzugang, in: HIS-Kurzinformation A5/97, S. 23.

Den vorgenannten eher „unpersönlichen" Varianten der Information stehen die Möglichkeiten zu Gespräch und persönlicher *Beratung* keinesfalls nach. Dafür bieten sich nicht nur die bereits erwähnten Zentralen Studienberatungsstellen der Hochschulen an, sondern auch die Studienfachberater in den Fachbereichen. Diese sind im allgemeinen Hochschullehrer, die besonders den Studienanfängern bei der Orientierung in der Hochschule helfen sollen. Gerade in den sogenannten kleinen Fächern kann der Kontakt zwischen Hochschullehrern und Studenten noch etwas enger gehalten werden, und daran mag auch der Abiturient, den ja doch gar nicht so viel vom Studienanfänger trennt, partizipieren.

Nicht wenige Hochschulen organisieren auch – meist im Frühjahr – Informationsveranstaltungen für Studieninteressenten. Zu erwähnen sind hier: Info-Tage (z.B. Bayreuth), Beratungsmessen (z.B. Münster), Hochschulinformationsbesuche (z.B. Saarbrücken) oder sogar Wochenkurse (z.B. Marburg) bzw. Projektwochen (z.B. Duisburg). Auch die vielerorts veranstalteten Tage der Offenen Tür können für diesen Zweck nützlich sein.

Zur Information über die beruflichen Perspektiven, das heißt über Tätigkeitsfelder und Marktsituation, gibt es beim Arbeitsamt sowohl die Berufsberater als auch sogenannte Berufsinformationszentren (BIZ). Darüber hinaus bedient sich inzwischen die überwiegende Mehrzahl der Hochschulen der neuesten Technik per Computer. Im Internet bieten die Hochschulen einen Überblick über ihre Studienangebote[7].

Hochschulen in Deutschland (aktive „Links" im Internet)

Universitäten

Aachen, Augsburg, Bamberg, Bayreuth, FU-Berlin, Humboldt-Berlin, TU-Berlin, Bielefeld, Bochum, Bonn, Braunschweig, Bremen, Chemnitz-Zwickau, Clausthal, Cottbus, Darmstadt, Dortmund, Dresden, Düsseldorf, Duisburg, Eichstätt, Erlangen-Nürnberg, Essen, Frankfurt (Oder), Frankfurt (Main), Freiburg, Germersheim, Gießen, Göttingen, Greifswald, Hagen, Halle-Wittenberg, Hamburg, Hamburg (BW), TU-Hamburg-Harburg, Hannover, Heidelberg, Hildesheim, Hohenheim, Ilmenau, Jena, Kaiserslautern, Karlsruhe, Kassel, Kiel, Koblenz, Köln, Köthen, Konstanz, Landau, Leipzig, Lübeck, Lüneburg, Magdeburg, Mainz, Mannheim, Marburg, LMU-München, TU-München, BW-München, Münster, Oestrich-Winkel (ebs), Offenbach, Oldenburg, Osnabrück, Paderborn, Passau, Potsdam, Regensburg, Rostock, Saarbrücken, Siegen, Stuttgart, Trier, Tübingen, Ulm, Vechta, Weimar, Witten, Wuppertal, Würzburg

Fachhochschulen

Aachen, Aalen, Albstadt-Sigmaringen, Amberg, Anhalt, Ansbach, Augsburg, Aschaffenburg, FHTW Berlin, Berlin (Telekom), Bernburg, Biberach, Bielefeld, Bingen, Bochum, Bonn, Brandenburg, Bremen, Bremerhaven, Coburg, Darmstadt, Deggendorf, Dessau, Detmold, Dieburg, Dortmund, Dresden, Düsseldorf, Eberswalde, Emden (Ostfriesland), Erfurt, Essen, Esslingen, Flensburg, Frankfurt (Main), Fulda, Furtwangen, Gelsenkirchen, Geisenheim, Gießen-Friedberg, Gummersbach, Hamburg, Hannover, Heidelberg, Heilbronn, Hildesheim/Holzminden, Hof, Jena, Ingolstadt, Iserlohn, Isny, Jülich, Kaiserslautern, Karlsruhe, Kehl, Kempten, Kiel, Koblenz, Köln, Köthen, Konstanz, Krefeld, Lahr, Landshut, Leipzig (Telekom), Lippe (Lemgo), Ludwigsburg, Ludwigshafen, Lübeck, Lüneburg, Magdeburg, Mannheim, Mainz, Merseburg, Minden, Mittweida, Mönchengladbach, München, Mün-

---

[7] Internetadresse: http://goethe.ira.uka.de/people/felix/DeutscheHochschulen.html.

ster, Neubrandenburg, Neu-Ulm, Nürnberg, Nürtingen, Offenburg, Oldenburg, Osnabrück, Pforzheim, Pirmasens, Potsdam, Regensburg, Rendsburg, Reutlingen, Rottenburg, Rosenheim, Rüsselsheim, Saarbrücken, Schmalkalden, Schwäbisch Gmünd, Schwetzingen, Schweinfurt, Senftenberg (Lausitz), Speyer, St. Augustin (Rhein-Sieg), Stralsund, Stuttgart (Bib), Stuttgart (Druck), Stuttgart (Technik), Trier, Triesdorf, Ulm, Villingen-Schwenningen, Wedel, Weihenstephan, Weiden, Ravensburg-Weingarten, Wernigerode, Wiesbaden, Wildau, Wilhelmshaven, Wismar, Wolfenbüttel, Wolfsburg, Worms, Würzburg, Zittau-Görlitz, Zweibrücken, Zwickau

Berufsakademien

Bautzen, Berlin, Lingen, Emsland, Glauchau, Heidenheim, Karlsruhe, Lörrach, Mannheim, Mosbach, Offenburg, Ravensburg, Rottenburg, Stuttgart

Pädagogische Hochschulen

Erfurt/Mühlhausen, Freiburg, Heidelberg, Karlsruhe, Kiel, Ludwigsburg, Schwäbisch Gmünd, Weingarten

Ausführliche Liste nach Bundesländern sortiert

Liebe Benutzer dieser Serie, bitte prüfen Sie, ob Ihre Hochschule richtig eingetragen ist und melden Sie mir Ergänzungen und Korrekturen, Danke.
Felix Holderied (felix@uni-karlsruhe.de)

Herkömmliche Informationsmaterialien sind *Hochschulführer, Studienführer* oder *Studienpläne.* Als Beispiele seien herausgestellt
- das bereits erwähnte Handbuch „Studien- und Berufswahl", herausgegeben von der Bund-Länder-Kommission für Bildungsplanung und Forschungsförderung (BLK) und der Bundesanstalt für Arbeit (BA),
- die Broschüre „Universitäten in Bayern" des Bayerischen Staatsministeriums für Unterricht, Kultus, Wissenschaft und Kunst,
- die vom Hessischen Ministerium für Wissenschaft und Kunst herausgegebene Druckschrift „Studieren in Hessen",
- der „Studienführer Rheinland-Pfalz", herausgegeben im Auftrag des Ministeriums für Bildung, Wissenschaft und Weiterbildung Rheinland-Pfalz,
- das „Studienhandbuch: Studienmöglichkeiten im Saarland", herausgegeben vom Studienzentrum der Universität des Saarlandes.

Es soll schließlich nicht unerwähnt bleiben, daß die Beratungsstellen oft auch Testmöglichkeiten anbieten. Es stellt sich dabei allerdings das Problem, daß die entsprechenden Verfahren nicht so differenziert sind, daß man zu eindeutigen Schlußfolgerungen kommen könnte. Fragen wie „Studieren oder nicht?" oder „Kunstgeschichte oder Geschichte?" bzw. „Archäologie oder Vor- und Frühgeschichte?" können nicht seriös beantwortet werden. Tests können aber immerhin eine Hilfe bei der Entscheidungsfindung sein und auch zu neuen Überlegungen anregen.

1.3 Wie erstelle ich meinen Studienplan?

Viele Studienanfänger kommen am ersten Lehrveranstaltungstag – und der ist im allgemeinen etwa zwei Wochen später als der sogenannte Semesterbeginn – an die Hochschule und erwarten, daß sie dann einen Stundenplan bekommen, aus dem sie die Art ihrer Lehrveranstaltungen, Ort und Zeit entnehmen können. Aber gerade in der Philosophischen Fakultät, zu der unsere Studiengänge im allgemeinen gehören, pflegt man die traditionellen akademischen Freiheiten immer noch relativ stark. Dies bedeutet, daß der Student seinen Studienplan selbst erstellen muß bzw. darf. Zur Folge hat dies einerseits Unsicherheit und Zweifel, andererseits die Chance, Organisation und Inhalt des Studiums individueller gestalten zu können. Die Möglichkeit der Einflußnahme bedeutet allerdings nicht, daß man tun und lassen kann, was man will – jedenfalls nicht ohne folgenschwere Konsequenzen. Wie unser gesamtes Gemeinwesen, so unterliegt das Bildungssystem, und damit selbstverständlich auch die Hochschule, organisatorischen Zwängen, was nichts anderes heißt als: kein Titel ohne Abschluß, kein Abschluß ohne Prüfung, keine Prüfung ohne Ordnung, keine Ordnung ohne entsprechende Genehmigung und so fort.

Dementsprechend regeln *Studienordnungen* das Studium, ohne es jedoch zu sehr zu reglementieren. Neben den Studienordnungen gibt es die *Prüfungsordnungen*, die vor allem folgendes festlegen:
- Voraussetzungen:
  Bevor man zur Prüfung zugelassen wird, müssen bestimmte Studienzeiten erfüllt sein, werden exakt definierte Leistungsnachweise (Scheine) verlangt; dazu kann dann auch der Nachweis spezifischer Sprachkenntnisse (z.B. Latinum) gehören. Da mitunter Prüfungsverfahren streckbar sind, kann bzw. muß man unter Umständen schon sehr früh damit anfangen, diese Scheine zu erwerben.
- Anforderungen:
  In den Prüfungsanforderungen werden die Prüfungsthemen einerseits vom Umfang her eingegrenzt, damit es für den Kandidaten überschaubar und konkret

präparierbar bleibt, andererseits jedoch auch relativ allgemein umschrieben, damit der allgemeine Wissensstand des Kandidaten erkennbar und die Prüfung nicht zu schmalspurig wird.

• Fächerkombination:
In der Philosophischen Fakultät kann man – abgesehen vom selteneren Diplom – keinen Studienabschluß erwerben, wenn man nur ein einziges Studienfach studiert hat. Je nach angestrebter Abschlußart muß man zwei oder drei Fächer miteinander kombinieren. Dabei kann es auch vorkommen, daß sich terminologische Unterschiede zwischen dem bei der Einschreibung festgelegten Studienfach und dem späteren Prüfungsfach ergeben (vgl. Tabellen 1 und 2).

Das Lehrangebot der Hochschulen setzt sich zusammen aus verschiedenen Typen von Lehrveranstaltungen, die von *Hochschullehrern* gewährleistet werden. Hier sind zu unterscheiden:
• Professoren:
Professor ist kein Hochschulgrad, sondern meist eine Amtsbezeichnung. Er ist hauptberuflich in der Hochschule tätig und nimmt Lehr- und Forschungsaufgaben für sein Fach selbständig wahr.
• Wissenschaftliche Assistenten, wissenschaftliche Mitarbeiter, Lehrbeauftragte und andere: Diese Lehrkräfte bilden den sogenannten Mittelbau der Hochschule. Es handelt sich um haupt- oder nebenberuflich Tätige, vor allem in der Lehre, die oft zeitlich begrenzt ist. In der Regel wird der Abschluß eines wissenschaftlichen Studiums vorausgesetzt.
• Tutoren:
Zu den nebenberuflichen Hilfskräften gehören Tutoren, die studentische Gruppen bei der Einführung ins Studium, der Vor- oder Nachbereitung von Seminaren und ähnlichen Aufgaben unterstützen sollen. Nicht selten werden hierfür Studierende höherer Semester mit bescheidener Bezahlung eingesetzt.

An *Lehrveranstaltungen* unterscheidet man Vorlesungen einerseits und Seminare bzw. Übungen andererseits. Die Ankündigung dieser Veranstaltungen erfolgt in einem Vorlesungsverzeichnis, das über den lokalen Buchhandel zu beziehen ist und etwa 10 DM kostet, und am Schwarzen Brett einer jeden Fachrichtung. Das Vorlesungsverzeichnis hat den Vorteil, daß man in Ruhe zu Hause planen, sich auch ein wenig in anderen Fächern umsehen und diese vielleicht sogar teilweise ins eigene Studium einbeziehen kann. Außerdem umfaßt das Vorlesungsverzeichnis meist auch ein Personalverzeichnis der Hochschule. Es hat den Nachteil, der sich aus einem frühen Redaktionsschluß ergibt: Manche Termine standen noch nicht fest – oder haben sich schon wieder geändert. Die aktuellen Informationen hängen in

Tabelle 1: Formen der Lehre ...

Vorlesung	Vorlesungen sind für Studierende aller Semester zugänglich und so aufgebaut, daß spezielle Vorkenntnisse nur in bescheidenem Umfang verlangt werden. Sie werden durchweg nicht im Unterrichtsgespräch, sondern in Vortragsform angeboten. Sie vermitteln ein zusammenhängendes (wissenschaftliches) Bild von einem (größeren) Fachgebiet oder von einem (kleineren) Spezialgebiet und gewähren dabei Einblick in die wissenschaftlichen Methoden des Fachs. Außerdem soll die Vorlesung zu eigener wissenschaftlicher Betätigung anregen (vgl. unten „Selbststudium").
Seminar	Intensivform der Lehrveranstaltung, meist mit Beschränkung der Teilnehmerzahl (ca. 30). Je nach Zielgruppe werden unterschiedliche Seminarniveaus angeboten: z.B. Proseminar für Studenten des Grundstudiums (1. – 4. Semester), Hauptseminar für Studenten des Hauptstudiums (5. – 8. Semester). Die Hochschullehrer bemühen sich, die Studenten mit den wesentlichen Methoden eines Fachs vertraut zu machen; die Studenten suchen, selbständiges wissenschaftliches Arbeiten zu erlernen und so wissenschaftliche Probleme erkennen und lösen zu lernen. Abgesehen von der Mitarbeit in der Diskussion und der regelmäßigen Vorbereitung der nächsten Seminarsitzung werden *Stundenprotokoll* (1x im Semester), *Referat* (1x im Semester) und/oder *Klausurarbeit* (meist zum Ende des Semesters) gefordert. Über regelmäßige und erfolgreiche Teilnahme wird ein Seminarzeugnis (benoteter *„Schein"* oder unbenoteter „Sitzschein") ausgestellt.
Übung	Arbeiten in kleineren Gruppen zur Vertiefung von Vorlesungsstoff oder zum Training bestimmter praktischer Fertigkeiten (z.B. Lektüre-, Stil- und Übersetzungsübungen).
Praktikum	Vermittlung von Kenntnissen in Arbeits- und Verfahrenstechniken sowie in der Benutzung technischer Hilfsmittel; die Höchstzahl der Teilnehmer ist von der Zahl der vorhandenen Arbeitsplätze abhängig. Daneben ist Praktikum auch eine Arbeitsform „vor Ort" (Schule, Museum usw.), die einen Eindruck der Berufssituation und Arbeitsverhältnisse außerhalb der Hochschule vermitteln soll. Als praktische Übungen nehmen Lehrgrabungen und Exkursionen (Besuch von Denkmälern und Originalfunden) eine Mittelstellung zwischen Übungen und Praktika ein.
Kolloquium	Intensives wissenschaftliches Gespräch, im allg. Studenten höherer Semester vorbehalten (Examensvorbereitung); es werden insbesondere methodische, methodologische und theoretische Probleme von wissenschaftlichen Teilaspekten des Fachs erörtert.
Selbststudium	In der vorlesungsfreien Zeit ist der Student verpflichtet, die besuchten Lehrveranstaltungen nachzubereiten, das Gehörte zu vertiefen und seinen Wissensstand zu erweitern, z.B. durch selbständige Lektüre. (Nach § 12 Abs. 1 HRG gehört die Förderung des Selbststudiums zum Lehrangebot der Hochschule).

... am Beispiel eines Vorlesungsverzeichnisses

Universität des Saarlandes   *(Sommersemester 1997*
                                                              auszugsweise)

Kunstgeschichte

Lehrveranstaltungen für Studierende aller Semester

Vorlesungen

3604.	Bildkünste der Moderne	N. N.
	Mo 14–16, Gebäude 10, Hörsaal I	
3605.	Das christliche Hispanien in Spätantike	Arbeiter
	und Frühmittelalter	
	Di 11–13, Gebäude 10, Hörsaal II	
3606.	Antike Götter in der Malerei der Neuzeit	Dittmann
	Do 17 s. t.–18.30, Gebäude 10, Hörsaal II	

Seminare und Übungen

3607.	Proseminar: Figurative Plastik der 50er und	Buderer
	60er Jahre	
	Fr 14–16, Gebäude 10, Arbeitsraum	
3608.	Proseminar: Jan van Eyck und	Eichberger
	Rogier van der Weyden	
	Di 14–16, Gebäude 10, Arbeitsraum 106	
3609.	Übung: Malerei des Klassizismus:	Schwinn
	Ausgewählte Beispiele und ihre Vorbilder	
	Mi 14–16, Gebäude 10, Arbeitsraum 106	
3610.	Proseminar: Malerei und Plastik im Manierismus	Wagner
	Mo 11–13, Gebäude 10, Arbeitsraum 106	
3611.	Kunstgeschichtliches Repetitorium	Güthlein, Wagner
	Di 9–11, Gebäude 10, Arbeitsraum 106	

Erster Studienabschnitt

3612.	Proseminar: Landeskunde im Saarland	Skalecki
	(mit Exkursionen)	
	Mi 16–18, Gebäude 10, Arbeitsraum 106	
3613.	Proseminar: Vom Umgang mit dem Original	Trepesch
	Kunsthistorische Praxis im Museum an Beispielen	
	der Alten Sammlung des Saarland Museums	
	Do 15–17, vor Ort (Saarland Museum)	

                                          Hochschullehrer ➡
                                Thema der Veranstaltung
                        Hörsaal (Seminarraum lt. Plan)
                Uhrzeit (14–16 = 14.15 Uhr bis 15.45 Uhr = 2 SWS)
        Wochentag (Mo = montags)
    Laufende Numerierung (für Eintrag aufs Belegblatt)
Veranstaltungstyp: Vorlesung, Seminar, Übung, ...

jedem Fall am Schwarzen Brett. Dort finden sich auch Hinweise auf die Sprechstunden der Hochschullehrer, Prüfungstermine und gegebenenfalls Anmeldeproze-
duren für eine Seminarteilnahme. Wenn nämlich Engpässe bei bestimmten Intensi-
vveranstaltungen zu erwarten sind, werden unterschiedliche Auswahlverfahren angewandt, zum Beispiel Auswahl nach Semesterzahl (die höheren zuerst), Testklau-
sur, persönliche Anmeldung, Listenauslage im Sekretariat, Listenaushang am
Schwarzen Brett und anderes mehr.

Bei der Auswahl der Veranstaltungen könnte man schlicht nach den eigenen Interessen vorgehen, oder man könnte sich von Studenten im höheren Semester den
Stundenplan vorschlagen lassen. Wichtig ist es dabei zu berücksichtigen, welchen
Anforderungen man sich einmal stellen muß, wenn man sein Studium auch erfolgreich abschließen möchte. Hierzu haben die Hochschulen bzw. die Wissenschafts-
ministerien diverse Ordnungen erlassen: *Prüfungsordnungen, Studienordnungen
und Studienpläne.*

Existentiell wichtige Informationen liefern die Prüfungsordnungen bezüglich der
Zulässigkeit von Fächerkombinationen. Der Oberstufenschüler ist in dieser Hinsicht ja wohl schon Kummer gewöhnt. Im Gegensatz zur Schule sagt ihm in der
Universität jedoch niemand: „Diese Kombination darfst du nicht wählen." Hier
merkt er das Desaster möglicherweise erst bei der Meldung zur Abschlußprüfung
– wenn er nicht schon frühzeitig die Prüfungsordnung studiert hat.

Die erste richtige Hürde, die auf den Studenten zukommt, ist im allgemeinen die
Zwischenprüfung. Sie sollte nach dem 4. Semester abgelegt werden. Es gibt allerdings Prüfungsordnungen, die die Zwischenprüfung nach dem 4. oder 5. Semester
verbindlich vorschreiben! Ansonsten sollen die Studienordnungen, die auf den Prüfungsordnungen basieren, zweierlei gewährleisten: sie sollen dem Studenten bei der
Anlage seines Studiums eine Hilfestellung geben und so die Durchführung des Studiums in angemessener Zeit ermöglichen. Darüber hinaus nötigen sie die Fachbereiche und damit die Hochschule, ein ausreichendes Lehrangebot zu garantieren.
So kann man Studien- und Prüfungsordnungen entnehmen, wieviel Stunden pro
Woche zu besuchen, welche Scheine zu erwerben und schließlich welche Leistungen in der jeweiligen Prüfung selbst zu erbringen sind.

Die meisten Ordnungen gehen davon aus, daß man dem Studenten 15–20 Stunden
pro Woche (SWS) zumuten kann. Wir glauben, daß dies in der Tat bereits eine obe-
re Grenze für den Lehrveranstaltungsbesuch darstellt, weil nämlich der Stundenplan nicht mehr so schön kompakt ist wie in der Schulzeit und die Stunden oft über

die ganze Woche, vor- und nachmittags, verteilt sind. Außerdem verschlingt die Vorbereitung von Seminaren und erst recht die seriöse Nachbereitung von Lehrveranstaltungen, das sogenannte Selbststudium, so viel Zeit, daß auch 20 Semesterwochenstunden mühelos eine 60- bis 80-Stunden-Woche bedeuten können.

Schein
Über die regelmäßige und erfolgreiche Teilnahme an einer Intensivveranstaltung wie Seminar oder Übung (meist mit 2 SWS) wird eine Bescheinigung ausgestellt, die als Prüfungsvoraussetzung verlangt wird, aber auch selbst bereits Prüfungsbestandteil sein kann (bei „gestrecktem" Prüfungsverfahren). Für den „Erfolg" einer solchen Lehrveranstaltung ausschlaggebend ist oft ein mündliches Referat, eine schriftliche Hausarbeit und/oder eine Abschlußklausur.

SWS
Semesterwochenstunde: 2 SWS z.B. bezeichnen Lehrveranstaltungen, die ein Semester lang mit 2 Stunden (à 45 Minuten) wöchentlich angeboten werden. (Dementsprechend ergeben allerdings auch zwei 1stündige Lehrveranstaltungen, sogar aus verschiedenen Semestern, 2 SWS).

Die Aufteilung der 20 Stunden auf die einzelnen Fächer hängt von deren Zahl und Qualität (Haupt- oder Nebenfach) ab. Beim Magisterstudium mit 1 Hauptfach und 2 Nebenfächern kann sich eine Relation von 8:6:6 oder 10:5:5 Stunden ergeben. Beim Lehramtsstudium könnte sich der Anteil für die beiden Hauptfächer und das erziehungswissenschaftliche Beifach beispielsweise auf 8:8:4 belaufen. Trotz solcher Vorgaben wird es kaum einen Studenten geben, der diese Werte exakt erreicht. Da die in den Prüfungsordnungen angegebenen Regelstudienzeiten ohnehin nur selten eingehalten werden können, ist auch eine abweichende Zahl von Semesterwochenstunden relativ unproblematisch.

Die nachfolgenden Beispiele dreier Fächer aus unterschiedlichen Hochschulen sind keineswegs zu verallgemeinern. Sie sollen nur deutlich machen, welche obligatorischen Leistungen bis zur Zwischenprüfung (ZP) verlangt werden können. Daß diese geforderten Nachweise nicht das ganze Fachstudium ausmachen können, wird wohl jedem einleuchten, denn sonst brauchte man bis zur Zwischenprüfung nicht etwa vier Semester Zeit zu kalkulieren, sondern könnte diese Prüfung bereits nach dem 1. Semester ablegen. Das schwache Scheine-Gerüst sollte also ausgefüllt werden! Dabei gilt es, wieder einmal zweierlei zu bedenken:

- Wo hat man besondere Interessen und/oder Lücken?
- Was wird in der Zwischenprüfung verlangt?

Zwischenprüfungsvoraussetzungen			
1.–4. Sem.	• 1 Proseminar Alte Geschichte • 1 Proseminar Mittelalterliche Geschichte • 1 Proseminar Neuzeit • 1 Lektürekurs	• 1 Einführungs-übung • 3 Proseminare	Graecum! • 1 Einführung in das Studium der lateinischen Literatur • 2 literaturwissenschaftliche Proseminare • 1 sprachwissenschaftliches Proseminar • 2 sprachprakt. Übungen (deutsch-lateinisch!) • 1 griechisches Proseminar
Fach	Geschichte	Kunstgeschichte	Latein

Zwischenprüfungsbeispiele		
Mündliche Prüfung, in der gute Grundkenntnisse der alteuropäischen Kulturgeschichte und genauere Kenntnisse der Archäologie eines kleineren Raumes für einen kürzeren Zeitabschnitt nachzuweisen sind	3 Scheine aus dem Grundstudium als Zwischenprüfungsnachweis: • Einführung in die Klassische Archäologie • Formanalyse • Funktionsanalyse	• 3stündige Klausur (Aufsatz über ein musikwissenschaftliches Thema eine Vorlesung betreffend) • 15minütiges Kolloquium (mündl. Prüfung über eine zweite Vorlesung)
Vor- und Frühgeschichte	Klassische Archäologie	Musikwissenschaft

Da der Nachweis bestimmter Kenntnisse durch Scheine vor einer Prüfung im allgemeinen bedeutet, daß diese Themenbereiche nicht mehr geprüft zu werden brauchen, geht es also im weiteren darum, wie man sich am sinnvollsten auf die (Zwischen-)Prüfung vorbereitet. Die formulierten *Prüfungsanforderungen* geben meist nur einen Rahmen vor, der eigenverantwortlich gefüllt werden soll. Auf diese Weise können *Stundenpläne* entstehen, die je nach Hochschule, Fächerkombination und Interesse höchst unterschiedlich aussehen. Dies ist einer der Gründe, weshalb man gerade im Bereich der Philosophischen Fakultäten weiterhin sehr zurückhaltend damit ist, feste Stundenplanvorgaben für die Studenten zu machen. Als Beispiel skizzieren wir einen Stundenplan, wie er für eine Kombination unserer beiden größten Fächer, Geschichte und Kunstgeschichte, aussehen könnte (siehe Tabelle 2).

Um Probleme beseitigen zu helfen, haben die Studienberatungsstellen der Hochschulen gerade in der ersten Lehrveranstaltungswoche offene Türen und bieten sogar gedruckte Studientips, Studienführer und ähnliches an. Daneben halten die Hochschullehrer zusätzliche Sprechstunden ab. Mitunter wird sogar die Studienfachberatung obligatorisch verordnet, veranstalten die Fachbereiche und Institute Einführungsveranstaltungen und organisieren die Fachschaften (das sind die Studenten der jeweiligen Fachrichtung) sogenannte Orientierungseinheiten: So soll dem Studienanfänger geholfen werden, im für ihn neuen System Hochschule Fuß zu fassen und auch gleich erste Kontakte anzuknüpfen, die der Gefahr der Isolierung in der Massenuni vorbeugen sollen. Auf die Möglichkeit der Unterstützung durch die Studienberatung wird an anderer Stelle hingewiesen.[8]

Wie es in den einzelnen Fächern zugeht, welche Anforderungen den Studenten in den Lehrveranstaltungen erwarten, das skizzieren die Beiträge im 2. Teil dieses Bandes speziell für die einzelnen Fächer. Wir möchten hier jedoch zumindest noch auf eine Erfordernis eingehen, das nicht wenigen Studierenden beträchtliche Probleme bereitet: die Kenntnis bestimmter *Fremdsprachen.*

Für jedes Hochschulstudium ist es unumgänglich, Lesefähigkeit zumindest der englischen Sprache zu besitzen. Im geisteswissenschaftlichen Bereich sind im allgemeinen ebensolche Kenntnisse im Französischen erforderlich. Beides benötigt man, um zumindest Fachliteratur verstehen zu können. Die Anforderungen bezüglich anderer moderner Fremdsprachen variieren je nach Fach bzw. sogar nach fachlichem Schwerpunkt. So heißt es beispielsweise in einem Studienplan: „Vor- und Frühgeschichte kann nur sinnvoll studiert werden, wenn der Student bereit und in der

---

[8] Vgl. Anmerkung 7; vgl. auch Anmerkung 19.

Tabelle 2: Stundenplan (Geschichte/Kunstgeschichte *)

Uhrzeit	Montag	Dienstag	Mittwoch	Donnerstag	Freitag
8– 9					
9–10				*Methoden der Kunstgeschichte (Vorlesung)*	
10–11			**Weimarer Republik (Vorlesung)**		
11–12		**Weimarer Republik (Vorlesung)**			
12–13					
13–14			*CARAVAGGIO (Vorlesung)*		*Propädeutikum: Einführung in die neuere Quellenkunde (Übung)*
14–15				**Repetitorium zur Alten Geschichte (Übung)**	
15–16	**Hellenismus (Vorlesung)**				
16–17		*Vorbereitung, Durchführung u. Katalogzusammenstellung einer Kunstausstellung (Übung)*	**Grundfragen der Archivwissenschaft (Vorlesung)**		
17–18				**Einführung in das Studium der Alten Geschichte (Proseminar)**	
18–19	Münzen, Maße u. Gewichte in MA u. NZ (Vorl.)				
19–20				Tutorium zum Proseminar Alte Geschichte	

Hauptfach-Veranstaltungen in Fett-, *Nebenfach*-Veranstaltungen in Kursivdruck.
*) Diese Fächerkombination ist im Rahmen eines Magister- oder Promotionsstudiums durchweg zulässig, da das Fach Geschichte auf mehrere Prüfungsfächer aufteilbar ist (z.B. Alte Geschichte, Neuzeit, Historische Hilfswissenschaften, Landesgeschichte, Wirtschaftsgeschichte).

Lage ist, sich während des Studiums in jede europäische indogermanische Sprache einzulesen und in einer solchen einen Grabungs- und Fundbericht zu verstehen" – wahrlich keine bescheidenen Ansprüche. Vom Kunsthistoriker werden unter anderem Italienisch- und/oder Niederländischkenntnisse erwartet, damit er sich mit der Literatur zu großen Kunstlandschaften – die ja vielfach in der entsprechenden Nationalsprache geschrieben ist – auseinandersetzen kann. Gerade für den Historiker sind Quellen besonders wichtig. Von diesen sind etliche fremdsprachig und darüber hinaus handschriftlich überliefert. Zudem handelt es sich vielfach nicht um zeitgenössische, sondern eben historische Quellen jedweder Art. Dies kann den Mediävisten ebenso betreffen wie den Kunsthistoriker, Musikwissenschaftler oder Archäologen. Deshalb ist gerade für diese Disziplinen die Kenntnis des Lateinischen kaum zu umgehen. Zwar unterscheiden sich die Sprachanforderungen der Hochschulen im einzelnen, vor allem hinsichtlich ihrer Nebenfachregelungen. Dennoch kann man pauschal feststellen: Wer im Hauptfach Klassische Archäologie, Geschichte, Klassische Philologie, Kunstgeschichte, Musikwissenschaft oder Vor- und Frühgeschichte studieren will, muß an der überwiegenden Mehrzahl der Hochschulen einen Nachweis von Lateinkenntnissen erbringen. Dabei begnügen sich die Hochschulen auch nicht immer mit dem vorgelegten schulischen Latinum; gerade bei den Historikern ist es vielfach üblich, diese Kenntnisse noch einmal in einer Klausur zu überprüfen. Daß der Klassische Archäologe, der Althistoriker und der Klassische Philologe – auch der „Nur-Lateiner" – nicht auf Griechischkenntnisse verzichten kann, versteht sich wohl fast von selbst.

Wer die verlangten Sprachkenntnisse nicht schon an die Hochschule mitbringt, kann sie dort im allgemeinen in Sprachkursen nachholen. Verlangt wird ja meist auch nur eine passive Beherrschung der Fremdsprache. Wer allerdings ein Latinum nachholen muß, sollte damit gleich im 1. Semester beginnen, nicht nur, weil es zeitraubend ist (z.B. 3 Semester lang 3 Wochenstunden), sondern auch, weil von manchen Prüfungsordnungen mittlerweile vorgeschrieben wird, daß dieser Nachweis bereits als Zwischenprüfungsvoraussetzung vorliegen muß.

1.4 Welches Examen?

Schon bei Studienbeginn ist es notwendig, die angestrebte Abschlußprüfung zu kennen oder doch zumindest anzugeben, denn nach dem Hochschulstatistikgesetz sind die Hochschulen verpflichtet, jeden Studierenden genau mit Studienfächern, Semesterzahl und angestrebtem Examen zu erfassen. Auch das Studienbuch des Studenten enthält diese Angaben. Es ist zwar bei den hier behandelten Fächern im allgemeinen ohne größere Schwierigkeit möglich, die Abschlußart zu einem späteren Zeitpunkt wieder ändern zu lassen, doch der Leichtigkeit im Formalen können durchaus gewichtige inhaltliche Probleme entgegenstehen, wenn man bedenkt, daß jede Prüfungsordnung bezüglich der Fächerkombinationen abweichende Regelungen enthalten kann. Und auch die beim Wechsel entstehenden Probleme mit der Studienförderung nach dem Bundesausbildungsförderungsgesetz (BAföG) darf man leider nicht bagatellisieren.

Im Hochschulbereich unterscheiden wir grundsätzlich zwei Sorten von Prüfungen: die akademischen und die staatlichen. Bei den erstgenannten definiert die Hochschule selbst – das sind natürlich vor allem die Professoren – die Prüfungsanforderungen. Für Bereiche besonderen öffentlichen Interesses, zum Beispiel den Schulbereich, behält sich der Staat dieses Recht vor und kontrolliert die Durchführung dieser Staatsexamina durch seine eigenen Prüfungsämter.

Nach dem Zusammenbruch der Einstellungshoffnungen vieler Lehramtskandidaten durch die sogenannte Lehrerschwemme, die immer noch nicht ganz abgebaut ist, hat sich das Studierverhalten bzw. die Examenswahl in der Philosophischen Fakultät[9] deutlich verändert: Insbesondere die früher eher seltene Magisterprüfung hat zahlenmäßig deutlich aufgeholt. Im Jahre 1993 schlossen die etwa 27 000 Geisteswissenschaftler in der Bundesrepublik mit folgenden Prüfungen ab:[10]
- 14 500 Diplom- und Magisterprüfungen,
- 10 600 Lehramtsexamina,
- 1 900 Promotionen.

Magister Artium (M.A.):
Die akademische Magisterprüfung hat inzwischen aufgrund der ungünstigen Entwicklung im Lehramtsbereich eine gewisse Konjunktur erlebt. Sie kann nach einem achtsemestrigen Studium abgelegt werden und berechtigt zur Führung des Titels „M.A." hinter dem Namen. Ihr Ursprung führt zurück ins Mittelalter, in Deutschland wurde sie allerdings erst nach dem 2. Weltkrieg wiederbelebt und 1960 offiziell eingeführt. Diese Prüfung berechtigt nicht zur schulischen Lehrtätigkeit, auch wenn eine schlichte Übersetzung des Titels Magister dies vielleicht nahelegen könnte.

---

[9] Die Bundesstatistik erfaßt diese Fächer weitgehend in der Fächergruppe „Sprach- und Kulturwissenschaften".
[10] Grund- und Strukturdaten 1996/97, hg. v. Bundesministerium für Bildung, Wissenschaft, Forschung und Technologie, 1996, S. 232 ff.

Als Vorbereitung auf die Magisterprüfung studiert man zwei bis drei Fächer aus dem Kanon der Philosophischen Fakultät; die Prüfungsämter sind inzwischen durchaus geneigt, Fächer aus anderen Fakultäten zu akzeptieren, wenn dies vom Studenten beantragt wird. Meist wird eine 3-Fächer-Kombination verlangt, das sind dann 1 Hauptfach und 2 Nebenfächer. Eine Vorstellung davon, was alles Fach sein kann und welches Fächerspektrum zur Wahl steht, mag der nebenstehende Auszug aus einer Magisterprüfungsordnung geben (Tabelle 3). Über das traditionelle Spektrum Philosophischer Fakultäten hinausgehende Kombinationen werden im allgemeinen von den Prüfungsämtern toleriert. An einzelnen Hochschulen geht man sogar noch einen Schritt weiter, indem Fächer aus dem Bereich Ingenieurwissenschaften/Informatik „ordentlich" ins Magisterstudium einbezogen werden, zum Beispiel im sogenannten Chemnitzer Modell.

An einigen Hochschulen gibt es auch die Möglichkeit, mit nur 2 Hauptfächern abzuschließen.[11] An wenigen Hochschulen (z.B. Gießen, Kassel und Saarbrücken) gibt es eine weitere Variante, wonach der Student 1 Hauptfach, 1 Nebenfach und 2-3 Studienelemente oder -einheiten wählen kann; letztere Regelung ist relativ neu und soll Teilgebiete von Fächern bzw. Themenkomplexe bezeichnen, die kein umfängliches Fachwissen verlangen, sondern mehr dem Eintauchen in eine größere Zahl unterschiedlicher Disziplinen dienen sollen, beispielsweise Sprachkurse oder interdisziplinär organisierte Schwerpunkte. Gerade dies könnte in einer kritischen Arbeitsmarktsituation für Akademiker ein wichtiger Schritt in Richtung auf die allerorts geforderte Vielseitigkeit und das vom Wissenschaftsrat empfohlene „Training multifunktionaler Fähigkeiten" sein. Nichtsdestotrotz sieht der Entwurf der „Allgemeinen Bestimmungen für Magisterprüfungsordnungen" diese Möglichkeit nicht mehr vor und hält am traditionellen 2 bis 3-Fächer-Modell fest.

Neue, noch weitgehend ungebräuchliche Fächerkombinationen haben für den Studenten eventuell den Nachteil, daß sie mehr Arbeit machen.... Hinzu kommt als anderer denkbarer Nachteil, daß ein Außenstehender von einem solchen Studenten glauben könnte: Der weiß von allem ein bißchen – aber nichts gründlich ...

Prof. Lutz von Rosenstiel, Institut für Organisations- und Wirtschaftspsychologie der LMU München, in: Magister (1983), S. 41f.

---

[11] An einigen Hochschulen ist es auch möglich, ein naturwissenschaftliches oder „technisches" Fach voll ins Magisterstudium zu integrieren (z.B. *Chemnitzer Modell*).

Tabelle 3: Ordnung für die Magisterprüfung
der Philosophischen Fakultät der Universität des Saarlandes (Magisterprüfungsordnung) *im Auszug*

(I) Folgende Prüfungsfächer sind bei der Magisterprüfung zugelassen, soweit sie durch Universitätsprofessoren/Universitätsprofessorinnen ... vertreten sind.

  1. Philosophie
  2. Erziehungswissenschaft
  3. Soziologie
  4. Allgemeine Psychologie
  7. Pädagogische Psychologie
  8. Allgemeine Sprachwissenschaft
  9. Phonetik und Phonologie
 10. Computerlinguistik
 11. Maschinelle Übersetzung
 12. Angewandte Sprachwissenschaft
 13. Vergleichende Indogermanische Sprachwissenschaft
 14. Indoiranistik
 15. Islamwissenschaft
 16. Altorientalische Philologie
 17. Griechische Philologie
 18. Lateinische Philologie
 19. Ältere Deutsche Philologie
 20. Neuere Deutsche Sprachwissenschaft
 21. Neuere Deutsche Literaturwissenschaft
 22. Deutsch als Fremdsprache
 23. Romanische Sprachwissenschaft
 24. Französische Philologie
 25. Französische Kulturwissenschaft und Interkulturelle Kommunikation
 26. Übersetzungswissenschaft Französisch
 27. Italienische Philologie
 29. Spanische Philologie
 30. Hispanoamerikanistik
 31. Übersetzungswissenschaft Spanisch
 32. Englische Philologie
 33. Amerikanistik
 34. Übersetzungswissenschaft Englisch
 35. Ostslavische Philologie
 37. Westslavische Philologie
 38. Südslavische Philologie
 39. Vergleichende Literaturwissenschaft
 40. Klassische Archäologie
 41. Vorderasiatische Archäologie
 42. Vor- und Frühgeschichte
 43. Alte Geschichte
 44. Mittelalterliche Geschichte
 45. Neuere Geschichte

46. Wirtschafts- und Sozialgeschichte
47. Landesgeschichte
48. Russische und Osteuropäische Geschichte
49. Historische Hilfswissenschaften
50. Kunstgeschichte
51. Musikwissenschaft
52. Biogeographie
54. Anthropogeographie
55. Biblische Theologie
56. Historische Theologie
59. Informationswissenschaft
60. Sportwissenschaft
61. Politikwissenschaft

(2) Von den Fächern der Gruppen 19–22 (Germanistik), 23–31 (Romanistik ...), ... 43–49 (Geschichte) ... können je Gruppe zwei Fächer kombiniert werden. Nicht kombinierbar sind ...

(3) Darüber hinaus gelten folgende Bestimmungen für einzelne Fächer: ...
F. *Fächer der Gruppe 40–41:* Wenn Klassische Archäologie Hauptfach ist, so muß eines der beiden Nebenfächer Griechische Philologie, Lateinische Philologie oder Alte Geschichte sein. Wenn Vorderasiatische Archäologie Hauptfach ist, muß eines der beiden Nebenfächer Altorientalische Philologie sein.
G. *Fach 43:* Wenn Alte Geschichte Hauptfach ist, soll eines der beiden Nebenfächer Griechische oder Lateinische Philologie sein. ...

(4) Auf begründeten Antrag kann der Dekan nach Anhören der betreffenden Fachvertreter andere als die hier aufgeführten Fächerverbindungen zulassen.

Gerade in der gegenwärtig schwierigen Marktsituation kann natürlich die Wahl der Fächerkombination von entscheidender Bedeutung sein. Dabei kann es durchaus vorkommen, daß fachliche Gesichtspunkte wie inhaltliche Verwandtschaft und Ergänzung andere Kombinationsfächer nahelegen als Überlegungen zur beruflichen Verwertbarkeit. Da sich jedoch gerade der letzte Aspekt sicheren Aussagen entzieht, beschränkt sich die schematische Darstellung auf die Verbindungen, die derzeit von der Hochschulseite als sinnvoll angesehen werden. Empfehlungen bzw. Anregungen, wie sie Studienplänen verschiedener Fachrichtungen enthalten, sind in der folgenden Matrix zusammengefaßt (Tabelle 4).

Diplom (Dipl.-...):
Von der Studiendauer und den -anforderungen her ist das Diplom- dem Magisterstudium durchaus vergleichbar. Der Diplom-Titel wurde Ende des 19. Jahrhunderts den Hochschulen in erster Linie für ihre naturwissenschaftlichen Ausbildun-

Tabelle 4: Fächerkombinationen für Magister und Promotion

Nebenfachkombinationen \ Hauptfächer	Archaologie	Geschichte	Klass. Philologie**)	Kunstgesch.	Musikwiss.	Theaterwiss.	Völkerkunde/ Ethnologie	Volkskunde	Ur-, Vor- u. Frühgesch.
Altamerikanistik	×	×		×			×		×
Anthropologie	×		×				×	×	×
Archäologie		×	×	×					×
Bibliothekswissenschaft		×		×	×				
Biologie	×						×		×
Fremdsprachen*)	×	×	×	×	×	×	×	×	×
Geographie	×	×					×	×	×
Geologie	×								×
Germanistik		×	×	×	×	×		×	×
Geschichte	×		×	×	×		×	×	×
Klassische Philologie**)	×	×	·			×			×
Kommunikations-/ Informationswiss.	×	×		×	×	×	×	×	×
Kunstgeschichte	×	×			×	×	×	×	×
Mineralogie	×							×	×
Musikwissenschaft		×		×		×	×	×	
Orientalistik/Islamwiss.	×	×	×	×	×		×		×
Pädagogik/ Erziehungswiss.	×	×	×	×	×	×	×	×	×
Philosophie	×	×	×	×		×	×	×	
Politologie/ Politikwissenschaft		×				×			
Psychologie				×	×	×	×	×	
Publizistik		×		×	×	×			
Rechtswissenschaft		×		×	×			×	
Soziologie/ Sozialwissenschaft	×	×		×	×	×	×	×	×
Theaterwissenschaft		×	×	×				×	
Theologie/ Religionswissenschaft	×	×	×	×	×		×		×
Vergl. Indogerman. Sprachwissenschaft	×	×	×				×	×	×
Vergleichende Literaturwissenschaft	×	×	×	×	×	×	×	×	
Völkerkunde/Ethnologie	×	×		×	×			×	×
Volkskunde	×	×		×	×	×	×		×
Vor- und Frühgeschichte	×	×	×	×			×	×	
Wirtschaftswissenschaft		×		×		×			

*) Anglistik, Romanistik, Sinologie, Skandinavistik, Slavistik usw.   **) Latein, Griechisch

gen konzediert, hat in der Folge einen imposanten akademischen Höhenflug angetreten und ist gesellschaftlich hoch angesehen. Seine Ausstrahlung hat man sich auch in den sozialwissenschaftlichen Fächern zunutze gemacht, und in Fächern der Philosophischen Fakultät wird seine Einführung seit Jahren diskutiert. Konkret niedergeschlagen hat sich dies im Rahmen der hier behandelten Fächer bislang nur an wenigen Universitäten – z.B. Bamberg (Dipl.-Historiker), Gießen (Dipl.-Theaterwissenschaftler) und Kiel (Dipl.-Prähistoriker).

Im Vergleich zum Magisterstudium ist die Gewichtung des Hauptfachs noch größer, die Nebenfächer sind zu Wahlpflichtfächern reduziert und stärker auf verwandte bzw. komplementäre Disziplinen eingegrenzt worden. Während im Magisterstudium die einzelnen Fächer inhaltlich überhaupt nicht miteinander korrespondieren müssen, sind die Studienanteile der Wahlfächer im Diplomstudium deutlicher auf das Hauptfach ausgerichtet.

Promotion (Dr. phil.):
Der traditionsreichste Titel der Universität ist der Doktor. Ursprünglich beinhaltete er die Lehrbefähigung an der Universität; heute stellt er für die akademische Karriere allenfalls die Eingangsstufe dar. Sofern das Studium als ein grundständiges Studium – d.h. ohne vorausgegangenen anderen Studienabschluß – durchgeführt werden kann, sind Studienaufbau und Fächerkombinationen ähnlich wie beim Magisterstudium. Die Krönung des Promotionsstudiums ist die Dissertation, eine wissenschaftliche Hausarbeit, mit der der Kandidat nachweist, daß er wissenschaftlich arbeiten und außerdem bereits einen selbständigen Beitrag zur Forschung leisten kann. Wegen des relativ hohen Schwierigkeitsgrades der Dissertation verlassen nur etwa 15% (1993) der bundesdeutschen Jungakademiker die Universität mit dem Doktortitel.[12] Dem hohen Aufwand für diese Arbeit entspricht meist auch die Länge des Studiums, so daß die entsprechenden Studienzeiten deutlich oberhalb der als Minimum vorgesehenen 9 Semester liegen. Hinzu kommt, daß an vielen Hochschulen der Doktorgrad nur mehr dann zu erwerben ist, wenn zuvor ein anderes Studium (z.B. Magister oder Lehramt) erfolgreich abgeschlossen wurde, so daß die Promotion dort zu einer Art Zweitstudium wird. Nichtsdestotrotz ist der Doktortitel gerade im Umfeld der sogenannten kleineren Fächer praktisch eine conditio sine qua non. In Anbetracht der größer werdenden Absolventenzahlen und der eher abnehmenden traditionellen Stellen in Museen, Bibliotheken und Archiven, ist die Konkurrenz sehr hart, und erfahrungsgemäß wird in den genannten Bereichen der wissenschaftlich ausgewiesene Kandidat vorgezogen.

---

[12] Unter Einbeziehung der Fachhochschulabschlüsse vermindert sich der Anteil der Promotionen auf gut 10%.

Staatsexamen (für ein Lehramt):
Beim Lehramtsstudium spricht man im allgemeinen nicht von Haupt- und Nebenfach, sondern von mindestens zwei Hauptfächern – allenfalls in einer bescheidenen
Abstufung von Erst- und Zweitfach. Hinzu tritt als zusätzliches Pflichtfach Erziehungswissenschaft, unter Umständen in Verbindung mit Philosophie oder anderen
Sozialwissenschaften. Einer formalen Zulassung und Einschreibung bedarf es hierfür im allgemeinen nicht. Die möglichen Fächerkombinationen sind weniger viel-
fältig als beim Magister- oder Promotionsstudium – so werden von den Fächern
dieses Studienführers auch nur Geschichte, Latein und Griechisch berührt; vereinzelt ist auch Kunstgeschichte als zusätzliches Ergänzungsfach wählbar. Das liegt in
der Natur des Schulbereichs, in dem nur bestimmte Kombinationen eine sinnvolle
Auslastung des Lehrers gewährleisten.

Die *Studiendauer* richtet sich nach dem gewünschten Schultyp bzw. der Schulstufe.
Für den Sekundarbereich I (Lehramt an Haupt- und Realschulen)[13] sind bis zum 1.
Staatsexamen mindestens 6 Semester Studienzeit vorgesehen, für den Sekundarbereich II (Lehramt an Gymnasien und beruflichen Schulen) 8 Semester; die Lehrbefähigung für die Sekundarstufe II umfaßt im allgemeinen auch diejenige für den
Unterstufenbereich (Sek. I). Die sogenannte Regelstudienzeit – das ist die Zeit, in
der das Studium eigentlich abgeschlossen werden sollte – ist im allgemeinen mit einem Semester mehr angesetzt. Die tatsächlichen Studienzeiten hingegen sind nicht
selten erheblich länger. Laut Bundesstatistik liegt beispielsweise die Durchschnittsstudienzeit für das Lehramt an Gymnasien inzwischen bei etwa 15 Semestern.[14] Da
auf das 1. Staatsexamen auch noch das 2. folgen sollte, muß der Hochschulabsol-
vent hierfür noch einen anderthalb- bis zweijährigen Referendardienst ableisten,
der die Gesamtausbildung zusätzlich in die Länge zieht.

Abgesehen von der immer noch ungünstigen *Einstellungssituation* im Schulbereich,
besteht nach wie vor das Zusatzproblem der regionalen Mobilität: Aufgrund der
Kulturhoheit der Länder legt jedes Land die Prüfungsanforderungen und die zuläs-
sigen Fächerkombinationen nach eigenem Gutdünken fest.[15] Die Lehramtsabsol-
venten anderer Bundesländer werden gern mit Argwohn beäugt – besonders natürlich zu Zeiten, wo um jede freie Lehrerstelle gerungen wird. Dies erschwert für Lehramtskandidaten den Wechsel des Bundeslandes und damit auch die Mehrfachbe-
werbung in den Schuldienst anderer Länder. Zwar haben sich die Kultusminister im

---

[13] Entsprechendes gilt für die Primarstufe (Lehramt an Grundschulen).
[14] Zum Jahre 1992 notiert die Bundesstatistik für die sog. Alten Bundesländer 8,1 Jahre; 1993 sind es
dann – unter Einbeziehung der Neuen Länder – „nur" noch 6,9 Jahre (Grund- und Strukturdaten
1996/97, a. a. O., S. 279).
[15] Vgl. als Einführung in die Problematik: „Vom Bundesland gefesselt?", in: UNI 2/90, S. 15ff.

Oktober 1990 zu einer Vereinbarung über die gegenseitige Anerkennung von Lehramtsprüfungen durchgerungen, doch der Teufel steckt erfahrungsgemäß im Detail – konkret in den fast 30 Seiten Anlagen zu dieser Vereinbarung. Ob sich hieran durch die von der Europäischen Union gewährleistete Freizügigkeit hinsichtlich der Berufsausübung[16] in absehbarer Zeit etwas ändern wird, bleibt abzuwarten.

Das *Examen* soll den Nachweis liefern, daß die Studierenden gründliche Fachkenntnisse erworben haben und selbständig wissenschaftlich arbeiten können. Es besteht durchweg aus 3 Teilen:

• der wissenschaftlichen Hausarbeit im Hauptfach, für die der Kandidat etwa 3–6 Monate Zeit zur Verfügung hat: In ihr soll er zeigen, daß er ein fachliches Problem mit den entsprechenden wissenschaftlichen Hilfsmitteln und Methoden selbständig bearbeiten, verständlich darstellen und zu einem wissenschaftlich begründeten Urteil kommen kann. Die bereits erwähnte Dissertation stellt insofern schon eine signifikante Ausnahme dar, als ihre Bearbeitungszeit nicht befristet ist, was natürlich auch ein höheres wissenschaftliches Anspruchsniveau zur Folge hat;

• Klausuren, für die je Fach meist 4–5 Stunden zur Verfügung stehen. Bei der Promotion und an einzelnen Hochschulen auch bei der Magisterprüfung entfallen diese schriftlichen Aufsichtsarbeiten;

• mündliche Prüfungen von insgesamt etwa 2 Stunden: der Student soll hier anhand einzelner Schwerpunkte, die er selbst vorher auswählen kann, spezielle Fachprobleme wissenschaftlich erörtern können.

> Die jungen Leute haben bis zu diesem Zeitpunkt noch nie eine größere Arbeit im Stil der Magister-Hausarbeit geschrieben. Sie schaffen es oft nicht, einen größeren zusammenhängenden Text von 100 bis 150 Seiten zu konzipieren, sie haben Angst davor, sind echt deprimiert, verstört – dies ist zumindest bei einem Teil der Studenten der Fall. Ein größerer Teil bringt die schriftliche Arbeit recht und schlecht über die Bühne, und diese Leute haben dann nicht selten Schwierigkeiten mit der mündlichen Prüfung, die einen größeren Überblick verlangt. Hier ‚rotieren‘ nicht wenige Studenten bis in die Prüfung hinein – und dies aus dem einfachen Grunde, weil die Lesearbeit weitgehend vernachlässigt, weil immer erwartet wurde, daß dem Studenten an der Universität das Wissen ‚gemacht‘ bzw. zugetragen wird.
>
> Dr. Ernst Rebel, Studienberater des Instituts für Kunstgeschichte der LMU München, in: Magister (1983), S. 35.

---

[16] Vgl. Art. 48 EG-Vertrag.

Für diejenigen, denen ein solches Studium zu lang oder zu anspruchsvoll wird, werden derzeit einige Alternativen getestet, insbesondere der Bachelor- oder Bakkalaureus-Abschluß (B. A.) nach 6 Semestern, beispielsweise an der RU Bochum (Fakultäten für Geschichtswissenschaft, Philologie u. a.) und an der TU Dresden (in Vorbereitung für sprach- und literaturwissenschaftliche Studiengänge). Inwieweit sich solche reduzierten Studien am Arbeitsmarkt durchsetzen können und damit den Studierenden Vorteile bieten, bleibt abzuwarten. (Immerhin bemühen sich die Hochschulen derzeit unter dem politischen Druck, das Studium in Deutschland für Ausländer wieder „attraktiver" zu machen, für kürzere Studien ausländische Abschlüsse wie Bachelor und Master Degree neu zu schaffen.

Alternativen anderer Art stellen neukonzipierte Magister- oder Diplom-Studiengänge dar, die versuchen, durch mehr Praxisnähe den Erfordernissen des Arbeitsmarkts besser gerecht zu werden. Zu nennen sind hier Studienfächer wie
- Buchwissenschaften/-wesen/-kunde (Magister bzw. Diplom):
  Betriebswirtschaft in Kombination mit geisteswissenschaftlichen Fächern wie Geschichte oder Kunstgeschichte;
- Kulturwissenschaften/-pädagogik (Magister bzw. Diplom):
  auf der Grundlage von Literaturwissenschaft, Völkerkunde, Volkskunde und/ oder Kunstwissenschaft entwickelte Vorbereitung auf Aufgaben in der Kulturarbeit;[17]
- Kulturmanagement/-arbeit, Museumskunde u. ä. (FH-Diplom):
  stärkere Praxis-Orientierung auf betriebswirtschaftlicher Basis.

1.5 Die Wahl des Studienortes

Aufgrund des großen Hochschulangebots in Deutschland stellt sich wohl für viele Abiturienten gar nicht erst die Frage, wo sie studieren sollten. Man wählt vielfach eben den nächstgelegenen Hochschulort, denn dies ist einfacher hinsichtlich der Vorinformation, bequemer bezüglich der Anfahrt und/oder Wohnung und zweifellos billiger. Trotzdem sollte man überlegen, wo man studieren könnte. Es muß ja nicht gerade im 1. Semester sein, denn ein späterer Hochschulwechsel bleibt auch heute noch grundsätzlich empfehlenswert.

Aus diesem Grund wurden die Hochschulorte, an denen die besprochenen kunst- und altertumswissenschaftlichen Studiengänge angeboten werden, in einer Karte

---

[17] Vgl. Blätter zur Berufskunde 3-X L 05/ 1994.

Hochschulen mit kunst- und altertumswissenschaftlichem Studienangebot

und in einer Tabelle zusammengefaßt. Aus Platzgründen mußte allerdings auf die tabellarische Darstellung von kunst- und musikwissenschaftlichen Studienangeboten an Kunst- und Musikhochschulen, z. B. Düsseldorf und Hannover, verzichtet werden.

Die Karte ermöglicht den regionalen Überblick und kann eine erste Orientierung für die Studienortwahl geben. Die Tabelle differenziert die Hochschulorte nach ihrem Studienangebot, wobei allerdings der Übersichtlichkeit wegen verschiedene Typen von Lehramtsstudiengängen zusammengezogen wurden (also z. B. Lehramt an Gymnasien = Lehramt in der Sekundarstufe II). Die Promotionsstudiengänge wurden nicht eigens aufgeführt; die Promotion kann – abgesehen von Baden-Württembergs Pädagogischen Hochschulen – überall dort erworben werden, wo der Magisterabschluß möglich ist. Allerdings kann sie nicht an allen Fakultäten direkt angestrebt werden, sondern zuvor soll vielfach ein anderes Examen die Eignung erweisen.

Wie Tabelle 5 zeigt, ist der Zugang zu der Mehrzahl der in diesem Führer vorgestellten Studiengänge an der Mehrzahl der Hochschulen nicht beschränkt.[18] Bemerkenswerte Ausnahmen bilden allerdings
• die Völkerkunde, die an knapp der Hälfte der Universitäten mit NC belegt ist,
• die Kunstgeschichte, die fast nur noch an jeder 2. Hochschule ohne Beschränkungen ist – in Nordrhein-Westfalen werden die entsprechenden Studienplätze derzeit über die Zentralstelle für die Vergabe von Studienplätzen (ZVS) in Dortmund vergeben,
• die Theaterwissenschaft, die an fast allen Hochschulen relativ harten Zulassungsbeschränkungen, teilweise in Form von Aufnahmeprüfungen, unterliegt.

1.6 Hochschulzugang und Zulassungsverfahren

Bei den zulassungsbeschränkten Studiengängen ist der *Zulassungsantrag* im allgemeinen bis zum 15. Juli bei der Hochschule einzureichen. Die Antragsformulare sind etwa 2 Monate vorher bei den Studentensekretariaten oder -kanzleien erhältlich. Dabei sind die hochschulischen Regelungen bezüglich der Nebenfächer unterschiedlich. Teilweise wird nur Bewerbung bzw. Einschreibung im Hauptfach verlangt, teilweise ist eine Zulassung im Hauptfach und in den Nebenfächern

---

[18] Eine aktuelle Übersicht über die Zulassungssituation gibt die neue Zeitschrift „Studienangebote deutscher Hochschulen" (hg. v. HRK und Verlag H. K. Bock).

Tabelle 5: Übersicht der Studiengänge und Hochschulen

Studiengänge und Abschlüsse / Hochschulen	Archäologie	Geschichte					Klass. Philologie: Latein/Griech.				Kunstgesch.	Musikwiss.	Theaterwiss.		Völkerkunde/ Ethnologie	Volkskunde	Ur-, Vor- u. Frühgesch.
Hochschulen	M	M	PG	SI	SII	D	M	SII	M	SII	M	M	M	D	M	M	M
Aachen, TH		0									Aw						
Augsburg, U	0	0	Xw	0	0						0	0				0	
Bamberg, U	01	0	0	0	0	0	0	0	0		0	0				0	0
Bayreuth, U	0	0			0							0	0		0		
Berlin, FU	0	X	X	X	X		0	0	0	0	X	0	X		X		0
Berlin, HU	X	X	X	X	X		0	0	0	0	X	0w	X		X		0
Berlin, TU		0	0	0	0						Xw	0					
Bielefeld, U		0		0	0		0	0									
Bochum, U	0	0			0		0	0	0	0	A	0	X				0
Bonn, U	0	0			0		0	0	0	0	A	0			0	0	0
Braunschweig, TU		0	0w	0	0						X						
Bremen, U		0w	0w	0w	0w							Nxw	Nxw				
Chemnitz-Zwickau, TU				0	0										0		
Darmstadt, TH	0				0												
Dortmund, U				0			0										
Dresden, TU				0	0		0	0	0	0	0	0					
Düsseldorf, U	0				0		0	0	0	0	A						
Duisburg, UGH	0			0	0												
Eichstätt, KU	0	0	0	0	0		0	0			0	0				0	
Erfurt, PH				0													
Erlangen-Nürnbg, U	0	0	0	0	0		0	0	0	0	0	0	X				0
Essen, UGH	0			0	0												
Flensburg, U			0w	0w													
Frankfurt/M., U	0			0	0	0	0	0	0	0	0	0	Xw		0		0
Freiburg, PH				0	0												
Feiburg, U	0	X			X		02	0	0	0	Xw	0			Xw	0	0
Gießen, U	0	0	0	0	0		0	0	0	0	0	0		Xw			0
Göttingen, U	0	0			0		02	0	0	0	X	0			Xw	0	0
Greifswald, U	0	0		0	0		0	0	0	0	0	N					0
Halle-Wittenberg, U	0	0		0	0		02w	0w	0w	0w	0	0					
Hamburg, U	X	X		0	0		X	0	X	0	X	X			X	X	X
Hannover, U		0		0w	0w												
Heidelberg, PH				X	X												
Heidelberg, U	0	0			0		02	0	0	0	X	0			0		0
Hildesheim, U			Xw														
Jena, U	0			0	0		0	0	0	0	0	N					0
Karlsruhe, PH				X													
Karlsruhe, U	0										Xw	0					
Kassel, UGH		0	0	0	0						0						
Kiel, U	0	(A)	0w	0w	0		02	0	0	0	0w	0				03	04

Tabelle 5 (Fortsetzung)

Studiengänge und Abschlüsse / Hochschulen	Archäologie	Geschichte					Klass. Philologie: Latein/Griech.				Kunstgesch.	Musikwiss.	Theaterwiss.		Völkerkunde/ Ethnologie	Volkskunde	Ur-, Vor- u. Frühgesch.
	M	M	PG	SI	SII	D	M	SII	M	SII	M	M	M	D	M	M	M
Koblenz (KO-LD), U											N	0					
Köln, U	0	0		0	0		02	0	0	0	Aw	0	Xw		Xw		0
Konstanz, U		0			0w		0	0w	0	0w							
Landau (KO-LD), U		0	0	0													
Leipzig, U	0	0		0	0		0	0w	0	0w	0	0w	X		0w		0
Ludwigsburg, PH				X	X												
Lüneburg, U		Xw	Xw														
Magdeburg, U		0		0	0												
Mainz, U	0	0		0			0	0	0	0	0	0	Xw		0	0	0
Mannheim, U	0	0		0			0	0	0	0							0
Marburg, U	0	0		0			02	0	0	0	0	0			0	0	0
München, U	0	0	Xw	0	0		02	0	0	0	Xw	0	Xw		0	0	0
Münster, U	0	0		0	0		02	0	0	0	A	0			0	0	0
Oldenburg, U		0	0w	0w	0w								X				
Osnabrück, U		Xw	0w	0w	0w			0					Xw		Xw		
Paderborn, UGH		0		0	0										0		
Passau, U	0	0	X	0	0							0				0	
Potsdam, U		0	0	0	0		0	0	0	0							
Regensburg, U	0	0	Xw	0	0		0	0	0	0	0	0				0	0
Rostock, U	0w	0w	0w	0w	0w		0w	0w	0w	0w		0w					N
Saarbrücken, U	0	0		0	0		0	0	0	0	0	0					0
Schwäbisch-Gmünd, PH				0	0												
Siegen, UGH		0		0	0								N				
Stuttgart, U		0			0								Xw				
Trier, U	0	0		0	0		0	0	0	0	0					N	
Tübingen, U	0	0			0		0	0	0	0	X	0			Xw	Xw	0
Vechta, H				0	0												
Weingarten, PH				X	X												
Würzburg, U	0	0	0w	0	0		0	0	0		X	0				0	0
Wuppertal, UGH		0		0	0												

Studiengänge:
D = Diplom
M = Magister Artium
PG = Lehramt i.d. Primarstufe
   (Grundschulen)
SI = Lehramt i.d. Sekundarstufe I
   (Haupt-/Realschulen)
SII = Lehramt i.d. Sekundarstufe II
   (Gymnasien/Berufsbild. Schulen)

Zulassungsbeschränkungen:
A = Zulassungsbeschränkung
   (Auswahlverfahren d. ZVS)
N = Nur Nebenfachstudium
0 = Keine Zulassungsbeschränkung
w = Studienbeginn nur zum WS
X = Zulassungsbeschränkung

Anmerkungen:
1 = Archäologie des Mittelalters und der Neuzeit
2 = Auch Mittellateinische Philologie
3 = Auch SII-Erweiterungsprüfung möglich
4 = Auch Diplom-Studium möglich
Ein Magisterstudium Geschichte wird außerdem
an der Fernuniv. Hagen (0) und der Univ. der
Bundeswehr Hamburg (nur für Offiziersanwärter)
angeboten.

Musikwissenschaftliche Studienangebote gibt es ferner an einigen Musikhochschulen:
Detmold, Düsseldorf, Essen, Frankfurt/M., Hannover, Weimar.

Quelle: HRK-Übersicht *Studienmöglichkeiten und Zulassungsbeschränkungen … WS 1996/976,*

gefordert. Die Zulassung erfolgt durchweg nach den Kriterien Leistung und Wartezeit. Dies bedeutet, daß etwa die Hälfte der Studienplätze nach dem Notendurchschnitt des Abiturs vergeben wird. Ein gutes Drittel der Plätze ist Bewerbern vorbehalten, die eine längere Wartezeit auf sich genommen und in der Zwischenzeit nicht in der Bundesrepublik Deutschland studiert haben. Es werden im übrigen keine ewigen Wartelisten gebildet, sondern jede Bewerbung gilt nur für das aktuelle Zulassungsverfahren. Die restlichen Plätze sind für Ausländer, Härtefalle und Studenten im Zweitstudium vorgesehen. Um die Zulassungschance zu erhöhen, kann man sich selbstverständlich gleichzeitig bei verschiedenen Hochschulen bewerben.

In der nebenstehenden Tabelle 6 nennen wir beispielhaft ein paar Grenzwerte aus vergangenen Zulassungsverfahren, möchten jedoch ganz ausdrücklich darauf hinweisen, daß die prognostische Aussagekraft solcher *NC-Werte* sehr begrenzt ist. Dies wird sowohl aus dem Vergleich einzelner Hochschulen miteinander als auch aus dem Gefälle zwischen Haupt- und Nebenfach sowie Winter- und Sommersemester deutlich. So kann die Zulassungsgrenze stark schwanken, und das bis zu solchen Extremen wie einer Abiturdurchschnittsnote von 1,5 oder 17 Wartezeitsemestern im einen Jahr und der Zulassung aller Bewerber im nächsten. Solche Grenzen werden eben nicht als Qualifikationslimit gesetzt, sondern ergeben sich stets erst im Verlauf des Zulassungsverfahrens durch die Zahl der Bewerber, durch deren Notenschnitte und auch dadurch, wieviele der Mehrfachbewerber den Studienplatz gar nicht annehmen.

Gerade bei Studiengängen mit Zulassungsbeschränkungen verstärkt sich die Tendenz, nur noch einmal im Jahr, vornehmlich zum Wintersemester, zuzulassen. Dies kann nicht nur für die in der Tabelle mit „w" gekennzeichneten Studiengänge gelten, sondern auch für andere, bei denen unter Umständen zum Sommersemester nur noch eine geringe Restquote an Studienplätzen übrig ist.

Am Rande hingewiesen sei noch auf eine neue Strategie der Bildungspolitik, die den Hochschulen angeblich mehr Autonomie und im Gegenzug mehr „Verantwortung" zuweist: Besonders im Zuge der Novellierung des Hochschulrahmengesetzes (HRG) werden den Hochschulen zusätzliche Angebote für die Eignungsfeststellung von Studienbewerbern gemacht, weshalb in einzelnen Ländern und für einzelne Fächer *Auswahlverfahren* wie Tests, Klausuren und Gespräche entwickelt werden, die den Wert des Abiturs etwas unterminieren. Inwiefern sich der hierfür erforderliche Aufwand lohnt, darf man getrost fragen – die Antworten erfolgen indessen nur auf der politischen Ebene.

Tabelle 6: Ausgewählte NC-Grenzwerte

Studiengang	Hochschule	Fach	NC-Grenzwerte (WS 96/97)	
	(HF = Hauptfach, NF = Nebenfach)		Notendurchschnitt	Wartezeit (Semester)
Archäologie	Berlin, HU	–	Alle Bewerber zugelassen	
	Hamburg	–	2,8	2
Kunstgeschichte	Berlin, FU	HF	2,4 (SS: Alle Bew. zugel.)	4 (0)
		NF	2,7 (SS: Alle Bew. zugel.)	1 (0)
	Freiburg	HF	2,5	3
		NF	2,5	2
	Hamburg	–	1,5	17
	Köln	HF	3,6 (SS: 2,5)	0 (1)
	(ZVS-Bewerbung!)	NF	Alle Bewerber zugelassen	
	München, LMU	–	Alle Bewerber zugelassen	
	Tübingen	HF	3	1
		NF	Alle Bewerber zugelassen	
Theaterwissenschaft	Berlin, FU	HF	2,0 (SS: 2,4)	6 (5)
		NF	2,5 (SS: Alle Bew. zugel.)	4 (0)
	Frankfurt/M.	–	1,6	12
	Hamburg	–	Aufnahmetest	
	Köln	HF	1,5	10
		NF	1,7	9
	Leipzig	HF	2,8	1
		NF	Alle Bewerber zugelassen	
	Mainz	–	Alle Bewerber zugelassen	
	München, LMU	–	Alle Bewerber zugelassen	
Völkerkunde/Ethnologie	Berlin, FU	HF	Alle Bewerber zugelassen	
		NF	Alle Bewerber zugelassen	
	Freiburg	HF	2	6
		NF	2,1	3
	Hamburg	–	1,8	16
	Köln	HF	2,2	5
		NF	2,1	6

Die Zulassungsbescheide oder Ablehnungen werden etwa ab Ende August zugestellt, und gleichzeitig wird dann auch der Einschreibtermin mitgeteilt. Die Einschreibfrist ist im allgemeinen mit etwa einer Woche recht kurz bemessen. Die Einschreibung oder Immatrikulation ist in der Regel persönlich vorzunehmen; bei Verhinderung wird von den Hochschulen vielfach auch ein Vertreter mit einer persönlichen Vollmacht akzeptiert. Zur Einschreibung sind im allgemeinen Paßfotos sowie ein Nachweis über die Krankenversicherung und andere Pflichtbeiträge vorzulegen. Dadurch, daß Studienplätze unbesetzt bleiben, ist es möglich, im Nachrückverfahren weiteren Bewerbern einen Studienplatz zuzuteilen. Auf diese Weise kann sich das Zulassungsverfahren sogar bis zum Semesterbeginn hinziehen.

Die NC-Grenzwerte (vgl. Tabelle 6) können nach Ablauf des Zulassungsverfahrens im allgemeinen bei den Studentensekretariaten und Zentralen Studienberatungsstellen der Hochschulen schriftlich oder telefonisch erfragt werden. Zum größeren Teil sind die Studienberatungsstellen inzwischen auch im Internet vertreten, manche liefern dort auch genaue Daten zum Zulassungsverfahren. Wegen der sich im Internet stetig ändernden Informationen verweisen wir hier nur ganz allgemein auf zwei nützliche Einstiegsseiten.[19] In jedem Fall kann auf diesem Wege viel spannende Information zusammenkommen – teilweise ist auch bereits die Bestellung von schriftlichen Informationsmaterialien online möglich.

Bei den *NC-freien Studienfächern* ist die Zulassungsprozedur weniger kompliziert. Trotz der relativ späten Immatrikulationstermine an vielen Hochschulen sollte man sich die Antragsformulare recht früh besorgen – ab Mai für das nächste Wintersemester –, vor allem, um schwarz auf weiß nachlesen zu können, ob der angestrebte Studiengang tatsächlich keinen Zulassungsbeschränkungen unterliegt. Die Einschreibefristen selbst liegen vielfach erst Ende September/Anfang Oktober für das Wintersemester, für ein Sommersemester etwa im Monat März. Es gibt allerdings auch einzelne Hochschulen, die eine vorhergehende Bewerbung (z.B. bis 15. Juli) verlangen. Mit der Einschreibung sind dann die notwendigen Präliminarien erfüllt, um im Oktober (Wintersemester) oder April (Sommersemester) das Studium aufnehmen zu können. Der Semesteranfang liegt zwar offiziell auf dem 1. Oktober und dem 1. April (z.B. wichtig für die Krankenversicherung oder eine Studienförderung), die Lehrveranstaltungen beginnen jedoch an den einzelnen Hochschulen zu unterschiedlichen Terminen, meist erst in der Mitte des Monats.

---

[19] Studienberatung im Internet:
http://www.leu.bw.schule.de/berat.index.html,
http://www.uni-muenster.de/inform/d8um51.

1.7 Hochschulwechsel

Ihr Aufblühen verdankte die Universität im Mittelalter ihren fahrenden, reitenden oder wandernden Scholaren. Sie liefen ihren Hochschullehrern hinterher und scheuten keine Mühen und Kosten, selbst wenn sie wochenlang dafür unterwegs waren. Bis in die 60er Jahre unseres Jahrhunderts gehörte der *Hochschulwechsel* zum guten Ton, nicht zuletzt deshalb, weil die eine Universität vom Wohnort oft genauso weit entfernt war wie die andere, und das Studium zudem durchweg ein Privileg für eine begüterte Elite war. Mit der zahlenmäßigen Zunahme der Hochschulen ging der Stimulus des Hochschulwechsels verloren.

So liegt denn der Anteil der Studierenden, die ihren Hochschulort einmal oder mehrmals gewechselt haben, heutzutage bei etwa 17 %. Dies ermittelte das Deutsche Studentenwerk bei seiner 12. Sozialerhebung. Allerdings liegt der Verdacht nahe, daß das Hauptverdienst am Hochschultourismus der Zentralen Vergabestelle für Hochschulplätze (ZVS)in Dortmund zukommt, die für eine Reihe von Studienfächern die Studierenden über die Republik verstreut und dabei natürlich nicht immer allen individuellen Ortswünschen nachkommen kann. Daher ziehen eben am häufigsten die Mediziner (28 %) durch die Lande. Doch auch die Geistes- und Kulturwissenschaftler (25 %) wechseln noch überdurchschnittlich häufig, denn bei ihnen „scheinen akademische Bildungstraditionen, die das Kennenlernen möglichst unterschiedlicher Lehrmeinungen und Ausbildungsstätten einschließen, am häufigsten Bestand zu haben".[20]

Weshalb diskutieren wir überhaupt den Hochschulwechsel? Was bringt er denn außer Mühe, Frust, Kosten und Problemen? Früh übt sich, könnte man sagen, wer mobil werden will. Gerade junge Akademiker müssen sich in Anbetracht der schwierigen Arbeitsmarktsituation grundsätzlich auf regionale Mobilität einstellen. Der Arbeitsplatz vor der bisherigen Haustür ist seltener geworden. Außerdem ist der Hang zu Bodenständigkeit und Schollenverwachsenheit nicht unbedingt ein Zeichen hoher geistiger Flexibilität. Das heißt, der geistige Horizont erweitert sich eher, wenn man den geographischen überschreitet. Dies gilt sowohl für die Ausbildung der Persönlichkeit als auch für die Erweiterung des fachlichen Wissens. Wir bekennen uns weiterhin dazu, auch wenn nach der „politischen Wende" gern die Frage gestellt wurde, ob „der Hochschulwechsel noch erklärtes Ziel der Hochschulpolitik sein kann."[21]

---

[20] Das soziale Bild der Studentenschaft in der Bundesrepublik Deutschland, hg. v. Bundesminister für Bildung und Wissenschaft, Bonn 1989 (Schriftenreihe „Studien zu Bildung und Wissenschaft" 84) S. 157f.
[21] So war's noch in der Vorgängerstudie zum sozialen Bild der Studentenschaft, 1983 (Schriftenreihe „Hochschule" 46) zu lesen.

Beim Hochschulwechsel sollte manches bedacht werden:

- Eine Unterkunft läßt sich im allgemeinen zu Beginn der Semesterferien am besten finden. Bei Studentenwohnheimen können Aufnahmeanträge oft schon gestellt werden, ohne daß man an der entsprechenden Hochschule bereits eingeschrieben ist (bei Wartezeiten von bis zu einem Jahr und länger also zeitig planen!).
- Da NC-Fächer mitunter auch in höheren Semestern noch Zulassungsbeschränkungen unterliegen, sollte man sich nicht eher bei der bisherigen Hochschule exmatrikulieren, als man von der neuen Zielhochschule die Zulassung in Händen hält.
- Die Anerkennung von Leistungsnachweisen kann Mühe machen. Scheine und Zwischenprüfungszeugnisse werden zwar vielfach von den Fachrichtungen gegenseitig anerkannt, doch weichen die formalen Anforderungen mitunter voneinander ab. Wenn man vermeiden will, Scheine zu viel oder zu wenig zu machen, sollte man sich auch zeitig um die Studien- und Prüfungsordnung der gewünschten Hochschule kümmern. Lehramtsstudenten sollten zusätzlich bedenken, in welchem Land sie später in den Schuldienst eingestellt werden möchten, denn die Staatsexamina sind – wie bereits erwähnt – bislang nicht unbedingt über die bundesdeutschen Landesgrenzen hinweg gleichermaßen anerkannt.

Nach den Erhebungen des Deutschen Studentenwerks sind die beliebtesten Zuwanderer-Universitäten auch die traditionsreichsten: Freiburg, Tübingen, Bonn und Göttingen. Als ein nicht unwesentliches Kriterium für die Wahl des Hochschulortes bzw. der Hochschule wurde in den letzten Jahren von den Medien das *Hochschul-Ranking* permanent ins Gespräch gebracht. Nach Umfrageergebnissen wurden die Hochschulen unter Verwendung mehr oder minder seriöser Parameter qualitativ bewertet und eingestuft – nicht zuletzt mit der Nebenabsicht, politische Argumente für finanzielle Einschnitte zu gewinnen. Da in unserer leistungsorientierten Gesellschaft vieles ausschließlich vom Ergebnis her betrachtet wird, spielen im Nachhinein die Bewertungskriterien nur noch eine untergeordnete Rolle. Was allein interessiert, ist die Plazierung!

Um solches Verhalten einerseits zu karikieren und andererseits die Zeit zu überbrücken, bis die Stiftung Warentest den ersten Vergleichenden Studienführer[22] auf den Markt wirft, wurden die bislang vorliegenden Rankings im Hinblick auf die von uns behandelten Fächer gecheckt: Klar, daß in einer markt- und konsumorientierten Gesellschaft die kleineren Fächer kaum Beachtung finden. Eine Ausnahme bildet hier in der Tat nur das größte der Fächer dieses Studienführers, die Ge-

---

[22] Dies ist keineswegs (nur) satirisch gemeint: Das erste entsprechende *test*-Sonderheft (für Chemie und Wirtschaftswissenschaft) ist für das Frühjahr 1998 angekündigt.

Tabelle 7: Hochschul-Ranking „Geschichte"

Rang	Medien Hochschulen	Noten- Durchschn.	Spiegel I (1989)	Spiegel II (1993)	stern (1993)	!Forbes (1993)	Focus (1993)	Focus (1997)
1	Berlin, FU	2,2	3,7	3,1	1,8	1,5	1,0	2,6
2	Berlin, HU	2,2				1,9	1,2	3,1
3	Tübingen, U	2,2	3,3	3,1	1,5	1,7	1,5	2,5
4	Bielefeld, U	2,3	3,7	2,6	1,5	1,4	2,2	2,7
5	München, LMU	2,4	3,8	3,3	1,6	1,0	1,3	3,4
6	Göttingen, U	2,4	3,2	3,2	1,7	1,3	1,8	3,2
7	Freiburg, U	2,4	4,0	2,8	1,3	1,2	2,3	3,3
8	Münster, U	2,4	3,5	3,2	1,6	1,8	1,3	3,3
9	Köln, U	2,6	3,2	3,1	1,6	1,1	3,7	3,1
10	Hamburg, U	2,6	4,2	3,2	2,6	2,2	1,7	
11	Marburg, U	2,8	3,5	3,3	2,7	3,5	2,0	2,4
12	Heidelberg, U	2,8	3,7		2,4	2,2	2,8	3,1
13	Bamberg, U	2,8	2,6	3,1	3,2	2,2		
14	Trier, U	2,8	3,0	2,5	2,4	3,5		2,8
15	Bochum, U	2,8	3,7	3,4	2,4	2,0	1,6	3,8
16	Bonn, U	2,9	3,5	3,5	2,3	1,6	2,9	3,4
17	Kiel, U	2,9	4,1	3,1	2,9	3,5	1,4	
18	Jena, U	2,9				3,5	1,8	3,3
19	Frankfurt, U	2,9	3,5	3,3	2,9	2,1	2,6	3,3
20	Greifswald, U	2,9				3,5	2,4	
21	Konstanz, U	3,1	3,4	3,0	2,4	3,5	4,1	2,7
22	Gießen, U	3,1	2,6	3,1	2,8	3,5	3,3	
23	Hannover, U	3,1	2,9	3,5	2,9	3,5	2,7	
24	Aachen, TH	3,1	3,0	2,6	3,2	3,5	3,4	
25	Leipzig, U	3,2				3,5	1,9	3,8
26	Düsseldorf, U	3,2	3,4	2,7	2,9	3,5	2,3	4,1
27	Erlangen-Nürnbg, U	3,2	3,1	2,9	2,9	3,5	2,1	4,2
28	Berlin, TU	3,3		2,9	2,6		3,9	3,6

Tabelle 7 (Fortsetzung)

Rang (Gesch.)	Medien / Hochschulen	Noten-Durchschn.	Spiegel I (1989)	Spiegel II (1993)	stern (1993)	!Forbes (1993)	Focus (1993)	Focus (1997)
29	Regensburg, U	3,3	3,3	2,9	2,9	3,5	3,1	3,9
30	Würzburg, U	3,3	3,0	3,5	2,9	3,5	3,2	3,5
31	Mainz, U	3,3	3,5	3,1	2,9	3,5	2,8	3,8
32	Essen, UGH	3,3		3,2	3,1		3,6	
33	Duisburg, UGH	3,3		2,6	4,0			
34	Saarbrücken, U	3,4		3,0	2,9		3,0	4,3
35	Darmstadt, TH	3,4	2,8	3,1	2,7	3,5	3,5	4,3
36	Passau, U	3,5		2,7	2,9			4,4
37	Potsdam, PH	3,5				3,5	3,8	3,3
38	Dortmund, U	3,5		3,4	2,9		4,3	
39	Bremen, U	3,5	3,6	3,7	4,2	3,5	1,1	4,6
40	Halle, U	3,5				3,5	2,5	4,3
41	Augsburg, U	3,6	3,2	3,2	2,7	3,5	4,2	4,3
42	Stuttgart, U	3,7	3,7	2,9	3,1	3,5	5,0	3,8
43	Karlsruhe, U	3,7			3,2		4,3	
44	Paderborn, UGH	3,8		2,9	3,4		5,0	
45	Bayreuth, U	3,8			2,9		3,8	4,3
46	Rostock, U	3,8				3,5	3,3	4,3
47	Wuppertal, UGH	3,8	3,3	2,9	4,2	3,5	5,0	
48	Mannheim, U	3,9		2,7	2,8		5,0	4,6
49	Oldenburg, U	3,9		3,0	3,3		4,4	4,4
50	Osnabrück, U	3,9	3,4	3,1	3,1	3,5	5,0	4,6
51	Siegen, UGH	4,2			3,1		5,0	4,3
52	Kassel, UGH	4,2			4,0		4,0	4,6
53	Braunschweig, TU	4,3			3,1		5,0	4,5
54	Eichstätt, KU	4,4						4,4
55	Dresden, TU	4,4				3,5	5,0	4,6

Quellen/Anm.: Arithmetischer Mittelwert aus o.a. „Rankings" (auf Schulnoten-„Niveau"), wobei das 1. Spiegel-Ranking mit 0,5 und das 2. Focus-Ranking mit 1,5 gewichtet wurde.

schichte: Wie es dazu gekommen ist, daß in unserem leicht gewichteten Quer-schnitt-Ranking die Berliner Universitäten (Freie und Humboldt) oben und die TU Dresden ganz unten gelandet ist, entnehmen Sie bitte der Tabelle 7. Wenn den ge-neigten Lesern und Hochschulen nicht behagt, wie und wo ihre eigene Präferenz eingerankt wurde, so dürfen sie gern mittels Umbilanzierung einzelner Gewich-tungsfaktoren – kreative Buchführung ist ja zur Zeit so total „in" – eine neue, per-sönliche Tabelle erstellen, die der Wahrheitsfindung wahrscheinlich ebenso gut dient.

1.8 Auslandsstudium

Einen Sonderfall des Hochschulwechsels stellt das Auslandsstudium dar. Auch in-sofern ein Sonderfall, als Im-Ausland-Studierende immer noch etwas Besonderes darstellen. Immerhin haben das EU-Programm ERASMUS[23] und sein Nachfolger SOKRATES[24] den europäischen Hochschultourismus inzwischen doch ein wenig belebt: Die an den deutschen Hochschulen studierenden 146 400 Ausländer ma-chen insgesamt zwar nicht einmal 8 % der Studentenschaft aus, der Anteil von 13,5 % unter den Studienanfängern macht allerdings deutlich, daß die Zahl der Kurzzeitaufenthalte und damit die Wechselmobilität wesentlich höher ist.[25]

Entsprechend stellt sich die Situation auch für die deutschen Studierenden im Aus-land dar: Insgesamt studieren derzeit etwa 40 000 Deutsche im Ausland; das sind – bezogen auf die Gesamtstudentenzahl zwar nur gut 2 %, man darf jedoch erfah-rungsgemäß davon ausgehen, daß die meisten von ihnen höchstens 1 Jahr im Aus-land studieren, und dementsprechend sollte man zum Vergleich nur die Studienan-fängerzahl heranziehen, und dann schnellt der Anteil der deutschen Studierenden im Ausland gleich schon auf über 17 % hoch.[26] Folglich dürfte man der EU positiv bescheinigen, daß sie ihre insbesondere mit dem ERASMUS-Programm verknüpf-te Zielsetzung, mindestens 10 % der europäischen Studentenschaft zu mobilisieren, immerhin statistisch erreicht zu haben scheint.

---

[23] European Community Action Scheme for the Mobility of University Students.
[24] *SOKRATES* faßt mehrere traditionsreiche EU-Programme wie *ERASMUS, LINGUA* und *EURYDICE* zusammen.
[25] Daten für 1995 nach *Grund- und Strukturdaten 1996/97*, a. a. O., S. 146f.
[26] Daten für 1994 *ebenda*, S. 226f.

Die Hauptzielländer der deutschen Studierenden waren zuletzt (in Klammern Zahl der Studenten):[27]

USA	(8500)	Schweiz	(4638)
Großbritannien	(5950)	Italien	(1500)
Österreich	(5793)	Kanada	(1347)
Frankreich	(5343)	Spanien	(1020)

An der Spitze der Wechselbewegung liegen seit eh und je die Studierenden geisteswissenschaftlicher Fächer: Jeder dritte[28] von ihnen geht während des Studiums ins Ausland und hofft, daß dies nicht nur fürs Studium, sondern auch für die spätere berufliche Einsatzmöglichkeit Früchte trägt. Die Studienzeit wird in der Regel anerkannt, sofern man dies möchte.[29]

Zwischenzeitlich gibt es in der Folge der Förderprogramme viele vertragliche Vereinbarungen zwischen in- und ausländischen Hochschulen, die auch die Anerkennung oder gar Zertifizierung von spezifischen Studienleistungen regeln. Wie die „Hit-Parade" derjenigen Hochschulen aussieht, die die meisten EU-Stipendien für ihre Studierenden erhalten, zeigt die nebenstehende Grafik (Tabelle 8). Immerhin macht dieser Versuch eines Rankings[30] die Vorzüge kleinerer Hochschulen deutlich: So ist die statistische Chance auf ein Auslandsstipendium in Passau siebenmal größer als in München.

Das bereits mehrfach angesprochene Internet bietet den Studierenden die Möglichkeit, sich einerseits über das entsprechende Angebotsspektrum der deutschen Hochschulen zu informieren, andererseits können sie sich auf diesem Wege zugleich über den Service einer ins Auge gefaßten Hochschule im Ausland informieren.

Als günstiger Zeitpunkt für ein Auslandsstudium bietet sich durchweg der zweite Studienabschnitt (nach der Zwischenprüfung) an. Wegen der Formalitäten und der Bewerbung um ein Stipendium sollte man sich im allgemeinen schon ein ganzes

---

[27] Daten für 1994 *ebenda.*
[28] Vgl.14. Sozialerhebung des DSW, a. a. O., S. 103.
[29] Es kann unter bestimmten Gesichtspunkten (z.B. Studiendauer, -gebühren) angeraten sein, keine solche Anerkennung anzustreben.
[30] Die zugehörige Grafik wurde auf der Grundlage einer Auszählung des DAAD (Mai '97) erstellt, die diejenigen Hochschulen auflistet, die 1997/98 mehr als 300 Stipendiaten mit den EU-Programmen SOKRATES/ERASMUS ins Ausland schicken wollen. Sie berechnet die Chancen auf einen dieser Programmplätze im Verhältnis zur Studentenzahl.

Gründe gegen einen Studienaufenthalt im Ausland

Was spricht gegen einen Studienaufenthalt im Ausland?[1]

- finanzielle Mehrbelastung
- Probleme mit der Anerkennung der im Ausland erbrachten Studienleistungen
- familiäre Gründe (Partner/Kind)
- Verlust der Wohnung im Heimatland
- Wegfall von Leistungen bzw. Verdienstmöglichkeiten
- Zeitverlust im Studium
- Wohnprobleme im Gastland
- Trennung von gewohnter Umgebung
- Sprachschwierigkeiten
- Orientierungsschwierigkeiten im ausländ. Bildungssystem

Studienbedingter Auslandsaufenthalt?
ja
nein, aber geplant
nein, nicht geplant

0 10 20 30 40 50 60 70 80 90 100 %

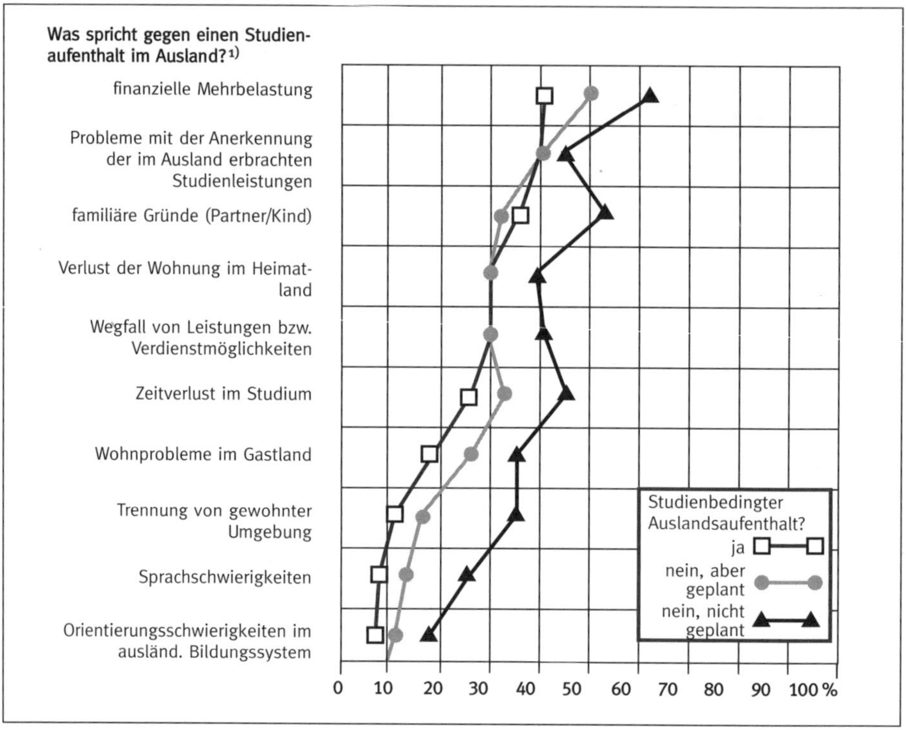

Jahr vorher um den potentiellen Studienort im Ausland bemühen. Zu bedenken ist dabei auch, daß an den ausländischen Hochschulen eine Einschreibung oft nur zum Wintersemester – und dann für ein ganzes Studienjahr – möglich ist, wenngleich die SOKRATES-Programme hierfür inzwischen günstigere Lösungen anbieten können. Daß eine frühzeitige Intensivierung der Fremdsprachenstudien dazugehört, sollte sich von selbst verstehen. Die meisten Hochschulen bieten daher spezielle Kursprogramme, manche Hochschulen sogar Info-Broschüren an. Nicht zu verachten sind auch besondere Zertifikate, die in diesem Zusammenhang von einzelnen Hochschulen verliehen werden.[31]

---

[31] Vgl. UNI Berufswahlmagazin 1/1991, S. 16ff. – Zwischenzeitlich hat die Kultusministerkonferenz *Richtlinien* für den Erwerb eines Fremdsprachen-Zertifikats beschlossen, mit denen einheitliche Anforderungen für solche Nachweise von Fremdsprachenkenntnissen erreicht werden sollen.

Gründe für einen Studienaufenthalt im Ausland

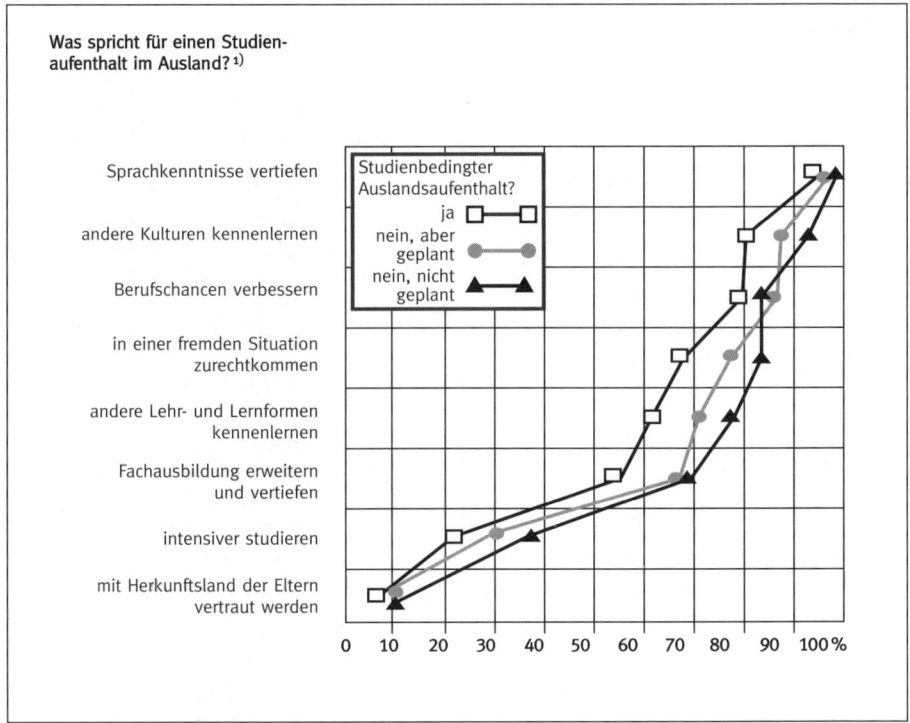

Was spricht für einen Studien-aufenthalt im Ausland? [1]

Angaben in %, Mehrfachnennungen möglich.
[1] Berücksichtigt wurden nur diejenigen, die diese Gründe als bedeutsam angegeben haben.
(Nach: 14. Sozialerhebung des Deutschen Studentenwerks. Bonn 1995, Seite 107 f.)

Informationen zum Auslandsstudium, auch zur Studienfinanzierung (z. B. erhöhte BAföG-Förderungsbeträge) enthalten insbesondere die Schriften des Deutschen Akademischen Austauschdienstes (DAAD). Hervorzuheben sind hier vor allem das jährlich neu herausgegebene Verzeichnis der Förderungsmöglichkeiten für Deutsche im Ausland,[32] Kataloge von Feriensprachkursen an ausländischen Hochschulen sowie spezielle Länderstudienführer,[33] in denen sowohl die unterschiedlichen

---

[32] Z. B. Jahresstipendien, Sprachkursstipendien, Fachkursstipendien Musik und Semesterstipendien für Historiker u. a.
[33] In aufwendigerer Form gibt es solche Auslandsstudienführer auch im Buchhandel, z. B.: *Studieren in Europa* (Econ-Handbuch), *Studieren in Europa/ Frankreich* (Lexika-Verlag/ Krick Fachmedien), *Studieren „en España"* (IKO-Verlag).

Tabelle 8: Auslandsstipendien (Chancen in %)

Hochschule	‰	EU-Stip.	Studd. ('95)
Passau, U	38,4	318	8279
Saarbrücken, U	35,5	684	19254
Leipzig, U	31,6	581	18387
Karlsruhe, U	31,1	584	18748
Jena, U	29,6	318	10741
Trier, U	28,1	314	11159
Aachen, TH	26,9	900	33518
Paderborn, UGH	25,3	339	13386
Mainz, U	23,7	669	28284
Erlangen, U	22,3	556	24926
Bremen, U	21,6	371	17180
Göttingen, U	21,1	600	28479
Darmstadt, TH	20,8	335	16095
Tübingen, U	19,4	476	24503
Dresden, TU	19,1	385	20105
Berlin, HU	18,9	550	29081
Heidelberg, U	18,6	526	28269
Gießen, U	17,1	368	21462
Kassel, UGH	16,7	301	18019
Bielefeld, U	16,5	322	19536
Würzburg, U	16,3	324	19923
Freiburg, U	16,2	375	23189
Kiel, U	15,0	340	22630
Berlin, TU	13,7	495	36029
Berlin, FU	13,7	678	49534
Bochum, U	12,9	471	36634
Hamburg, U	12,7	526	41389
Bonn, U	12,3	439	35668
Köln, U	11,1	640	57464
Münster, U	11,1	491	44227
München, LMU	5,3	310	58504

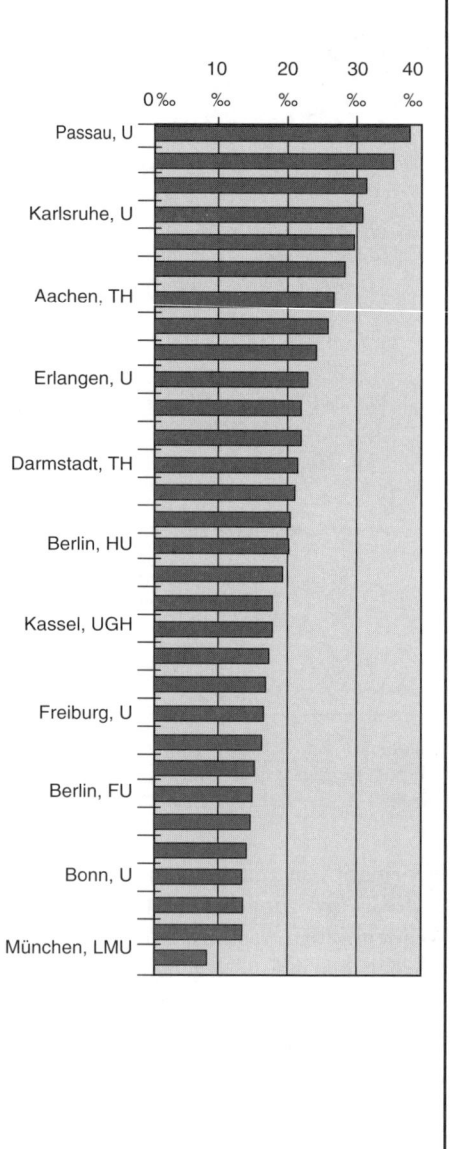

Studiensysteme erläutert als auch Übersichten der Lehrangebote der einzelnen Hochschulen geboten werden.[34]

Beihilfe zum Jobben im Ausland bekommt man vom Arbeitsamt: Die Zentralstelle für Arbeitsvermittlung (ZAV)[35] informiert mit einer jährlich neu erscheinenden Broschüre „Jobs und Praktika im Ausland" über die unterschiedlichen Möglichkeiten.

1.9 Studiendauer und -finanzierung

Die Prüfungsordnungen benennen *Regelstudienzeiten,* in denen die Hochschulen den Abschluß eines Studiums ermöglichen sollen. Das Überschreiten dieser Frist zieht für den Studenten keine unmittelbaren Sanktionen nach sich, doch einzelne Bundesländer sind gerade dabei, für sogenannte Bummelstudenten, also Studierende deutlich oberhalb der Regelstudienzeit, Studiengebühren in der Größenordnung von etwa 1000 DM pro Semester einzuführen.

Wie bereits kurz angesprochen, unterscheiden sich Regelstudienzeiten und tatsächliche Studienzeiten vielfach ganz erheblich. In der Mitte zwischen beiden liegt – wenn's gut geht – die Förderungshöchstdauer für Studenten, die nach dem Bundesausbildungsförderungsgesetz (BAföG) gefördert werden. Da die Regelstudienzeiten für die meisten Studiengänge auf 9 Semester einschließlich Abschlußprüfung festgelegt sind, endet auch die BaföG-Unterstützung meist mit 9 Semestern. Die vom Statistischen Bundesamt nach den Prüfungsstatistiken errechnete Durchschnittsstudienzeit liegt für die Studenten in den sprach- und kulturwissenschaftlichen Studiengängen zwischen knapp 8 (Lehramt an Grund- und Hauptschulen) und knapp 13 Fachsemestern (Magister Artium/ Diplom).[36]

Die hohe Studiendauer (vgl. Tabelle 9) erklärt sich einerseits durch Fachwechsel, der die Studiendauer statistisch allerdings noch um etwa 2 Semester erhöht, zum anderen durch Prüfungsprozeduren, die dem Kandidaten ermöglichen, die Prüfungsteile seiner Abschlußprüfung auf 2 Jahre oder gar länger zu strecken. Sie ergibt sich auch gelegentlich aus der Notwendigkeit, das Examen teilweise oder ganz wiederholen zu müssen. Vor allem aber ist es die Unsicherheit des Studenten, der,

---

[34] Für weitere Informationen beschränken wir uns hier auf die DAAD-Adresse: Postfach 200404, 53134 Bonn bzw. im Internet unter http://www.daad.de

[35] 60079 Frankfurt/M., Postfach 170545 – Studentenvermittlung 21.21. Einen raschen Eindruck von diesem Job-Angebot gibt auch ein Blick ins Internet: http://arbeitsamt.de.

[36] Studienjahr 1993 (nach *Grund- und Strukturdaten 1996/97,* a. a. O, S. 278f.).

Tabelle 9: Studiendauer (Geschichte)

Der Wissenschaftsrat hat es sich zur Aufgabe gemacht, den Hochschulen und ihren Studierenden auf die Studienzeiten zu sehen. Seiner letzten Auswertung (für das Prüfungsjahr 1991) zufolge liegt die Studienzeit für Historiker mit Magisterabschluß bei 13,0 Semestern (Median)
und ist gegenüber der 5 Jahre zurückliegenden, früheren Erhebung sogar noch um 0,6 Semester
gestiegen. Der durchschnittliche Historiker ist fast 29 Jahre alt, wenn er die Universität verläßt
(und nicht noch weiter promoviert . . .) .

In diesem Zusammenhang bietet es sich natürlich an, eine Hitliste der schnellsten Hochschulen
mit den fixesten Studenten (oder geschicktesten Dozenten?) zu erstellen. So leicht dies statistisch machbar ist, so problematisch ist natürlich eine solche Darstellung – aus den verschiedensten Gründen. Um den Gegenargumenten zumindest partiell im vorhinein bereits Rechnung
zu tragen, haben wir eine (diachronisch) gewichtete Rangfolge erstellt, die immerhin die letzen
drei Prüfungsjahrgänge im Magister und Lehramtsstudium berücksichtigt; schließlich notieren
wir nur die TOP-Positionen dieser Rangliste, d.h. diejenigen, deren durchschnittliche Studienzeit unter dem Bundesdurchschnitt (13,1 Fachsem.) geblieben ist. Wir wollen damit keine
Völkerwanderung (gerade unter Historikern!) initiieren, wohl aber den übrigen Hochschulen
einen Ansporn geben, sich und ihre Studierenden bis zur Neuauflage dieser Liste zu "rehabili-
tieren" ...

1. Osnabrück	10,4	7. Frankfurt/M.	12,3	13. Göttingen	12,6
2. Gießen	11,8	8. Braunschweig	12,4	14. Oldenburg	12,8
3. Regensburg	11,9	9. München, LMU	12,4	15. Freiburg	12,8
4. Mainz	11,9	10. Marburg	12,5	16. Konstanz	12,9
5. Trier	12,2	11. Hamburg	12,5	17. Tübingen	13,1
6. Hannover	12,3	12. Heidelberg	12,6	18. Würzburg	13,1

Zwischen den Erstplazierten unserer Liste und dem (unveröffentlichten) Letztplazierten liegen
mehr als 5 Semester: das sind immerhin zweieinhalb Lebensjahre . . .

(Anm.: Die neuen Bundesländer sind in diese Wissenschaftsratserhebung noch nicht einbezogen. Gewertet wurden nur die Hochschulen, die im Zeitraum 1989–91 mit mindestens zwei
Meßwerten vertreten waren.)

je weiter er kommt, desto deutlicher erkennt, wie wenig er eigentlich weiß. Daß die
berechtigte Sorge, nicht genügend zu wissen, zur Prüfungsangst eskaliert, ist gar
nicht so selten. Dies ist einer der Gründe, weshalb von den Beratungsstellen mancher Hochschulen Trainingskurse zur psychischen und fachlichen Prüfungsvorbe-
reitung angeboten werden. Um Torschlußpanik zu vermeiden, kann der Student bereits frühzeitig anfangen, sich mit anderen zusammenzusetzen – auch die Hochschullehrer sind hier in der Verantwortung – und mit ihnen gemeinsam systematische Examensvorbereitung zu betreiben. Ein weiterer Faktor für die Verlängerung
der Studienzeit, der in den letzten zwanzig Jahren zunehmendes Gewicht gewonnen hat, ist die ungünstige Arbeitsmarktsituation: die Hochschule als Warte- und

Wärmehalle, bis die Berufschancen wieder rosiger werden. Dabei ist zumindest aus der Wirtschaft zu hören,[37] daß für die Einstellungschancen auch die zügige Durchführung eines Studiums ausschlaggebend sein kann.

Wer von der staatlichen *BAföG-Förderung*[38] abhängig ist – derzeit nur mehr ein Fünftel der deutschen Universitätsstudenten –, ist in jedem Fall auf eine zügige Durchführung seines Studiums angewiesen. Der Förderungshöchstbetrag, den ohnehin nicht einmal jeder 10. Student bezieht, liegt zur Zeit bei 995 DM, gegebenenfalls zusätzlich Miet- und Krankenversicherungszuschläge sowie Zuschüsse für wichtige Arbeitsmittel, beispielsweise für das Klavier eines Musikstudenten. Demgegenüber errechnet das Deutsche Studentenwerk den durchschnittlichen Bedarf des nicht zu Hause wohnenden sogenannten Normalstudenten auf 1231 (alte Bundesländer) bzw. 847 DM (neue Bundesländer) monatlich.[39] Als kostenintensivste Einzelposten gelten:

- Wohnung   415 DM (W)   bzw.   212 DM (O)
- Ernährung   273 DM (W)   bzw.   215 DM (O)
- Fahrkosten   118 DM (W)   bzw.   118 DM (O)
- Kleidung   111 DM (W)   bzw.   95 DM (O)
- Lernmittel   61 DM (W)   bzw.   48 DM (O)

Studiengebühren werden nicht erhoben – abgesehen von einem geringen Semesterbeitrag von etwa 50 – 100 DM für die Studentenschaft, Haftpflicht-, Diebstahlversicherung und anderes. Wer nicht bei den Eltern mitversichert ist, muß allerdings eine Krankenversicherung abschließen und auch einen Beitrag zur Pflegeversicherung zahlen: monatlich knapp 100 bzw. 80 DM. Dieser Nachweis ist bei der Einschreibung dem Studentensekretariat vorzulegen. Hinzu kommt mancherorts noch der Pflichtbeitrag zum sogenannten Semesterticket, mit dem man den regionalen Nahverkehr dann kostenlos benutzen kann. Der Preis liegt in einer Größenordnung von 100 DM pro Semester, also knapp 20 DM im Monatsdurchschnitt.

---

[37] Z. B. Jürgen Wolfslast, Stellungnahme für die Arbeitgeberverbände (in: Loccumer Protokolle 16/80, S. 156): „Keine Lösung wäre, längere Warteschleifen auf der Universität zu ziehen, nach dem Abschluß noch ein Aufbaustudium zu machen und ähnliches." – Vgl. hierzu auch die Sammlung von Stellungnahmen großer Firmen in *abi* 2/96, S. 32 – mit dem Tenor „kurze Studiendauer verbessert Einstellungschancen".

[38] Neben der im Buchhandel erhältlichen Literatur zum Bundesausbildungsförderungsgesetz (BAföG) sei hier noch auf zwei Informationsbroschüren hingewiesen:
– „BAföG 96/97 – Gesetz und Beispiele", hg.v. Bundesministerium für Bildung, Wissenschaft, Forschung und Technologie (BMBF, Ref. Öffentlichkeitsarbeit, 53170 Bonn) 1996
– „Finanzielle Förderung für Schüler und Studenten: Erläuterungen zum BAföG", hg. v. d. Arbeitskammer des Saarlandes (66111 Saarbrücken, Fritz-Dobisch-Str 6–8) Neuaufl. Herbst 1997.

[39] 14. Sozialerhebung des Deutschen Studentenwerks, Bonn 1995, S. 216.

Neben der staatlichen Studienförderung nach dem BAföG gibt es eine Vielzahl anderer Stipendien, die mitunter schwierig erschließbar sind. Es sei deshalb auf die verdienstvolle Zusammenstellung einer Vielzahl von Stipendienmöglichkeiten durch das Deutsche Studentenwerk (DSW)[40] hingewiesen.[41] Behinderte Studieninteressenten finden dort ebenfalls eine Beratungsstelle, die umfangreiches Informationsmaterial für behinderte und chronisch kranke Studierende bereithält.

Im Zusammenhang mit den nur marginal behandelten Förderungsmöglichkeiten sei immerhin auf die Einrichtung der sogenannten *Graduiertenkollegs* hingewiesen, die erfolgreichen Absolventen die Möglichkeit bieten sollen, sich zusätzlich durch eine Promotion zu qualifizieren, und zwar unter besserer und gezielterer Betreuung, als dies bislang vielerorts möglich ist. Die Förderung erfolgt durch ein von der Deutschen Forschungsgemeinschaft (DFG) unterstütztes Netzwerk, das einzelnen Hochschulen besondere Schwerpunkte zuordnet. Einen Eindruck hiervon mag Tabelle 10 geben. Besonders interessant hieran sind für die Studierenden nicht nur die Themenbereiche, sondern auch die Möglichkeit einer zwei- bis dreijährigen finanziellen Förderung von derzeit 1.400 DM monatlich.

1.10 Berufliche Möglichkeiten

Hat man das Studium durchgehalten und zudem noch mit Erfolg abgeschlossen, dann beginnen die Probleme erst richtig. Denn wozu hat die Hochschule ausgebildet? Im Grunde nur zum Fachwissenschaftler. Der aber hat nur einen winzigen Arbeitsmarkt. Die statistische Chance des Studenten, Hochschullehrer zu werden, liegt deutlich unter 1%. Nichtsdestotrotz gibt es auch eine Reihe anderer Tätigkeitsfelder, in denen sich Absolventen geisteswissenschaftlicher Disziplinen bislang etablieren konnten.[42] Es sind zwar nicht für alle Fachrichtungen stets dieselben Bereiche, doch ergeben sich erfahrungsgemäß relativ ähnliche Verhältnisse. Dabei sind neben teilweise noch jungen, offenen Berufsfeldern drei große, klassische Bereiche zu unterscheiden:
- der in erster Linie von staatlichen bzw. öffentlich-rechtlichen Institutionen getragene Bildungssektor,
- der vornehmlich in privaten Händen befindliche Mediensektor,
- die sehr heterogene Kunst- und Kulturszene.

---

[40] Deutsches Studentenwerk e.V., Weberstr. 55, 53113 Bonn.

[41] „Förderungsmöglichkeiten für Studierende", 11. Aufl., Bad Honnef 1995. Eine kleine „Auswahl" ist einer Übersicht in der Zeitschrift *abi* (1/97, S. 13) zu entnehmen. – Vgl. auch Jung, M./ Mahler, R., Studieren und (Über-)Leben – fragt sich nur wie? Krick Fachmedien 1989.

[42] Vgl. z.B. Freie Laufbahn. Berufe für Geisteswissenschaftler, hg. v. C. Gallio, Mannheim 1995.

Tabelle 10: Graduiertenkollegs

Thema		Hochschulort (Projektträger)
Interkulturelle Beziehungen in Afrika	U	Bayreuth (Ethnologie)
Kunstwissenschaft – Bauforschung – Denkmalpflege	TU	Berlin (Inst. f. Geschichtswissenschaft) zus. mit U Bamberg (Denkmalpflege)
Körper-Inszenierungen	FU	Berlin (Inst. f. Theaterwissenschaft)
Sozialgeschichte von Gruppen, Schichten, Klassen u. Eliten	U	Bielefeld (Fak. f. Geschichtswiss. u. Philosophie)
Die Renaissance in Italien und ihre europäische Rezeption: Kunst – Geschichte – Literatur	U	Bonn (Kunsthistorisches Institut)
Technisierung und Gesellschaft	TH	Darmstadt (Inst. f. Gesch. u. Inst. f. Philosophie)
Archäologische Analytik	U	Frankfurt/M. (Sem. f. Vor- u. Frühgesch.)
Mittelalterliche und neuzeitliche Staatlichkeit	U	Gießen (Histor. Institut)
Identitätsforschung	U	Halle-Wittenberg (Inst. f. Geschichte)
Griechische u. byzantinische Textüberlieferung – Wissenschaftsgeschichte – Humanismusforschung u. Neulatein	U	Hamburg (Inst. f. Griech. u. Lat. Philologie)
Formierung und Selbstdarstellung von Eliten in den Städten des Römischen Reiches	U	Köln (Archäologisches Institut)
Theater als Paradigma der Moderne: Drama und Theater im 20. Jahrhundert (ab 1880)	U	Mainz (Philosophisches Seminar)
Schriftkultur und Gesellschaft im Mittelalter (Interdisziplinäre Mediävistik)	U	Münster (Mittl. u. Neuere Kirchengesch.)
Bildung in der frühen Neuzeit – Kulturelle Differenzierungen	U	Osnabrück (FB Kultur- u. Geowissensch.)
Regionale Identität(en) und Politische Integration	U	Regensburg (Neuere Geschichte)
Interkulturelle Kommunikation in kulturwissenschaftlicher Perspektive	U	Saarbrücken (FR 8.2 – Romanistik – u. FR 5.4 – Geschichte – u.a.)
Westeuropa in historischer Perspektive	U	Trier (FB III – Neuere u. Neueste Gesch.)

Zum Bildungssektor gehören beispielsweise das Lehramt (nach einem Studium der Unterrichtsfächer Geschichte, Latein und/oder Griechisch), Forschung und Lehre im Hochschulbereich, Kultur- und Wissenschaftsverwaltung im Staatsauftrag (Goethe-Institut, Deutsches Historisches/Archäologisches Institut, Historische Landesämter), Erwachsenenbildung (Volkshochschulen), die Arbeit für nichtstaatliche Bildungsorganisationen (Öffentlichkeitsarbeit und Weiterbildung im Auftrag von Parteien, Gewerkschaften, Kirchen) und die öffentlichen Dienstleistungen (Studien-, Berufs-, Bildungsberatung, Diplomatischer Dienst). Die Medien umfassen sowohl Presse und Verlagswesen, Medienpädagogik und -didaktik (bei Rundfunk und Fernsehen) wie auch das Dokumentations-, Archiv- und Bibliothekswesen. Tätigkeiten bei Theater, Film, Funk, Fernsehen (Dramaturgie, Redaktion, Regie), in Museen, für Ausstellungen und Kunstvereine wie auch in der Denkmalpflege und im Kunsthandel sind dagegen Teile des Kunst- und Kulturbetriebs. Die in Tabelle 11 dargestellte fachliche Zuordnung ist dabei nicht streng verbindlich: Der Weg in die Dramaturgie eines Theaters führt durchaus nicht ausschließlich über ein theater- oder musikwissenschaftliches Studium. Diese Offenheit zeigt sich vor allem bei jungen Berufsfeldern mit zunehmender Akademisierung wie etwa dem Tourismus, wo Geisteswissenschaftler als Studienreiseleiter arbeiten.

Im Rahmen dieses Studienführers können wir nicht auf alle diese beruflichen Möglichkeiten intensiv eingehen und verweisen schon deshalb noch einmal auf die bereits in Kapitel 1.2 bezeichneten Informationsmaterialien der Arbeitsverwaltung. Doch ist Lesen nicht der einzige Weg, sich Informationen über den Arbeitsmarkt zu verschaffen. Vielmehr ist der praktische Kontakt durch nichts anderes zu ersetzen, weshalb dringend empfohlen wird, den Praxisbezug nicht erst nach dem Studium zu suchen. *Praktika, Hospitanzen* und ähnliches können hierfür eine wesentliche Hilfe sein, doch diese sind nicht immer leicht zu finden. Einige Hochschulen bieten Studenten Hilfe bei der Praktikumssuche an. Allerdings muß kritisch angemerkt werden, daß die vorlesungsfreie Zeit eigentlich weder zum Jobben noch zum Hospitieren gedacht ist. Es sollte vielmehr das vergangene Semester nach- und das nächste vorbereitet werden. Erfolg in der Praxis bedeutet nicht unbedingt auch Erfolg im Studium – so muß jeder Student selbst abwägen, worauf er den Schwerpunkt legen möchte.

1.10.1 Bildungssektor

Der Bildungssektor war jahrzehntelang der dankbarste Abnehmer für Absolventen geisteswissenschaftlicher Studiengänge. Dabei lag der *Lehramtsbereich* an vorder-

Tabelle 11: Berufsfelder

Fächer ⟍ Berufsfelder	Arch. – Vor- u. FrühG.	Gesch.	Klass. Phil.	Kunst-gesch.	Musik-wiss.	Theater-wiss.	Völker-kunde – Volksk.
BILDUNG — Lehramt		X	X				
Forschung und Lehre im Hochschulbereich	X	X	X	X	X	X	X
Kultur- und Wissenschaftsverwaltung im Staatsauftrag (z. B. Goethe-Inst., Dt. Hist./ Arch. Inst., Historische Landesämter)	X	X		X			
Erwachsenenbildung (Volkshochschulen)	X	X	X	X	X	X	X
Nicht-staatliche Bildungsorganisationen (Referent b. Parteien, Gewerkschaften, Kirchen)	X	X	X	X	X	X	X
Öffentliche Dienstleistungen (Studien-, Berufs-, Bildungsberatung; Diplomat. Dienst)	X	X	X	X	X	X	X
MEDIEN — Presse (Journalist, Kritiker, Redakteur)	X	X	X	X	X	X	X
Verlagswesen (Lektor)	X	X	X	X	X	X	X
Medienpädagogik/ -didaktik (Rundfunk, Fernsehen)	X	X		X	X	X	X
Dokumentations-/ Archiv-/Bibliothekswesen	X	X	X	X	X	X	X
KUNST- UND KULTURBETRIEB — Theater, Film, Funk, Fernsehen (Dramaturgie, Redaktion, Regie)					X	X	
Museen/Ausstellungen/ Kunstvereine	X	X		X	X	X	X
Denkmalpflege	X	X		X			
Kunsthandel	X			X			

ster Stelle. Der Entwicklung der Geburtenzahlen entsprechend wurde in den letzten Jahren jedoch nur sehr zurückhaltend eingestellt. Die Horrorvision von 200 000 arbeitslosen Lehrern erfüllte sich zwar nicht, doch waren 1995 „bei den westdeutschen Arbeitsämtern knapp 17 500 Pädagogen mit Lehramtsexamen als arbeitslos registriert – 40 Prozent weniger als im bisher schlechtesten Jahr 1988."[43] In den alten und neuen Bundesländern zusammen waren nach Angaben des Instituts der Deutschen Wirtschaft 1996 sogar insgesamt 25 562 Lehrer arbeitslos gemeldet und nahmen damit den zweiten Platz in der Statistik der rund 207 000 Hochschulabsolventen auf Jobsuche ein – nach den Ingenieuren, von denen 55 763 ohne Arbeit waren.[44] Die Entspannung auf dem Lehrerarbeitsmarkt Anfang der 90er Jahre hat außerdem dazu geführt, daß wieder deutlich mehr Studenten ein Lehramtsstudium aufgenommen haben: „So haben sich 1995 an westdeutschen Hochschulen fast 27 000 Erstsemester für ein Lehramts-Studium entschieden – das waren 12 Prozent aller Studienanfänger. Mitte der achtziger Jahre schrieben sich jährlich nur etwa 11 000 Studenten in einen Lehramts-Studiengang ein – gerade 5,5 Prozent der damaligen Studienanfänger."[45]

Neben den allgemeinen Statistiken ist ferner zu bedenken, daß die Anstellungssituation im einzelnen nicht nur je nach Lehramtsstudiengang und Bundesland variiert, sondern in den Studiengängen Lehramt an Realschulen und Gymnasien bzw. Sekundarstufe I und II zudem von der gewählten Fächerkombination abhängt, bei der sich in besonderem Maße schließlich die Konsequenzen einzelner Prognosen im Hinblick auf das Wahlverhalten der Studienanfänger zeigen – so etwa in Bayern: „Der enorme Nachholbedarf in Mathematik ist inzwischen gedeckt, da sich hier von Mitte der 80er bis Anfang der 90er Jahre die Studienanfängerzahlen bereits verzehnfacht haben."[46] Ein Geheimtip[47] in puncto Arbeitsmarktsituation ist das Lehramtsstudium also sicherlich nicht, vielmehr reagieren die Studienanfänger tatsächlich relativ stark auf die verschiedenen Prognosen.[48]

---

[43] Zitiert nach ibv (Informationen für die Beratungs- und Vermittlungsdienste der Bundesanstalt für Arbeit) 42/96, S. 2548.

[44] Vgl. DUZ 10/97, S. 8.

[45] ibv 42/96, S. 2548.

[46] Prognose zum Lehrerbedarf in Bayern, hg. v. Bayerischen Staatsministerium für Unterricht, Kultus, Wissenschaft und Kunst, München 1996, S. 15.

[47] Vgl. D. Herrmann, A. Verse-Herrmann, Geheimtip Lehramt. Über 300 000 freiwerdende Lehrerstellen in den nächsten zehn Jahren, Frankfurt am Main 1996.

[48] Eine Übersicht bieten z.B. Arbeitsmarkt Lehrer für die Primar- und Sekundarstufe I. Von gut bis mangelhaft, in: UNI-Berufswahlmagazin 4/94, S. 6–12; Arbeitsmarkt Gymnasiallehrer/Sek.II. Bedarf nur in Mangelfächern, in: UNI 3/96, S. 11–14; Neue Bedarfsprognosen, in: abi-Berufswahlmagazin 3/97, S. 27–29; Arbeitsmarkt Lehrer Primar- und Sekundarstufe I. Der Bedarf ist gedeckt, in: UNI 3/97, S. 46–51.

Tabelle 12: Lehramtssituation in Zahlen[49]

Der Arbeitsmarkt für Lehrer			
	Lehramts- Erstsemester	Lehramts- Absolventen	Arbeitslose Lehrer	Einstellungen in den Schuldienst
1985	11 462	23 204	28 954	10 438
1986	11 025	20 995	27 411	7 261
1987	14 899	18 721	27 802	7 016
1988	18 790	15 635	29 092	6 399
1989	22 750	13 911	23 727	10 142
1990	30 447	11 218	21 189	11 897
1991	28 626	9 874	17 480	14 667
1992	26 622	11 370	16 403	12 868
1993	24 442	10 322	18 616	13 940
1994	26 182	10 001	17 750	13 139
1995	26 929	12 583	17 457	12 153

Nur Westdeutschland; Lehramts-Erstsemester: Jeweils Sommersemester plus folgendes Wintersemester. Lehramts-Absolventen: aus dem Vorbereitungsdienst. Arbeitslose Lehrer: Stand jeweils Ende September. Einstellungen ohne Privatschulen.
Quellen: Kultusministerkonferenz, Bundesanstalt für Arbeit   © 36/1996 Deutscher Instituts-Verlag

In der *Erwachsenenbildung* (Andragogik) gibt es Anbieter der unterschiedlichsten Art: neben den bekannteren Volks- und Heimvolkshochschulen konfessionelle, gewerkschaftliche Institutionen oder Stiftungen, privatwirtschaftlich arbeitende Akademien und Fernlehrinstitute. Doch ist die Erwachsenenbildung ebenfalls ein Bereich, der mit den finanziellen Engpässen der öffentlichen Haushalte zu kämpfen hat: „Zwar hat sich die Zahl hauptberuflicher pädagogischer Mitarbeiter an Volkshochschulen in den alten Bundesländern zwischen 1970 und 1991 von 421 auf

---

[49] ibv 42/96, S. 2547.

3531 erhöht."[50] Damit sind aber immer noch nicht die Richtzahlen erreicht, auf die sich Kultusministerkonferenz (KMK) und Deutscher Städtetag 1981 verständigt hatten. Im einzelnen sah die Personalsituation 1991 laut gesamter Bundesstatistik folgendermaßen aus: Es gab 663 hauptberuflich geleitete Volkshochschulen,[51] insgesamt 2 311 hauptberufliche pädagogische Mitarbeiter, die aus Eigenmitteln finanziert wurden und 1 732 aus Drittmitteln finanzierte pädagogische Mitarbeiter mit meist befristeten Verträgen.

Will man aber von der Vielzahl der Anbieter, dem allgemeinen Interesse an Weiterbildung und der aktuellen Personalsituation ausgehen, so dürfte die Erwachsenenbildung weiterhin ein dankbares Arbeitsfeld für didaktisch interessierte Hochschulabsolventen darstellen. Allerdings bedingt die Tatsache, daß es keinen berufsspezifischen Zugang gibt, eine sehr hohe Anzahl von Bewerbungen bei entsprechenden Ausschreibungen: Immerhin sind nur etwa 20% der neu eingestellten Lehrbeauftragten an Volkshochschulen Diplom-Pädagogen. Außerdem wird die Personalsituation dadurch stark belastet, daß das Kursangebot überwiegend nebenberuflich vermittelt wird: 1991 haben 158 000 Kursleiter 428 000 Kurse an Volkshochschulen durchgeführt.[52] Hierdurch hat jedoch auch der eine oder andere Student die Chance, spezifische Berufserfahrung zu erwerben, die ihm in der harten Konkurrenz um hauptamtliche Mitarbeiterstellen vielleicht noch von Nutzen sein kann.

Andere Perspektiven könnten sich auch in bezug auf die Erwachsenenbildung durch die Entwicklung im Medienbereich ergeben. *Multimedia* war nicht umsonst „Wort des Jahres" 1995.[53] Wer als Geisteswissenschaftler in diese Richtung plant oder spekuliert, muß natürlich im Umgang mit verschiedenen Medien vertraut sein. Gerade in diesem Zusammenhang sei auf die Möglichkeit entsprechender Fächer-

---

[50] H. Tietgens, ehem. Leiter der Pädagogischen Arbeitsstelle des Deutschen Volkshochschulverbandes, in: Blätter zur Berufskunde, Bd. 3-III E 04, 7. Aufl. 1994, S. 51.
[51] Die Zahl sämtlicher Einrichtungen, einschließlich aller Außenstellen, ist bedeutend höher: 1994 sind 5041 Einrichtungen erfaßt (nach: Grund- und Strukturdaten 1995/96, hg. v. Bundesministerium für Bildung, Wissenschaft, Forschung und Technologie, Bonn 1995, S. 302).
[52] Tietgens, a.a.O., S. 48. Die „Grund- und Strukturdaten" des BMBF erfassen für 1994 eine weiter gestiegene Anzahl an Kursen, nämlich 489 000.
[53] Vgl. z.B. Arbeitsfeld Multimedia. Jobs in der schönen neuen Datenwelt, in: UNI 6/95, S. 20–34 (mit weiterführenden Literaturhinweisen). Auch die Hochschulen reagieren bereits auf diese Veränderungen mit entsprechenden Studienrichtungen; z.B. gibt es an der Fachhochschule Augsburg einen neueingerichteten Studiengang „Multimedia".

Tabelle 13: Ergänzungsstudien Kultur/Medien/Pädagogik (Auswahl)

Studiengang	Dauer	Abschluß	Hochschule
Erwachsenenbildung (Zusatzqualifikation)	1 Jahr	Zertifikat	U Augsburg
Freizeitpädagogik (Zusatzqualifikation)	1 Jahr	Zertifikat	U Augsburg
Medienpädagogik (Zusatz-/Aufbaustudium)	18 Monate	Zertifikat	U Augsburg
Andragogik – Erwachsenenbildung (Aufbaustudium)	18 Monate	Zeugnis	U Bamberg
Kultur- und Medienmanagement (Zusatzstudium)	2 Jahre	Diplom	HfM Berlin
Erwachsenenpädagogik (Zusatzstudium)	2 Jahre	Zertifikat	HU Berlin
Weiterbildungsmanagement (Aufbau-/Kontaktstudium)	2 Jahre	Zertifikat	TU Berlin
Pädagogik Betrieblicher Bildung (Berufsintegr. Weiterbildungsstudium)	18 Monate	Zertifikat	U Bielefeld
Weiterbildung (Weiterbildendes Studium)	nicht festgelegt	Zertifikat	U Bochum
Weiterbildung (Zusatzstudium)	1–2 Jahre	Zertifikat	U Bremen
Erwachsenenbildung (Zusatz- und Ergänzungsstudium)	18 Monate	Urkunde	U Eichstätt
Erziehungswiss. – Medienpädagogik (Aufbaustudium)	2 Jahre	Diplom-Pädagoge	PH Freiburg
Museumspädagogik (Erweiterungsfach für Lehrämter)	2 Sem.	Erweiterungs-prüfung (LA)	PH Freiburg
Kulturmanagement/Kultur-wissenschaftliche Weiterbildung (Weiterbildungs-/Fernstudium)	2 Jahre	Zeugnis	FU Hagen
Kultur- und Bildungsmanagement (Kontaktstudium)	2 Jahre	Zertifikat/Diplom	HWP Hamburg
Medienpädagogik (Erweiterungsfach für Lehrämter)	1 Jahr	Erweiterungs-prüfung (LA)	PH Heidelberg
Spiel- und Theaterpädagogik (Erweiterungsfach für Lehrämter)	1 Jahr	Erweiterungs-prüfung (LA)	PH Heidelberg

Tabelle 13 (Fortsetzung)

Studiengang	Dauer	Abschluß	Hochschule
Erwachsenenbildung (weiterbildendes Fernstudium)	2 Jahre	Zertifikat	U Kaiserslautern
Medienpädagogik (Erweiterungsfach für Lehrämter)	1 Jahr – 18 Monate	Erweiterungsprüfung (LA)	PH Karlsruhe
Erwachsenenbildung (Kontaktstudium)	1 Jahr	Teilnahmebesch. bzw. Zertifikat	PH Ludwigsburg
Erwachsenenpädagogik (Zusatzstudium)	18 Monate	Zertifikat	HPhil München
Medienwiss. – Medienpraxis (Aufbaustudium)	2 Jahre	Diplom	U Tübingen
Erwachsenen-/Weiterbildung II (Ergänzungsstudium)	2 Jahre	Zertifikat	ThH Vallendar
Erwachsenenbildung (Kontaktstudium)	18 Monate	Zertifikat	PH Weingarten

kombination (z. B. mit Informatik, Kommunikationswissenschaft etc.) hingewiesen. Darüber hinaus gibt es in Deutschland insgesamt weit über 1000 postgraduale Studiengänge, die auch ein großes Angebot im Bereich Erwachsenen- oder Medienpädagogik enthalten (vgl. einige Beispiele in Tabelle 13).[54]

Das höchste gesellschaftliche Ansehen im Bildungsbereich genießen *Hochschulen, Forschungsinstitute, Akademien und Stiftungen*. Allein stellenmäßig geben sie nicht allzuviel her. Im statistischen Durchschnitt kann nur jeder 200. Student damit rechnen, Professor zu werden. Und selbst von den Habilitierten[55] hatte in den letzten Jahren kaum jeder 7. die Chance, seine Karriere mit dem Professorentitel krönen zu können; denn die Stellenpyramide mit verhältnismäßig wenigen Dauerstellen an der professoralen Spitze ist relativ flach angelegt. Der sogenannte Mittelbau (Assistenten, wissenschaftliche Mitarbeiter, „Lehrkräfte für besondere Auf-

---

[54] Eine Gesamtübersicht bietet: Weiterführende Studienangebote an den Hochschulen in der Bundesrepublik Deutschland, hg. v. d. Hochschulrektorenkonferenz, 12. Aufl. (erscheint jedes Jahr neu), Bad Honnef 1996. Einige der in Tabelle 13 beispielhaft aufgeführten Studienmöglichkeiten – jedoch durchaus nicht alle – setzen eine Fächerkombination mit Pädagogik, ein Lehramtsstudium oder Berufserfahrung voraus. Verschiedene „Aufbaustudiengänge Kulturmanagement" stellt auch UNI 5/96 vor: „Zwischen Kunst und Kommerz", S. 6–9.

[55] Habilitation nennt man die akademische „Weihe" zum Hochschullehrer durch eine besondere Forschungsarbeit (Habilitationsschrift).

gaben" usw.) ist zwar zahlenmäßig stärker, bedeutet aber für die meisten nur eine mehrjährige Zwischenstation, die Zeit kostet und nur begrenzt weiterqualifiziert. Allerdings: „Da viele Professoren in den kommenden Jahren in Pension gehen, ist mit einem Generationswechsel auf breiter Ebene zu rechnen. Die Berufsperspektiven an den Hochschulen hängen jedoch stark von politischen Entscheidungen ab: wenn der Sparzwang zu groß ist, werden trotz erhöhten Bedarfs Stellen abgebaut."[56]

1993 sah die „Uni-Pyramide" folgendermaßen aus:[57]

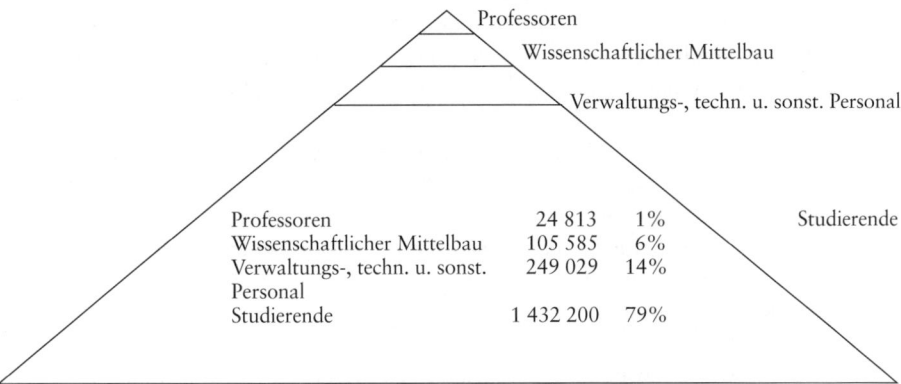

Professoren	24 813	1%
Wissenschaftlicher Mittelbau	105 585	6%
Verwaltungs-, techn. u. sonst. Personal	249 029	14%
Studierende	1 432 200	79%

Auch die jährlich verfügbaren Stellen bei den Institutionen, die deutsche Kultur oder Forschung ins *Ausland* tragen, kann man an wenigen Händen aufzählen:
- beim Goethe-Institut, das mit 1100 Mitarbeitern in der Bundesrepublik 16 Institute und im Ausland mehr als 150 Zweigstellen betreibt, aber jährlich – sofern überhaupt ein neuer Ausbildungsjahrgang aufgenommen wird – kaum mehr als 20 Dozenten bzw. Sprachlehrer ausbildet bzw. einstellt,[58]

---

[56] H. Minks (HIS/Hochschul-Informations-System GmbH, Hannover) in: abi 6+7/97, S. 25 f.; vgl. auch „Personalbedarf an Universitäten – Genügend Nachwuchs", in: UNI 2/97, S. 57 ff.

[57] Nach Grund- und Strukturdaten, a. a. O., S. 141 u. 236 (Universitäten und Kunsthochschulen). An allen Hochschulen, also einschließlich Fachhochschulen u. a., waren 1993 insgesamt 1 875 200 Studenten eingeschrieben. Nicht in der Übersicht erfaßt ist auch das nebenberufliche Personal (an Universitäten und Kunsthochschulen 1993: 73 296, vgl. S. 237), da hier über die Hälfte studentische/wissenschaftliche Hilfskräfte miteingerechnet werden.

[58] Um Interessenten an einer Tätigkeit im Goethe-Institut Gelegenheit zu geben, sich ein eigenes Bild von der dortigen Arbeit zu machen, bietet das Goethe-Institut seit einigen Jahren die Möglichkeit eines mehrwöchigen Praktikums im In- oder Ausland. Ein entsprechendes Merkblatt erhält man vom Goethe-Institut, Sonnenstr. 19, 80331 München. Zum Berufsbild vgl. auch Dozentenausbildung am Goethe-Institut. Einsatz rund um den Globus, in: UNI 13/93, S. 20–22.

- beim Deutschen Archäologischen Institut, das seinen Sitz in Berlin hat und für seine Grabungen Abteilungen in Athen, Rom, Madrid und im Nahen Osten unterhält (ca. 100 Mitarbeiter),
- beim Deutschen Historischen Institut in Rom, Paris, London und Washington und anderen historischen Forschungsinstituten,[59]
- beim Deutschen Akademischen Austauschdienst (DAAD) in Bonn-Bad Godesberg, zu dessen Aufgaben es gehört, deutsche Lehrbeauftragte als Lektoren an ausländische Hochschulen zu schicken, damit sie dort deutsche Sprache und Literatur unterrichten. Schon aus diesem Grund können nur Hochschulabsolventen Berücksichtigung finden, die Germanistik zumindest als Nebenfach studiert haben. Ohne Promotion geht hier kaum noch etwas. Für die jährlich zu besetzenden etwa 100 Stellen bewerben sich inzwischen Tausende von Kandidaten, auch wenn die Lektorentätigkeit in der Regel nur 2 bis maximal 5 Jahre dauert.

Dienstleistungen unterschiedlicher Art bietet das *Auswärtige Amt*. Dort werden – unter anderen – Geisteswissenschaftler beliebiger Provenienz eingestellt, denn Diplomaten werden für unterschiedliche Missionen gebraucht und eingesetzt. Es arbeiten über 7 000 Mitarbeiter in der (noch) Bonner Zentrale und den über 200 Auslandsvertretungen, doch für den attraktiven höheren auswärtigen Dienst gibt es jährlich kaum mehr als 25 – 30 Einstellungen.[60]

Allerdings hat der öffentliche Dienst auch noch andere Betätigungsfelder zu bieten. In Entsprechung zur Bildungsexpansion wurden unterschiedlichste *Beratungssysteme* aufgebaut, so die Berufs- und Arbeitsberatung der Arbeitsämter, die Studienberatung der Hochschulen, die Bildungsberatung im Schulbereich, die Ausbildungsberatung bei den Kammern, die Bürger-, Familien-, Umwelt-, Ausländer-, Abfall- und Sozialberatung bei den Behörden. Daneben haben sich auch verschiedene Beratungsdienste auf privatwirtschaftlicher Basis ins Gespräch gebracht: Philosophen als „Lebensberater", Germanisten als „Fachberater", Akademiker als – eher zweifelhafte – „Promotionsberater" usw. Insgesamt schätzt man, daß in diesem Metier 10 000 Berater hauptberuflich tätig sind. Allerdings erlahmten auch hier in den letzten Jahren die Aktivitäten der öffentlichen Hand, so daß viele Stellen auf lange Jahre hinaus besetzt sind und danach womöglich gestrichen werden.

---

[59] Eine Übersicht (mit Adressen) der historischen Forschungseinrichtungen innerhalb und außerhalb der deutschen Universitäten enthält das „Jahrbuch der historischen Forschung in der Bundesrepublik Deutschland".
[60] Zur Information sollte man sich die Broschüre „Die Aus- und Fortbildungsstätte des Auswärtigen Amts" (53127 Bonn, Gudenauer Weg 134–136) anfordern.

„Sponsoring" lautet die neue Verheißung, die ihre Zauberkraft auf Künstler und Wirtschaftsbosse gleichermaßen ausstrahlen läßt, auf das neue Traumpaar der Werbewirtschaft, Kunst und Kommerz. Mit scheinbar unbegrenzten Möglichkeiten entwickelt Sponsoring zwei- und dreistellige Zuwachsraten, schafft Arbeitsplätze, sogar ganz neue Berufe wie den des „Fund Raisers", oder läßt neue Abteilungen in den Großfinanzbetrieben entstehen. Banken, Rüstungskonzerne und Feinelektronikbetriebe repräsentieren neuerdings nach außen nicht mehr mit Megachip und Luxuskarosse, sondern mit Beckmann, Nolde oder Warhol. Art Consulting soll sogar deprimierte Geisteswissenschaftler aus ihrer selbstverordneten Lethargie reißen können.

H. Hoffmann, Brauchen wir einen Ehrenkodex des Sponsoring? in: Das Museum, München 1990, S. 100

Last but not least, auch in der *Wirtschaft* (Industrie-, Handels- und Dienstleistungsunternehmen) gibt es zweifellos Bereiche, die man beispielsweise ausgebildeten Lehrern anvertrauen kann. Das betrifft vor allem die betriebliche Aus- und Weiterbildung, die PR-Arbeit bis hin zur Werbung,[61] die Meinungsforschung und die Kundenberatung. Die Einschätzung, wie geneigt man ist, die pädagogisch-didaktische Kompetenz von Lehrern anzuerkennen und auch privatwirtschaftlich zu nutzen, ist recht unterschiedlich. Von gesteigertem Optimismus ist allerdings nirgends die Rede – schon deshalb nicht, weil die Hochschulen ja auch mehr als genug andere Absolventen produzieren, die den herkömmlichen Vorstellungen mehr entsprechen: Betriebswirte, Kaufleute und Wirtschaftspädagogen. Und so ist auch fraglich, ob man den Absolventen der 1. Staatsprüfung raten soll, unbedingt noch den meist 2jährigen Vorbereitungsdienst in der Schule, das Referendariat, durchzustehen oder sich lieber gleich umzuorientieren. Der Berufsforscher Friedemann Stooss[62] neigte Anfang der 80er Jahre, als sich der Magisterstudiengang neben dem Lehramtsabschluß etabliert hatte, aufgrund einiger Untersuchungen zur ersten Richtung und empfahl im anderen Falle eher die Magisterprüfung. Er glaubte, daß zumindest für lehrernahe Tätigkeiten – „fachliche Inhalte für Leser, Hörer, Zuschauer, Nutzer, Kunden usw. aufzubereiten oder zu erschließen" – das Durchlau-

---

[61] Zum Berufsfeld Werbung s. „Arbeit in Media-Agenturen. Werbung organisieren", in: UNI 2/97, S. 17–21; Special. „Werbung", in: UNI 3/96, S. 17–31; Berufe in der Werbung. Aus- und Weiterbildungen/Studiengänge (ibv 52/96).
[62] Vgl. seinen Beitrag „Was können Lehrer sonst noch tun?", in: Berufsbildung. Zeitschrift des CEDEFOP Nr. 13 (Dez. 1983), bes. S. 14.

fen beider Ausbildungsphasen vorauszusetzen sei. Demgegenüber glaubten die Forscher vom Bayerischen Staatsinstitut für Hochschulforschung und Hochschulplanung Anhaltspunkte für eine bessere Bewertung der Magisterprüfung zu haben,
denn einer Absolventenbefragung zufolge haben Magisterabsolventen zu einem
höheren Anteil ausbildungsadäquate Tätigkeiten gefunden als Lehramtskandidaten,
die außerhalb des Schulbereichs tätig geworden sind.[63] Bis heute gibt es solche Ab-
solventenbefragungen, deren Ergebnisse jedoch zum Teil sehr kontrovers diskutiert
werden.[64] Bei einer entsprechend günstigen Fächerkombination, also wenn im Rahmen eines Magisterstudienganges Fächer gewählt wurden, die auch als Unterrichtsfächer im Lehramtsstudiengang zulässig sind, ist unter Umständen auch ein dop-
peltes Examen (Magister und Staatsprüfung) ohne allzu großen Mehraufwand möglich. Die Machbarkeit hängt jedoch immer vom individuellen Fall ab, da ein Dop-
pelstudium grundsätzlich die Gefahr von Überforderung und Verzettelung birgt.

Daß immer wieder Aktivitäten entwickelt und Projekte eingerichtet werden, die
nicht vorhersehbar waren und zumindest einigen Jungakademikern wieder neue
berufliche Perspektiven verschaffen, mag ein wenig Hoffnung geben. So haben sich
für einige geistig flexible und regional mobile Lehrer mit Lehrbefähigung vor allem
in den Naturwissenschaften, mitunter auch in Fremdsprachen in den letzten Jahren
Möglichkeiten der Berufsausübung im *Ausland* geboten: USA, Kanada, Latein-
amerika, Türkei, Kenia und andere. Seit 1989 sind durch Kulturabkommen mit
osteuropäischen Staaten wie Ungarn, Polen, Rumänien und Tschechien neue Einsatzmöglichkeiten hinzugekommen. Voraussetzung ist freilich die Fähigkeit,
Deutsch als Fremdsprache zu unterrichten; Geschichte, Kunst und Musik sind als
Zweitfächer erwünscht. Schließlich soll auch auf die reguläre Möglichkeit hingewiesen werden, als Fremdsprachenassistent mit bescheidener Wochenstundenzahl
(12 Stunden) und ebensolcher Bezahlung (DM 1000–1200) an eine ausländische
Schule zu gehen. Bewerben können sich Studenten und Hochschulabsolventen,
allerdings nur bis zu einem Alter von 30 Jahren.[65]

1.10.2 Medien

Die Medien sind seit eh und je der Traum vieler Studenten. Mit dem kleinen Unterschied, daß sie früher sagten: „Notfalls – wenn's nicht klappt – geh'n wir als

---

[63] S.H. Schmidt, B. Schindler, in: DUZ 15+16/89, S. 26.
[64] Vgl. z.B. Studium mit Magister-Abschluß. Kritische Gedanken zur Magisterbefragung [....] Universität
Hamburg, in: ibv 9/96, S. 441–444.
[65] Über Freuden und Leiden eines beruflichen Auslandseinsatzes berichtet G. von Landsberg (Institut der
Deutschen Wirtschaft), „Mitarbeiter im Ausland", Köln 1985.

Lehrer in die Schule ...". Die Aufnahmekapazität ist jedoch in allen Medienbereichen äußerst begrenzt. Dabei reicht die Tätigkeitspalette vom freien Mitarbeiter einer Redaktion bis hin zum geradezu bürokratisch klassifizierenden Dokumentar.

Tatsächlich wird „Zeitung" häufig mit Klebstoff und Schere am Schreibtisch fabriziert und selten an den Brennpunkten des Weltgeschehens oder in skandalträchtigen Grauzonen der Politik. Der Aufstieg in die kleine Crew der Tausendsassas, die die großen Affären enthüllen, ist der vielzitierten Karriere vom Tellerwäscher zum Millionär vergleichbar: grundsätzlich möglich, aber statistisch höchst unwahrscheinlich.

Brigitte Schellhammer, in: abi 2/85, S. 13

Auch wenn Klebstoff und Schere inzwischen meist durch Computer mit leistungsfähiger Software (Programme für Desk-Top-Publishing) abgelöst worden sind, hat der Kern dieser Aussage bis heute Gültigkeit.

Abgesehen davon, daß spezifische (Diplom-)Journalistikstudiengänge inzwischen eine echte Konkurrenz für die traditionelle Ausbildung darstellen, bietet noch immer jedes beliebige Studienfach eine Einstiegsmöglichkeit in den *Journalismus*.[66] Nach Erkenntnissen des Bundesverbandes Deutscher Zeitungsverleger e.V. (BDZV) hatten immerhin mehr als 60 % der Berufsanfänger der letzten Jahre ein Hochschulstudium abgeschlossen. „Der Journalist wirkt durch Sammeln, Sichten, Recherchieren, Redigieren, Organisieren, Schreiben bzw. Fotografieren und Gestalten verantwortlich an der Produktion der Medien mit."[67] Der Deutsche Journalisten-Verband (DJV) definiert den Beruf folgendermaßen: Journalist ist, „wer hauptberuflich an der Verbreitung von Informationen, Meinungen und Unterhaltung durch Massenmedien beteiligt ist. Journalisten sind für die Presse (Tageszeitungen und Zeitschriften), Rundfunk (Hörfunk und Fernsehen), Nachrichtenagenturen und Pressedienste, in der Öffentlichkeitsarbeit und für die innerbetriebliche

---

[66] Als Einstiegsliteratur zu empfehlen: Wege zum Journalismus, hg. v. V. Schulze, 6. Aufl., Bonn 1990 (BDZV-Schriftenreihe Heft 17); R. Dettmar, S. Grimberg, Medienberufe erfolgreich studieren, München 1996; K. Gavin-Kramer, K. Scholle, Studienführer Journalistik, Kommunikations- und Medienwissenschaften, München 1996; Journalist werden? Ausbildungsgänge und Berufschancen im Journalismus, hg. v. Deutschen Journalisten-Verband e.V., Bonn, erscheint regelmäßig neu; speziell für Bayern vgl.: Medienberufe. Aus- und Fortbildung in Bayern, hg. v. Bayerischen Staatsministerium für Unterricht, Kultus, Wissenschaft und Kunst, München 1995.
[67] Wege zum Journalismus, a.a.O., S. 6.

Information (Wirtschaft und Verwaltung), audiovisuelle Medien, Videotext, Bildschirmtext und Verlage mit aktueller Produktion tätig." [68]

„Der journalistische Arbeitsmarkt umfaßt derzeit etwa 56 000 hauptberufliche Journalisten. Die Zahl der Arbeitslosen ist vergleichsweise gering: Die jüngste Zahl geht von 1100 aus, wobei allerdings zu berücksichtigen ist, daß es unter den freien Journalisten eine große Zahl verdeckter Arbeitslosigkeit gibt." [69]

> Vorsicht ist geboten: Manche freien Mitarbeiter werden als billige Hilfskräfte mißbraucht. Viele Redaktionen sind unterbesetzt, und zahlreiche Verlage arbeiten aus Kostengründen mit unterbezahlten Freien, die mit der Aussicht auf ein Volontariat bei der Stange gehalten werden sollen. Ein solches Ansinnen kann weder eine vernünftige Ausbildung sichern noch dauerhaft die angespannte Personalsituation in den Redaktionen entschärfen.
>
> Journalist werden?, hg. v. Deutschen Journalistenverband, Bonn 1993, S. 8

Die Rekrutierung von Journalisten erfolgt über das Volontariat. Im Jahre 1995 befanden sich nach Schätzungen des DJV etwa 2 700 Volontäre in Ausbildung.[70] In Anbetracht der zweijährigen Dauer des Volontariats (bei Hochschulabsolventen bisweilen auch weniger) entspricht dies einer jährlichen Anfängerquote von ca. 1 300 Volontären. Der Anteil derer, die ein geisteswissenschaftliches Studium hinter sich gebracht haben, dürfte bei maximal einem Drittel liegen. Welchen Seitenanteil „Kulturelles und Geistiges" an der normalen Tageszeitung hat, mag jeder potentielle Journalist selbst einmal nachrechnen. Chancen auf einen solchen Ausbildungsplatz haben in der Regel nur noch Bewerber, die ein Studium abgeschlossen und zudem bereits nebenher journalistische Erfahrungen gesammelt haben: durch freie Mitarbeit, Praktikum oder Hospitanz. Dies ist nicht nur wichtig als Zusatzqualifikation, sondern eine wesentliche Voraussetzung, um selbst erst mal einen objektiveren Eindruck zu bekommen, ob man überhaupt schreiben kann – eine Begabung und Fähigkeit, die man nicht automatisch im Studium erwirbt.

---

[68] Journalist werden?, a.a.O., Ausgabe 1991, S. 61.
[69] U. Kaiser, Journalist/Journalistin (Blätter zur Berufskunde, Bd. 2-X F 30), 9. Aufl., Bielefeld 1996, S. 60.
[70] M. Bausch, Arbeitsmarkt-Information, Journalistinnen und Journalisten, hg. v. der Bundesanstalt für Arbeit, Frankfurt am Main 1995, S. 10 (nach: Journalist werden?, a.a.O., Ausgabe 1995).

Mitte der 90er Jahre verteilen sich die festangestellten Journalistinnen und Journalisten prozentual schließlich wie folgt:[71]

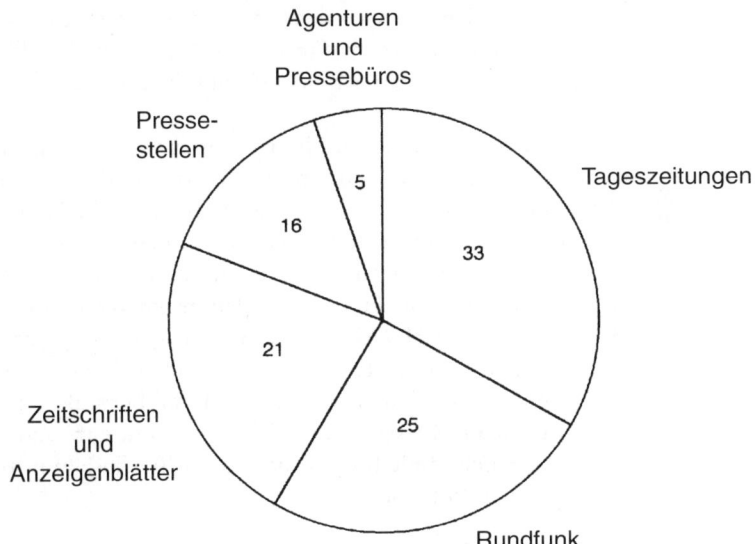

Wie hart die Konkurrenz im Vorfeld der Ausbildung ist, geht aus den Zahlen des Deutschen Journalisten-Verbandes hervor: „1982 bewarben sich auf 108 Volontärstellen bei den Rundfunkanstalten rund 10 000 Interessenten; bei einer überregionalen Tageszeitung im Südwesten meldeten sich auf eine Ausschreibung von 20 Volontärstellen 500 Bewerber."[72] Derzeit schätzt man,[73] daß sich auf eine freie Volontärsstelle durchschnittlich 50 Bewerber melden. Man kann allerdings vermuten, daß die Situation in der „Provinz", also bei kleineren Tageszeitungen, nicht ganz so dramatisch ist.[74] Dennoch muß man davon ausgehen, daß nach der Ausbildung „fast die Hälfte der Volontäre anschließend nicht als Redakteur übernommen" wird.[75] Dabei stellt das Volontariat selbst schon einen entscheidenden Eng-

---

[71] Abb. nach UNI 2/96, S. 62, Daten nach Bausch, a. a. O., S. 11 bzw. nach: Journalist werden?, a. a. O., Ausgabe 1995.
[72] Journalist werden?, a. a. O., Ausgabe 1991, S. 7.
[73] J. Leffers, in: UniCum 6/91, S. 26.
[74] Redaktionsadressen erfährt man ohne besondere Mühe aus dem jährlich neu aufgelegten STAMM, Leitfaden für Presse und Werbung (im Lesesaal jeder größeren Bibliothek einsehbar).
[75] Leffers, a. a. O.

paß dar, denn – wie die Bundesanstalt für Arbeit feststellt[76] – „für die meisten Stellenangebote war eine mehrjährige freie Mitarbeitertätigkeit oder ein Volontariat die Mindestvoraussetzung. Der Abschluß eines geisteswissenschaftlichen oder publizistischen Studiums für sich alleine erwies sich meist als unzureichende Grundlage für einen Einstieg in den Medienbereich. Für diesen Personenkreis bildete der Mangel an Volontariatsplätzen ein spürbares Beschäftigungshemmnis."

Die sogenannten neuen Medien bergen für den Journalismus wie für den Journalisten Chancen und Gefahren. Mag es sich nun um das Internet und seine verschiedensten Nutzungsmöglichkeiten, um die Bildplatte als Speichermedium für inzwischen kaum noch bezahlbare Fachzeitschriften oder um kommerzielles Kabelfernsehen aus Studios im Wohnzimmerformat handeln: Von den Journalisten werden immer mehr zusätzliche Fähigkeiten im Umgang mit den neuen Technologien verlangt.[77] Auch von daher kann man Hochschulabsolventen geisteswissenschaftlicher Fächer auf die Möglichkeit journalistischer Aufbaustudiengänge vorsorglich hinweisen: Es gibt sie beispielsweise an den Universitäten Bamberg, Berlin, Erlangen-Nürnberg, Essen, Hohenheim, Kassel, Mainz, Marburg, Stuttgart und Tübingen sowie an der Staatlichen Hochschule für Musik und Theater in Hannover und der Kunsthochschule für Medien in Köln.[78]

Eher ungünstig sehen die Chancen von Geisteswissenschaftlern im Wissenschaftsjournalismus aus. Bereits seit Jahren stellt die Bundesanstalt für Arbeit[79] fest, daß „Wirtschafts- und Wissenschaftsredakteure" geradezu gesucht sind, weil „geeignete Kandidaten nur in Ausnahmefällen zur Verfügung" stehen. Voraussetzung für den Erfolg ist also neben interdisziplinärem Wissen vertiefte Kenntnis in speziellen Fachwissenschaften, vornehmlich jedoch außerhalb der sogenannten Kulturwissenschaften. Dementsprechend arbeiten in diesem in der Vergangenheit wenig beachteten Randbereich des Journalismus Redakteure mit hoher fachlicher Spezialisierung. Allein im technischen Sektor wird ihre Zahl auf 30 000 geschätzt, „wobei die Berufsverbände den zusätzlichen Bedarf noch einmal so hoch einschätzen."[80]

---

[76] ibv 6/91, S. 1010.
[77] Vgl. auch neue Berufsfelder wie „Info-Grafiker" (s. UNI 5/96, S. 35–37).
[78] Über „Weiterbildungsstudiengänge Journalistik" berichtet UNI 2/97, S. 32–36; vgl. ferner auch Tabelle 13.
[79] ibv 6/91, S. 1011; vgl. auch Arbeitsmarkt Journalisten, in: UNI 2/96, S. 62: „Ein fachbezogenes Hochschulstudium in den Bereichen Wirtschaft und Technik gilt somit als eine tragfähigere Grundlage als ein Journalistik- oder Publizistikstudium".
[80] M. Ahrens, Technische Fachredakteure haben Hochkonjunktur, in: Uni-Spectrum (Kaiserslautern) 3/91, S. 29.

Eine andere Untergruppe der Journalisten sind die sogenannten PR-Leute. *Public Relations* bzw. *Öffentlichkeitsarbeit* sind beispielsweise wichtig für Regierungen, Parteien, Verbände, größere Unternehmen und Hochschulen. Öffentlichkeitsreferenten haben eine doppelte Verpflichtung: sie stehen ihrem Arbeitsgeber gegenüber in der Verantwortung, haben aber gleichzeitig auch die Medien und damit die Öffentlichkeit glaubwürdig und seriös zu informieren. Sachkenntnisse sind deshalb ebenso gefordert wie gründliche Recherche und ein feines Gefühl für Worte."[81] Im übrigen werden von der Deutschen Public Relations-Gesellschaft e.V. (DPRG)[82] Kreativität, Organisationsfähigkeit und Flexibilität verlangt. Diese Arbeit machen Pressesprecher in fester Anstellung, Mitarbeiter von PR-Agenturen oder auch selbständige PR-Berater.[83]

Die Zahl der *Verlage* hat sich in Deutschland in den letzten 100 Jahren mehr als verzehnfacht: waren es vor der Jahrhundertwende etwa 300 Buchverlage, so bieten heute mehr als 14 000 Verlage deutschsprachige Bücher an. Allerdings sind nur rund 2100 Verlage Börsenvereinsmitglieder.[84] 1995 gab es 74 174 Neuerscheinungen, darunter 53 359 Erstauflagen und 20 815 Neuauflagen. Zu beobachten ist in Deutschland ein fortschreitender Konzentrationsprozeß, das heißt ca. 10 % der Verlage, also rund 150 Unternehmen, machen 85 % des Branchenumsatzes.[85]

Selbstverständlich wollen die Buchprodukte betreut sein: Projekte müssen initiiert, Autoren oder Übersetzer für bestimmte Themen müssen gefunden, Honorare kalkuliert werden. Der Absatz muß sowohl auf eingefahrenen Vertriebswegen eingeleitet als auch mit zündenden neuen Ideen stimuliert werden. Die Fülle der unverlangt eingesandten Manuskripte, bei größeren Verlagen in der Regel mehrere pro Tag, muß inhaltlich geprüft und vor allem hinsichtlich ihrer Verkäuflichkeit begutachtet werden, Überarbeitungen sollen veranlaßt, die Manuskripte zum Druck eingerichtet und Termine unbedingt eingehalten werden. Dies alles ist Aufgabe des Verlagslektors. Der Beruf ist folglich nur etwas für Leute mit viel Dynamik und Eigeninitiative.[86] Statistisch gesehen kommt auf jeden Verlag ein Lektor. Das be-

---

[81] UNI 1/91, S. 12.

[82] Ein Sonderdruck („Der Beruf der Public-Relations-Fachleute"), der das Berufsfeld Öffentlichkeitsarbeit beschreibt, ist bei der DPRG (Königswinterer Str. 552, 53227 Bonn) erhältlich.

[83] Eine Übersicht über (Aufbau-)Studiengänge oder Studienschwerpunkte „Öffentlichkeitsarbeit" findet sich in: ibv 34/97, S. 2503–2516; vgl. auch „Frauen in Public Relations", in: UNI 7/95, S. 38f.

[84] Anschriften von nahezu 20 000 Verlagen, Sortimentern und Buchhändlern enthält das „Adreßbuch für den deutschsprachigen Buchhandel".

[85] S. Branchenreport Buchverlage. Print gegen online und offline, in: UNI 2/97, S. 6–10.

[86] Zur Verlagsarbeit – einschließlich der CD-ROM-Erstellung – vgl. auch „Germanisten im Lexikon-Verlag. Suche nach gesichertem Wissen", in: UNI 7/95, S. 58–61.

deutet, daß Klein- und Kleinstverlage häufig ganz ohne Lektor arbeiten, dafür gibt's dann eben bei den großen mehrere. Wer den Beruf des Lektors anstrebt, sollte sich klar vor Augen führen, daß die Belletristik und das geisteswissenschaftliche Fachbuch eben nur einen Teil der Buchproduktion ausmachen. Außerdem kommt auch in diesem Arbeitsbereich der Berufserfahrung bei Neueinstellungen große Bedeutung zu. So hat ein Autor möglicherweise bessere Chancen auf ein Lektorat als ein Geisteswissenschaftler. Dies bedeutet letztendlich, daß für Absolventen der in diesem Studienführer vorgestellten Fächer nur einige wenige Stellen jährlich in Verlagen zur Verfügung stehen.

Wegen der Notwendigkeit berufspraktischer Erfahrung sei auch hier wieder auf das Praktikum bzw. die Hospitanz hingewiesen. Allerdings: Viele Studenten überschätzen ihre orthographischen, grammatikalischen und Interpunktionskenntnisse, die – nicht erst im Zeichen der Rechtschreibreform – oft doch sehr mangelhaft sind.

Mindestens genauso stark wie in den Zeitungssektor dürften die sogenannten neuen Medien in die Buchproduktion einschlagen: Kombinationen wie Buch/Videokassette, Sprachkurs/Bildplatte oder Lexikon/CD-ROM feiern bei etablierten Verlagen bereits Erfolge. Man spricht in diesem Zusammenhang gerne von „komplementären Medien". 1995 kamen ca. 1500 CD-ROM auf den Markt, mittlerweile publizieren bereits über 300 Verlage „online" und „offline".[87]

Schon im Jahre 1978 war jeder 3. Bundesbürger der Meinung: „Im Fernsehen kommen soviel interessante Sachen, daß man nicht mehr soviel Bücher zu lesen braucht wie früher."[88] Diese fernsehwütige Bevölkerungsgruppe dürfte inzwischen nicht abgenommen haben. Die Videoexpansion, flankiert von Verkabelung und Satelliten-Direktempfang, läßt eher eine weitere Abnahme des Interesses am Buch vermuten. Durch die Langzeitstudie „Massenkommunikation III" ist sogar bis Mitte der 80er Jahre zu belegen, daß das durchschnittliche tägliche Zeitbudget fürs Bücherlesen innerhalb von 5 Jahren (1980–1985) von 22 auf 17 Minuten zurückgegangen ist.[89] Würde sich diese Entwicklung in gleicher Weise fortsetzen, müßte um das Jahr 2000 herum das tägliche Zeitdeputat fürs Lesen auf Null gesunken sein. Die oben genannte hohe Zahl der Neuerscheinungen dementiert dies jedoch klar! So wie der Film mit seinen „laufenden" Bildern die Fotografie als Medium

---

[87] UNI 2/97, a.a.O., S. 7f.

[88] Allensbacher Jahrbuch für Demoskopie 1978–1983, Band VIII, München 1983, S. 572.

[89] Vgl. Jahrbuch '89 des Börsenvereins des Deutschen Buchhandels e.V., Frankfurt/M. 1989, S. 53.

nicht abgelöst hat, werden wohl auch weder das Fernsehen noch die neuen Medien das – im Vergleich handlichere – Buch jemals ganz ersetzen können.

Die Massenproduktion von Texten, Bildern und Ton zieht natürlich Ordnungs- und Bereithaltungsprobleme nach sich – ganz gleich, ob es sich um handschriftliches, gedrucktes, fotografiertes, magnetisch aufgezeichnetes oder elektronisch gespeichertes Material handelt. Vor allem Bibliotheken, Archive und andere Dokumentationsstellen sind da besonders gefordert. Die verschiedenen Berufszweige unterscheiden sich nach der Art ihrer Sammlungen.

Bibliothekar – eine Anthologie ...

Wolf Dietrich Schnurre berichtet über seinen Vater „Doktor O.S."; dieser war „eine Zeitlang auch Präparator gewesen, in seinem ‚eigentlichen' Beruf auch Bibliothekar. Schließlich, wenn etwas der Vergänglichkeit trotzt, dann ist es der Geist, wie er zwischen zwei Buchdeckeln lebt. Aber straflos tritt man nicht gegen die Vergänglichkeit an. Sie schlug mit einer Bücherstaub-Allergie zurück, an der Doktor O.S. sein Leben lang laborierte. Und auch sein Asthma hat er sich in den eingestaubten Büchermagazinen geholt."

W. Schnurre, Der Mann mit dem Waldläufergang, in: Gelernt ist gelernt, Frankfurt/M. 1984, S. 40

* * *

Der Klagenfurter Literaturprofessor Alois Brandstetter romanciert familiäre Erfahrungen: „Meine Frau, früher an der Bibliothek beschäftigt, sagt, sie habe das Arbeiten dort in der Bibliothek gelernt und einige der bibliothekarischen Grundsätze in ihre heutige ‚Hausfrauerei', wie sie es nennt, herübergenommen. Ordnung verlerne man nicht mehr, ob man sie bei den Archivalien oder dann bei den Viktualien herstelle, ob man sie bei Gewürzen oder bei Büchern, im Zettelkasten oder im Kühlschrank, im Magazin oder in der Speisekammer beobachte."

A. Brandstetter, Die Burg, Salzburg 1986, S. 132 f.

* * *

Einer Untersuchung der Universität Manchester – Institut für Wissenschaft und Technik – zufolge sind Bergleute bei ihrer Arbeit unter allen Berufsgruppen dem größten, Bibliothekare dem geringsten Streß unterworfen.

AP, London, 30.06.1986

Am bekanntesten dürfte die Tätigkeit des *Bibliothekars* sein, auch wenn der Anteil der Bibliotheksentleiher und Leser in öffentlichen Bibliotheken bei 5 % der Bundesbürger (West) stagniert. Da etwa zwei Drittel der Stellen im öffentlichen Dienst zu finden sind, unterscheiden wir hier verschiedene Laufbahnen: den mittleren und den gehobenen Dienst an öffentlichen und wissenschaftlichen Bibliotheken und den höheren Dienst nur im wissenschaftlichen Bereich – je nach Tätigkeitsmerkmalen und Ausbildungsvoraussetzungen. Der Bibliothekar im höheren Dienst kümmert sich um Organisation und Ausbau, Erschließung und Zugänglichkeit des Bibliotheksbestandes bzw. der Bibliotheksabteilung, für die er zuständig ist. Dies bedeutet, daß er sowohl die Ausführungen der entsprechenden Arbeiten, z.B. durch Diplom-Bibliothekare des gehobenen Dienstes, verantwortet, als auch mit benachbarten Institutionen, z.B. mit Institutsbibliotheken seiner Hochschule, zusammenarbeitet und beispielsweise über die Anschaffung von teurer Spezialliteratur verhandelt. Gerade um letzteres erfolgreich tun zu können, muß der Bibliothekar ein ausgewiesener Fachwissenschaftler sein. Deshalb wird für den höheren Bibliotheksdienst meist die Promotion als Qualifikation erwartet. Infolge des Einzugs der elektronischen Datenverarbeitung in die Bibliotheken durch Vernetzung von Bibliotheks-Datenbanken und Einbeziehung neuer Medien wie CD-ROM, Bildschirmtext (Teletel) und Internet, verändert sich auch das Berufsbild des Bibliothekars. In der zweiten Hälfte der 90er Jahre sind drei Tendenzen zu erkennen:
- Die Zahl der bibliothekarischen Arbeitsplätze, an denen noch nicht mit EDV gearbeitet wird (das waren 1994 noch gut 40 % der bibliothekarischen Arbeitsplätze), nimmt rapide ab;
- Der EDV-Einsatz erreicht eine neue Stufe: Neben die Datenverarbeitung als Arbeitsinstrument (Computer-Kataloge, Ausleihverbuchung) treten zunehmend computergestützte Medien (Multimedia, digitale Datennetze, elektronische Publikationen, Software für Benutzer);
- Die Produktion bibliothekarischer Dienstleistungen muß kostengünstiger werden. Der Bibliothekar ist nicht nur ein kundenfreundlicher Dienstleister, sondern auch ein kostenbewußter Manager.[90]

Die Bibliothekarsausbildung setzt sich – ähnlich wie das Referendariat des Lehrers – aus theoretischen und praktischen Abschnitten zusammen. Orte der Ausbildung sind eine der Fachhochschulen für Bibliothekswesen und die einstellende Staats-, Landes- oder Universitätsbibliothek. Der erfolgreiche Abschluß wird mit dem Titel des Bibliotheksassessors bzw. Assessors des Bibliotheksdienstes belohnt.

---

[90] Nach: K. Umlauf, Diplom-Bibliothekar/Diplom-Bibliothekarin an öffentlichen Bibliotheken (Blätter zur Berufskunde, Bd. 2-X B 31), 8. Auflage, Bielefeld 1996.

Was die Personalsituation insgesamt betrifft, so weist die Deutsche Bibliotheksstatistik ein hauptamtliches Bibliothekspersonal von rund 28 800 Beschäftigten aus. Da in dieser Statistik nicht alle Bibliotheken komplett erfaßt sind, dürfte der tatsächliche Anteil der Beschäftigten allerdings noch geringfügig höher liegen. Von den erfaßten Beschäftigten entfallen 15 400 auf wissenschaftliche und 13 400 auf öffentliche Bibliotheken. Eine besondere Bedeutung kommt darüber hinaus im Bibliotheksdienst auch der ehrenamtlichen Mitarbeit zu. Die Arbeitsmarktlage ist derzeit immerhin so angespannt, daß der Verein Deutscher Bibliothekare (VDB) eigens eine Informationsstelle für arbeitslose Berufsanfänger eingerichtet hat.[91] Die fachlichen Voraussetzungen für den höheren Bibliotheksdienst sind überaus hoch – hervorragende Examensergebnisse, Promotion, überregionale Mobilität – wie folgendes Beispiel zeigt:[92]

Für 12 Stellen, die das Land Bayern 1993 zum zweijährigen Vorbereitungsdienst anbot, bewarben sich insgesamt 187 Personen. Mehr als die Hälfte der Bewerbungen (nämlich 102) fielen auf Studienfächer, die in der Ausschreibung gar nicht genannt waren. Die übrigen 85 Bewerber verteilten sich auf die vorrangig gesuchten Fächer wie folgt:

- Informatik: 2
- Ingenieurwissenschaft: 3
- Musikwissenschaft: 21
- Naturwissenschaften: 43
  (Mathematik: 1; Chemie: 5; Physik: 8; Biologie: 18; Geologie: 1;
  Angewandte Naturwissenschaften: 10)
- Psychologie/Pädagogik: 8
- Rechtswissenschaft: 3
- Wirtschaftswissenschaften: 5

Eingestellt wurden am Ende drei Geisteswissenschaftler, ein Physiker, ein Chemiker, zwei Informatiker, zwei Wirtschaftswissenschaftler, ein Ingenieurwissenschaftler, ein Pädagoge und ein Musikwissenschaftler.

---

[91] Vgl.: Bibliothekar/Bibliothekarin an wissenschaftlichen Bibliotheken, Diplom-Bibliothekar/Diplom-Bibliothekarin an öffentlichen Bibliotheken, in: ibv 3/97, S. 187–200.
[92] ibv 3/97, a. a. O., S. 200.

Was dem Bibliothekar die Bücher, sind dem *Archivar* die Akten. Diese sind im Gegensatz zum Buch meist einmalige Stücke. Da es in unserem Alltag sehr viele solcher geschäftlichen Dokumente gibt, ist es nicht nur Aufgabe des Archivars, das Material zu bewahren und zu erschließen, damit es im Bedarfsfall benutzbar ist, sondern auch, es zu bewerten und gegebenenfalls auszusondern. Alles könnte wichtig sein, manches auch nur für eine bestimmte Zeit. Selbst unser Quittungsbeleg aus dem Supermarkt ist ein einmaliges Dokument, es ist im allgemeinen jedoch nur bis zum Ausgang bzw. für eine Reklamation aufzubewahren und danach ohne Bedeutung. Aber weder der Platz noch die Kapazität fürs Registrieren würde für eine so umfassende Archivierung ausreichen.[93]

„Regestierung von Urkunden und Beschreibung von Siegeln, die mehr oder minder detaillierte Titelaufnahme von Akten und Amtsbüchern, die Feststellung der Dokumentationswerte von Karten, Bildern und Plakaten sind traditionelle Aufgaben des Archivars, die ihm keine technische Innovation abnehmen wird."[94] Nichtsdestotrotz muß ein Archivar heute natürlich ebenso wie ein Bibliothekar mit den modernen Medien und EDV-Techniken vertraut sein.

Es gibt zwar außerhalb des öffentlichen Dienstes zahlreiche wirtschaftliche,[95] kirchliche und auch private Archive,[96] doch die Ausbildung findet schwerpunktmäßig bei den staatlichen Archivverwaltungen statt. Sie dauert mindestens 2 Jahre und wird – ähnlich wie das Bibliotheksreferendariat – auf die ausbildende Archivverwaltung sowie die Archivschule Marburg/Lahn aufgeteilt. Nur der Freistaat Bayern (in München) bildet etwas anders aus.

Auch wenn sich vornehmlich Historiker für den Archivdienst bewerben, bedarf es hierfür nicht unbedingt eines Geschichtsstudiums. Ein Geschichtsstudent mit dem Berufsziel Archivar sollte sich jedoch den Historischen Hilfswissenschaften widmen. Einsatzmöglichkeiten gibt es auch für andere Fächer, soweit sie fürs Archivwesen nützlich sind, wie etwa Rechts-, Wirtschafts-, Politikwissenschaft, Theologie (kirchliche Archive), Kunstgeschichte, Theaterwissenschaft und Literaturwissenschaft. Zu den Fähigkeiten, die beim Archivar vorausgesetzt werden, gehören

---

[93] Vgl. zur Einführung E. Franz, Einführung in die Archivkunde, 4. Aufl., Darmstadt 1993.
[94] Dies und anderes zu den *new challenges* nachzulesen bei E.G. Franz, „Zwischen Tradition und Innovation", in: Der Archivar, Jg. 39 (1989) H. 1, S. 19 ff.
[95] Vgl. hierzu die Berufspraxis-Beiträge „Arbeitsfeld Wirtschaftsarchive", in: UNI 4/79, S. 10 ff.
[96] Einen aufschlußreichen Überblick über die Situation des bundesdeutschen Archivwesens gibt das dem X. Internationalen Archivkongreß in Bonn gewidmete 3. Heft der Vierteljahresschrift „Der Archivar", Jg. 37 (1984).

gute passive Sprachkenntnisse im Lateinischen, Französischen und Englischen. Für den höheren Dienst reicht in einigen Bundesländern ein beliebiges Staats- oder Universitätsexamen aus, in anderen wird in jedem Fall die Promotion verlangt. Es besteht allerdings bei den meisten Archiven die Tendenz, Bewerber mit Promotion zu bevorzugen.

> Die rapide Entwicklung zur Informationsgesellschaft hat bereits jetzt zur Folge und wird es in der Zukunft in noch gar nicht zu übersehendem Ausmaß haben, daß eine große Vielfalt von Dienstleistungen und Informationen angeboten wird, in der sich niemand mehr zurecht findet. Das ist insofern pikant, als noch vor gar nicht allzu langer Zeit die elektronische Datenverarbeitung als der Nothelfer betrachtet wurde, der die Industriegesellschaften aus der Misere der Informationsflut herausführen könnte ... Die bisherige Entwicklung zeigt deutlich, wie unzutreffend die euphorisch vorgetragenen Prophetien waren.
>
> D. Effenberger u. H. Samulowitz, Gesellschaft für Information und Dokumentation (GID) in Frankfurt/M., in: Nachrichten für Dokumentation 35/ 1984, Nr. 1, S. 38

Der Beruf des *Dokumentars* ist noch relativ neu: Die Anfänge des Berufsfeldes Information und Dokumentation, kurz IuD, sind zwar schon in den ersten Jahrzehnten des 20. Jahrhunderts feststellbar, doch gehört beispielsweise der Infobroker, der durch die verschiedensten Datenbanken surft, erst zum typischen Erscheinungsbild der 90er Jahre. „Das Berufsbild, dessen Grenzen zu anderen Berufsfeldern wie Archiv- und Bibliothekswesen, Informatik, Medien etc. fließend sind und sich teilweise überschneiden, umfaßt je nach Definition der Zugehörigkeit und Ausprägung des professionellen Bewußtseins ca. 1000 bis 2000 verschiedene Stellen und Einrichtungen mit ca. 15 000 bis 20 000 Personen, die darin tätig sind."[97] Da sich das wissenschaftliche Informationsaufkommen alle zwei bis drei Jahre verdoppelt, wird ständig nach neuen Wegen gesucht, diese Flut zu kanalisieren. Zum Tätigkeits- und Berufsfeld Information und Dokumentation gehören somit:[98]
* IuD-Stellen:
  Fachinformationssysteme, Fachinformationszentren, IuD-Stellen in Behörden und Betrieben;

---

[97] M. Anders, Diplom-Dokumentar/Diplom-Dokumentarin (Blätter zur Berufskunde, Bd. 2-X C 30), 5. Aufl., Bielefeld 1994, S. 39.
[98] Nach: Anders, a. a. O., S. 39f.

- Anwendung neuer Technologien:
  Hosts, Verlage als Datenbankanbieter, Online-Systeme, Bürokommunikations-systeme, CD-ROM-Anbieter, BTX, Hypermedia, Anbieter von Experten-systemen;
- Informationsmarkt:
  Informationsvermittlung, Vermarktung von Informationsdiensten, Informa-tions-Broker, Unternehmensberatung;
- Informationsmanagement:
  Einsatz innerorganisatorischer Informations- und Kommunikationstechnologien und Steuerung von Informationsflüssen.

Paperless Society ...

Nähern wir uns dem Punkt, wo wir den Informationsfluß, den wir selbst in Gang gesetzt haben, nicht mehr eindämmen können?
O, du Ausgeburt der Hölle!
Soll das ganze Haus ersaufen?
Seh' ich über jede Schwelle
Doch schon Wasserströme laufen.
So möchte man mit Goethes Zauberlehrling jammern. Die Frage nach der neuen Qualität der neuen Medien drängt sich auf, denn nie zuvor hat der Mensch unter zuviel, sondern stets nur unter zuwenig Information gelitten.

Agnes Krup-Ebert, Geschichte und Perspektiven der Information, in: Welt der Information, hrsg. v. H.A. Koch, Stuttgart 1990, S. 216.

* * *

Wenn man bisher eine Bibliographie über das Mittelalter suchte, ging man in die Bibliothek, fand fünf Bücher und hat zwei davon gelesen. Wenn man aber heute auf Knopfdruck am Computer eine Bibliographie von zehntausend Titeln erhält, dann wird man weder die zehntausend Bücher lesen noch ein einziges davon. Man wird noch nicht mal die Liste der zehntausend Titel durchlesen...

Umberto Eco in einem Interview, zitiert nach Andreas Schmidt, „Nahezu alles ist für jedermann zugänglich", in: HORIZONT 6 vom 6. Febr. 1997 (nach: BUB 49, S. 28).

1.10.3 Kunst- und Kulturbetrieb

Die künstlerischen Berufe sind wesentlich differenzierter als die bisher behandelten. Dies bedeutet, daß die stärkere fachliche Spezialisierung einerseits die Einstellungschancen erhöht, andererseits aber das Angebot passender Stellen weiter einengt.[99] Schließlich sind Kulturerzeugnisse auch keine Massenwaren, sondern wie eh und je Artikel für den gehobenen Bedarf einer gesellschaftlichen Minderheit – nicht unbedingt vom Anspruch, wohl aber von der Nachfrage her.

1994 gab es in den alten Bundesländern 630, in den neuen Bundesländern sogar 743 Bühnen mit insgesamt 27 513 Künstlerischen Mitgliedern, doch schon wegen der geringen Anzahl der großen Theaterbetriebe sind die beruflichen Möglichkeiten des Wissenschaftlers in diesem Bereich äußerst bescheiden.[100] Hinzu kommt, daß diese wenigen Unternehmen nur wenige akademische Mitarbeiter beschäftigen. Schließlich bringen auch andere Hochschulabsolventen vergleichbare Qualifikationen mit: Literatur-, Sprach-, Kunst- oder Kommunikationswissenschaftler sowie mehr berufspraktisch orientierte Diplomierte von Kunst-, Musikhochschulen und Akademien. Befragungen von Intendanten, Regisseuren, Dramaturgen, Regieassistenten und Theaterkritikern haben ebenfalls ergeben, daß nicht einmal die Hälfte von ihnen Theaterwissenschaftler sind.[101] Nicht umsonst hat das Germanistenwort „Die Theaterwissenschaft hat zwei gefährliche Gegner: das Theater und die Wissenschaft"[102] inzwischen Flügel bekommen.

> … wir sind eine „brotlose" Wissenschaft, die im späteren Berufsfeld eine ganz kleine Zahl von Vakanzen bedienen kann, z. B. in der Dramaturgie – und diesen steht eine riesige Zahl von Anwärtern gegenüber. Die neu beginnenden Studenten machen trotzdem, „was Spaß macht" …
>
> Nur ein kleiner Teil der Studenten versucht frühzeitig, Kontakt mit den Theatern aufzunehmen – hörend, schauend, fragend an Produktionen teilzunehmen – als Hospitant.
>
> Prof. Klaus Lazarowicz, Institut für Theaterwissenschaft der LMU München, in: Magister (1983) S. 36 f.

---

[99] In den letzten Jahren haben sich als Gegentendenz zu einer immer stärkeren Spezialisierung zunehmend „generalistische" Studiengänge in der deutschen Hochschullandschaft etabliert. Vgl. dazu die entsprechenden Kapitel in: „Berufsbezogen studieren. Neue Studiengänge in den Literatur-, Kultur- und Medienwissenschaften", hg. v. G. Blamberger, H. Glaser, U. Glaser, München 1993. – Ein Beispiel für eine besonders starke Spezialisierung stellt dagegen z. B. das zum Wintersemester 1997/98 neu eingerichtete Aufbaustudium „Theater-, Fernseh-, Filmkritik" an der Bayerischen Theaterakademie dar.

[100] Vgl. „Dünne Bretter. Die Zukunft der Theaterberufe", in: UNI 7/94, S. 35–37.

[101] M. Müller, „Bildung oder Ausbildung", in: TheaterZeitSchrift 28 (1989), S. 124.

[102] Von der Leyen, 1952.

Wer es also auf bzw. hinter der Bühne zu etwas bringen will, muß sich früh um eine Hospitanz bei einem Theater oder einer Rundfunkanstalt in der Dramaturgie oder Regie bemühen. Bis man auf dieser Ebene tatsächlich voll zum Zuge kommen wird, bedarf es einiger Geduld, Zähigkeit und Umwege. Mit viel Glück gelingt der Start als Regieassistent, wahrscheinlicher ist jedoch, daß man sich die ersten Lorbeeren bei weniger professionellen Theateraktivitäten verdient wie Jugendbühne, Straßentheater, Puppenspiel oder Videoproduktion.

Das Wort *Museum* (griech. mouseion) geht auf die hellenistische Antike zurück, wo es in der Kulturmetropole Alexandria den gesamten Bezirk bezeichnete, der den 9 Musen geweiht war. Als Begriff für Institutionen der Kulturpflege, besonders für öffentliche Spezialsammlungen, setzte es sich erst seit dem Ende des 18. Jahrhunderts durch. Nach der offiziellen Definition des International Council of Museum (ICOM) ist das Museum „a non-profit-making, permanent institution in the service of society and of its development, and open to the public, which acquires, conserves, researches, communicates and exhibits, for purposes of study, education and enjoyment, material evidence of man and his environment".[103] Heute zählen wir in Deutschland mehr als 5 000 Museen;[104] 1992 kamen mehr als 93 Millionen Besucher. Diese verteilten sich auf die 1992 erfaßten 4730 Museen wie folgt:[105]

Museumsarten	Verteilung der Museen nach Museumsarten in %	Verteilung der Besuche nach Museumsarten in %
Volkskunde- und Heimatmuseen	48,6	19,3
Schloß- und Burgmuseen	4,6	13,4
Naturkundliche Museen	5,0	8,1
Historische und archäologische Museen	5,4	10,9
Naturwissenschaftliche und technische Museen	10,0	13,2
Kunstmuseen	10,6	17,5
Kulturgeschichtliche Spezialmuseen	13,5	8,4
Sammelmuseen und Museumskomplexe	2,3	9,2

[103] Zitiert nach H. Lübbe, „Der Fortschritt und das Museum", in: Bewahren und Ausstellen. Die Forderung des kulturellen Erbes in Museen. Bericht über ein internationales Symposium ... 1982 am Bodensee, hg. v. H. Auer, München 1984, S. 236.
[104] Arbeitsplatz Museum. Manager des Kulturgutes, in: UNI 1/97, S. 21.
[105] Beschäftigungsmöglichkeiten für Akademiker an Museen. Ergebnisse einer Umfrage, in: ibv 6/95, S. 447 f.

Viele Museen sind ganz oder zeitweise für den Besucherverkehr geschlossen, andere zeigen allenfalls 10 % ihrer Bestände – nicht nur aus Raumgründen, sondern auch, weil viele Funde und Sammlungsstücke noch nicht ausreichend aufgearbeitet sind. Aufgabe des Museumsfachmanns ist es, das vorhandene Material

• zu überprüfen (z.B. hinsichtlich Echtheit),
• einzuordnen (z.B. nach Entstehungszeit und Herkunft),
• zu inventarisieren und magazinieren (damit es leicht wieder auffindbar ist) und
• der Öffentlichkeit zu präsentieren: sei es durch Ausstellung, durch populärwissenschaftliche Vorträge oder durch wissenschaftliche Publikationen.

Etwa 40 % aller Museen werden hauptamtlich geleitet, insgesamt waren 1992 mehr als 25 000 Mitarbeiter beschäftigt, davon 4000 bis 5000 Akademiker. So sind jährlich jeweils zwischen 100 und 150 Stellen mit Hochschulabsolventen an deutschen Museen neu zu besetzen, wobei viele dieser Stellen allerdings nur intern ausgeschrieben werden.[106]

> Der einzige Abschluß ..., der einem Studierenden eine gewisse Hoffnung auf Anstellung geben kann, ist, was die Kunstgeschichte betrifft, gegenwärtig die Promotion, weil weder die Ministerien noch die Museumsdirektoren und Denkmalpfleger ernst machen mit der Tatsache, daß der Magister Artium der berufsqualifizierende Abschluß vom Gesetz her ist. In der Kunstgeschichte ist der Magister Artium in keiner Weise eine sichere Berufsqualifikation.
>
> Eröffnungsansprache des Ersten Vorsitzenden des Verbandes Deutscher Kunsthistoriker, Prof. Dr. Herwarth Röttgen, auf dem XXI. Deutschen Kunsthistorikertag in Frankfurt/M. am 29. Sept. 1988, abgedruckt in: Kunstchronik 42 (1989) S. 390

Für etliche dieser Aufgaben ist der Museumsfachmann, ob er nun Kunsthistoriker, Klassischer Archäologe, Historiker oder Völkerkundler ist, von seinem Studium her kaum vorbereitet.[107] Die Echtheitsüberprüfung ist mühselige, zeitraubende Spezialistenarbeit, für die unterstützende naturwissenschaftliche Methoden heute kaum noch entbehrlich sind. Bei der Fülle der ergrabenen archäologischen Funde ist die Bestimmung von Zeit und Ort vor allem deshalb so schwierig, weil ja nicht

---

[106] UNI 1/97, a.a.O., S.21.
[107] Die Fülle und Vielfalt dieser Aufgaben (bis hin zu den Transport- und Versicherungsproblemen, die beim Leihen von Exponaten entstehen) beschreibt der zitierte Bericht über das Bodensee-Symposium von 1982, hg. v. H. Auer, sehr anschaulich. Vgl. auch den Bericht über das Bodensee-Symposium von 1988 („Museologie: neue Wege – neue Ziele", München 1989) sowie die vom Bund geförderte Studie „Bildung im Museum" (Heidelberg 1987).

alles, was als Vergleichsmaterial benötigt wird, publiziert ist und auch nicht alle Literatur gelesen werden kann.

Auch gilt es überall, die neuen Medien ebenso wie die herkömmlichen (z.B. Film, Diaschau, Happening) auf ihre adäquate Einsetzbarkeit zu überprüfen: auf die zweckmäßige Anwendung kommt's an. All diese Überlegungen und Aktivitäten münden schließlich in eine gezielte Offentlichkeitsarbeit, denn Aufgabe des Museums ist nicht nur die Sammlung, Bewahrung und wissenschaftliche Auswertung von Kulturgütern. Die Funde sollen auch der Öffentlichkeit vorgestellt werden; gerade diese Aufgabe steht in engem Zusammenhang mit der Vergabe finanzieller Mittel. Unter diesem Aspekt beinhaltet Öffentlichkeitsarbeit nicht nur Präsentation des Materials und didaktische Aufbereitung, Organisation von Sonderausstellungen und Umschau nach Wanderausstellungen, sondern auch Museumsführungen für Besuchergruppen, Vorträge im Museum, bei Trägervereinen (also Geldgebern) usw. Besonders beliebt geworden sind inzwischen Serviceleistungen wie Begutachtung und Schätzung von Kunstwerken im Privatbesitz, Beratung zu Kunstkauf und Restaurierung.

Last but not least ist auf die berufliche Hauptaufgabe des Museumsfachmanns aufmerksam zu machen: das Verwalten oder Management. Das hat zu tun mit Geldeinnehmen und -ausgeben, mit Haushaltsplänen und Rechnungswesen, auch schon mal mit Auktionen, ferner mit Menschenführung in der Position des Vorgesetzten, mit eigener dienstrechtlicher Abhängigkeit als Mitarbeiter, mit tariflicher Arbeitszeit und Überstunden. All das gelingt gut oder schlecht in Abhängigkeit vom Stand des Psycho-Pendels, das zwischen Engagement und Frustration munter hin- und herschwingt.

Museen im allgemeinen, insbesondere aber die großen, sind von ihrem Selbstverständnis her der Wissenschaft verpflichtet. Bei ihnen dominiert deshalb traditionell Personal mit wissenschaftlicher Qualifikation (Kunsthistoriker, Natur-/Ingenieurwissenschaftler, Vor- und Frühgeschichtler, Archäologen, Volkskundler, Völkerkundler, Historiker, Musikwissenschaftler, Numismatiker, Germanisten, Ägyptologen, Japanologen, Sinologen und andere). Ein genuin museumspädagogisches Ausbildungsangebot ist in Deutschland nur an wenigen Universitäten vorhanden: Kulturpädagogik (Universität Hildesheim), Medienpädagogik (Pädagogische Hochschule Ludwigsburg/Erweiterungsstudiengang), Kommunikationspsychologie/Medienpädagogik (Universität Koblenz, Abteilung Landau/Zusatzstudiengang)[108] oder Museumsmanagement (Universität Hamburg).[109]

---

[108] ibv 6/95, a.a.O., S. 456, 458.
[109] abi 2/97, S. 6.

Im vergangenen Jahrhundert wurde die *Denkmalpflege* von den Wogen des Nationalbewußtseins getragen und gipfelte im Wiederaufbau von Burgen und Domen (z.B. Köln). Den Auswüchsen von Repräsentationsstreben und bürgerlicher Baufreiheit, vor allem dem unkoordinierten Vordringen von Straße und Schiene, stellte sie sich kaum entgegen. Erst gegen Ende des Jahrhunderts wurden diejenigen Stimmen lauter, die die Unwirtlichkeit der Städte kritisierten. Mit der Einführung des sozialen Wohnungsbaus in der Weimarer Republik wurde aus Kostengründen die stilistische Uniformität zum städtebaulichen Prinzip. Inzwischen kämpft der Denkmalschutz immer lautstärker gegen eine erneute straßenverkehrsorientierte Stadtplanung und für die Sanierung vorhandener Bausubstanz. Den Kampf gegen die Verwandlung der innerstädtischen Lebensräume in sterile Geschäftsviertel hat er allerdings bereits weitgehend verloren, und den Kampf gegen die unsichtbaren Feinde aus der Luft (Autoabgase, Industrieimmissionen) wird er kaum mehr gewinnen können; dafür sind die bisherigen Verluste schon viel zu groß. Allein am Boden ist eine gewisse Entspannung eingetreten, weil die Konjunktur die Bautätigkeiten – jedenfalls im Westen – erheblich gebremst hat.

> Das Denkmal ist ein in der Öffentlichkeit errichtetes und für die Dauer bestimmtes selbständiges Kunstwerk, das an Personen oder Ereignisse erinnern und aus dieser Erinnerung einen Anspruch seiner Urheber, eine Lehre oder einen Appell an die Gesellschaft ableiten und historisch begründen soll.
>
> H.-E. Mittig, in: Funkkolleg KUNST, Studienbegleitbrief 8 (1985), S. 54

Zu schützen gilt es Boden-, Bau- und Kulturdenkmäler, und zwar vor der Natur, aber noch mehr vor dem Menschen. Die Haager Konvention zum Schutz von Kulturgut (1954) will bewegliche wie unbewegliche Kulturgüter, also etwa Gemälde und Bauwerke, im Kriegsfall besonders schützen.[110] Dieser völkerrechtliche Vertrag, dem auch die Bundesrepublik Deutschland beigetreten ist, verpflichtet die Staaten allerdings auch, nicht erst im Ernstfall, sondern bereits in Friedenszeiten Schutzvorkehrungen zu treffen. Von welcher Aktualität der Anspruch, Kulturgüter zu bewahren, gerade heute unter dem Einfluß unserer aggressiven industriellen Umwelt ist, ist allgemein bekannt.

---

[110] In Kunstchronik 37 (1984) H. 2, S. 79f., ist im übrigen ein Aufruf von 700 Kunsthistorikern und Denkmalpflegern abgedruckt, auf jegliche Plakettierung von schützenswerten Baudenkmälern zu verzichten, um damit den Anachronismus „eines parzellenhaften Kulturschutzes im Kriegsfall" deutlich werden zu lassen; zumindest im Atomkrieg ist der Schutz einzelner Werke reine Fiktion.

Auf internationaler Ebene befaßten sich zum Beispiel der Europarat und die UNESCO (Charta von Venedig 1964, Jahr des Denkmalschutzes 1975) mit dem Denkmalschutz. In der Bundesrepublik sind es vor allem die Landesämter für Denkmalpflege mit einem Landeskonservator an der Spitze, die kulturgeschichtliche, zum Teil aber auch bereits industriegeschichtliche Denkmäler über und unter der Erde zu erhalten suchen. § 304 StGB bedroht denjenigen, der „öffentliche Denkmäler, Naturdenkmäler" (erst seit 1980!), „Gegenstände der Kunst, der Wissenschaft oder des Gewerbes, welche in öffentlichen Sammlungen aufbewahrt werden oder öffentlich aufgestellt sind, ... beschädigt oder zerstört" mit Geld- oder Freiheitsstrafe. Die bekannten Denkmäler werden daher in sogenannte Denkmallisten oder -bücher aufgenommen, wodurch der Eigentümer gewissen Beschränkungen bei der Veränderung oder Veräußerung unterliegt. Nichtsdestotrotz hilft vielfach nur eine Notgrabung, um ein Objekt vor dem Bagger zu retten. Aufgrund der für den Denkmalpfleger ungünstigen Machtverhältnisse ist eine geschickte Öffentlichkeitsarbeit bis hin zu Pressekampagnen und Bürgerinitiativen erforderlich, mit der Inventarisierung und Publikation der Funde allein ist der Schutz der Kulturgüter nicht zu gewährleisten. Im übrigen sind gute Kontakte zu Heimatforschern und Hobbyarchäologen ebenso zu pflegen wie zu Planungsbehörden, Bauämtern usw. Daß es für ein so großes Spektrum an Aufgaben keinen festgelegten Ausbildungsweg geben kann, liegt auf der Hand. In der Denkmalpflege sind relativ viele Kunsthistoriker tätig, doch haben in diesem Bereich auch Archäologen, Vor- und Frühgeschichtler sowie Historiker eine Chance, vor allem wenn ein denkmalpflegerisches Aufbaustudium hinzukommt. Außerdem treten Architekten, Restauratoren und Bauingenieure bei der Bewerbung um die raren Stellen in Konkurrenz zu den Geisteswissenschaftlern.[111]

In welchem Maße ein Denkmalpfleger es mit der hohen und höchsten Politik zu tun bekommen kann, wenn es um die Erhaltung oder gar Demontage eines Denkmals geht, illustriert der zeitgenössische Bericht (1918) eines Moskauer Korrespondenten über den Abbruch eines Zarendenkmals mit übergroßer Deutlichkeit: „Man sieht von weitem ein enthauptetes Denkmal, das Denkmal eines Enthaupteten. Die Arbeiter haben begonnen, die schwere Figur waidgerecht zu zerlegen. Siehe da, sie ist hohl. Stück für Stück nimmt man herab. Neben dem glänzenden Sockel liegt bereits der Kopf des Zaren mit der klaffenden Krone ... Mit dem steifen, zeremoniellen, überlebensgroßen Denkmal Alexanders III. in Moskau geht irgendein künstlerischer Wert nicht verloren. Außerdem verspricht das Kommissariat für Volksauf-

---

[111] Vgl. auch „Restauratoren und Berufe in der Denkmalpflege. Studiengänge/Aus-, Fort- und Weiterbildungen" (ibv 24/96).

klärung in ganz Rußland Ersatz durch andere Denkmäler. Wartet nur, ihr werdet sie bald zu sehen bekommen! Zarendenkmäler haben nach der Geschichtsauffassung der Räteregierung nur dann einen didaktischen Sinn, wenn sie in aller Öffentlichkeit beseitigt werden ..."[112] Hat sich im Verlauf des 20. Jahrhunderts wirklich sehr viel verändert, wenn der heutige Chronist zum Abriß von „Deutschlands größtem Lenin-Denkmal" in Berlin-Marzahn im Herbst 1991 notiert: „Lenin wird demontiert. Er wird nicht, wie in anderen Ostblockländern, im Volkszorn geschleift. Er wird mit deutscher Präzision sachgerecht zerlegt. Die Teile werden numeriert. ,Irgendwann irgendwo ... wird er ja vielleicht mal wieder aufgebaut.' "[113]

Wer sich gerne einmal mit der literarischen Gestaltung eines Denkmalpflegers auseinandersetzen möchte, der sei auf Alois Brandstetters Roman „Altenehrung"[114] verwiesen.

Mit den Interessen des Denkmalschützers kollidieren nicht selten die des *Kunsthandels*, obwohl oder vielleicht gerade weil beide Gruppen zumindest teilweise mit den gleichen Objekten umgehen. Daß wir den Handel hier als akademisches Einsatzfeld anführen, hängt damit zusammen, daß es inzwischen auch einige Kunsthistoriker gibt, die in dieser Branche ihr Auskommen finden. Die Tätigkeitsformen sind unterschiedlich, sie reichen vom Kleinunternehmen (Galerie, Antiquariat, Antiquitäten- oder Trödelladen) bis zum großen Kunstversand- oder Auktionshaus. Dabei finden sich sowohl selbständige als auch abhängige Tätigkeiten.

Geht man davon aus, daß es in der Bundesrepublik mehr als 10 000 Kunst- und Antiquitätenhandlungen gibt, dann bieten sich hier zumindest Möglichkeiten, praktische Berufserfahrung zu sammeln. Daß die Kunstwissenschaft allein kein ausreichendes Startkapital ist, versteht sich von selbst. Hier ist Branchenkenntnis, kaufmännisches Geschick gepaart mit Kontakten zu Künstlern und Fachleuten sowie marktwirtschaftliches Anpassungsvermögen gefragt. Kenntnisse in Buchführung, Textverarbeitung und Handelsrecht sind ebenfalls von Vorteil. Vor allem aber entscheidet – jedenfalls beim Selbständigen – die unternehmerische Initiative und Risikobereitschaft. Die Selbständigkeit allein ist jedenfalls kein Patentrezept gegen Arbeitslosigkeit, nicht zuletzt auch, weil gerade sie ein Krisenphänomen ist.

---

[112] Zitiert nach: Funkkolleg KUNST, Studienbegleitbrief 8 (1985), S. 69 f.
[113] DER SPIEGEL 46/1991, S. 343.
[114] Alois Brandstetter, Altenehrung, Salzburg/Wien 1983 und München 1986.

1.10.4   Alternativen – Perspektiven

Mit den älteren und neueren Formen der Selbständigkeit zeichnet sich der Übergang zu einem weiteren, allerdings nicht besonders klar konturierten Tätigkeitsfeld ab. Es handelt sich hier um neue Berufsbilder ohne längere Tradition, aber mit dem Hoffnungsschimmer auf eine unkonventionelle Arbeit. Hierzu gehören die – im wahrsten Sinne des Wortes – „alternativen" Alternativen. Als „alternativ" verstehen Sozialforscher[115] solche Projekte, die ihre Arbeit demokratisch selbst verwalten, modellhafte Lebens- und Arbeitsformen entwickeln, neue Formen sozialer Hilfen versuchen und ähnliches. Der Personenkreis, der sich in dieser Szene engagiert, fluktuiert sehr stark – im Erfolgsfalle durchaus auch als „Umsteiger ins Establishment". Sein Anteil lag allerdings selbst Mitte der 80er Jahre, in einer Zeit, als der Alternativ-Sektor boomte, noch deutlich unter 0,5 % der Erwerbstätigen.[116] Einen hohen Anteil der alternativ Tätigen machten dabei Studenten und Hochschulabsolventen aus. Daß sie vielfach ausbildungsfremd arbeiteten, ist kaum verwunderlich. Der zitierten Auftragsarbeit des Instituts für Arbeitsmarkt- und Berufsforschung der Bundesanstalt für Arbeit zufolge[117] verteilten sie sich in der Vergangenheit vor allem auf folgende Branchen:

• Handel, Buchläden (22 %);
• Handwerk und Kunsthandwerk, Druckerei, Alternativtechnologie (18 %);
• Freizeit-Infrastruktur: Kneipen, Cafes, Tagungshäuser, Kommunikationszentren (17 %);
• Sozialberufliche Dienste: Kinderbetreuung, therapeutische Gruppen, Schulen (17 %);
• Landwirtschaftliche Produktion (11 %).

Wer sich „biologisch" ernährt, handgesponnene Wolle verstrickt, mit Jutetaschen statt mit Plastiktüten einkaufen geht, seine Wohnung mit Naturfarben streicht, der gehört heutzutage schon nicht mehr zu den Öko-Freaks, da die „Öko-Welle" längst in gewisser Weise zum guten Ton gehört. Trotzdem dürften sich dem ebenso Interessierten wie phantasievoll Engagierten wohl durchaus noch einige Marktnischen bieten. Weil auch die Öko-Archäologie bereits erfunden ist, sollte man vielleicht mal an den Umweltschutz im Medienbereich denken.

---

[115] H. Kreutz/G. Fröhlich/D. Maly, „Alternative Projekte: Realistische Alternativen zur Arbeitslosigkeit?" in: Mitteilungen aus der Arbeitsmarkt- und Berufsforschung 2/84, S. 268.
[116] 1985 wurden für den gesamten Alternativsektor rund 50 000 Arbeitsplätze veranschlagt (D. Hartung/B. Krais, „Studium und Beruf", in: Das Hochschulwesen in der Bundesrepublik Deutschland, hrsg. v. U. Teichler, Weinheim 1990, S. 197).
[117] Kreutz/Fröhlich/Maly, a.a.O., S. 273.

Perspektiven für den Arbeitsmarkt von morgen

Die Industrieländer befinden sich in der Anfangsphase eines grundlegenden Strukturwandels der gesamten Wirtschafts- und Arbeitswelt, der vielleicht nur mit dem Übergang von der Agrarwirtschaft zur Industriegesellschaft zu vergleichen ist. Die längerfristig wirksamen, die Entwicklung prägenden Tendenzen, können zu sieben Mega-Trends zusammengefaßt werden:
• die technologische Revolution durch die Informations- und Biotechnologie,
• die Ökologisierung des Wirtschaftens durch den Umweltschutz,
• die Globalisierung des Wirtschaftens durch die Überwindung der nationalen Grenzen,
• die Zunahme der internationalen Wanderungen durch Weltbevölkerungsexplosion und Entwicklungsunterschiede,
• die Individualisierung des Wirtschaftens durch den „Wertewandel" von „Selbstzwang zu Selbstentfaltung",
• die Alterung der Industriegesellschaften durch niedrige Geburtenziffern,
• die hohe Erwerbsbeteiligung der Frauen aufgrund des Wandels der letzten Jahrzehnte.
Bernhard Jagoda, Präsident der Bundesanstalt für Arbeit, in: Verwaltung und Management 3 (1997) H. 2, S. 71.

Der *Freizeitsektor* ist ein buntes Feld, das vielfach noch als zukunftsträchtig angesehen wird, und Bielefelder Wissenschaftler stellten in einer Untersuchung 1995 fest, daß in der Tourismusbranche weiterhin mit einem steigenden Bedarf an Akademikern zu rechnen sei.[118] Natürlich stehen auch hier die Geisteswissenschaftler in Konkurrenz zu den Wirtschaftswissenschaftlern von Universitäten und Fachhochschulen. Im Bildungsreisetourismus finden sich jedoch seit jeher Kunsthistoriker, Archäologen, Lehrer und andere, die – zum Teil auch nebenberuflich – als Studienreiseleiter arbeiten.

Auch die heimische Freizeit, außerhalb des (Fern-)Urlaubs, will inzwischen genau geplant sein. So haben sich nicht nur neue berufliche Tätigkeiten mit klingenden Namen wie Freizeitberater, -helfer, -lehrer oder gar Kulturanimateur, sondern auch entsprechende Studiengänge (z. B. Diplom-Pädagoge mit Studienschwerpunkt Freizeitpädagogik) herausgebildet. Deshalb wird dieser Bereich dem Kunst- oder Alter-

---

[118] Zu dieser Studie vgl. UNI 2/95, S. 66.

tumswissenschaftler künftig kaum ohne weitere Zusatzqualifikation offenstehen – ein Aufbaustudium Tourismus gibt es beispielsweise an der FU Berlin und der FH Heilbronn, eine studienbegleitende Zusatzqualifikation Freizeitpädagogik bietet die Universität Augsburg.[119]

Geschichte als touristisches Erlebnis

- Geschichte ist ein Faktor von bemerkenswerter Anziehungskraft für den Tourismus geworden.
- Ist eine neue Welle historischen Interesses über die Menschen gekommen?
- Es (gibt) einen stetig größer werdenden Markt für den sogenannten „Erlebnistourismus", der sich an touristische Schichten wendet, die einen „aktiven" Urlaub verleben wollen.
- Das touristische Angebot scheint nicht vollständig zu sein, wenn geschichtliche Reiseziele fehlen. Wie kommt das?
- Die Erfahrung der „Ungleichzeitigkeit des Gleichzeitigen" ist eine historische Erfahrung mitten in der Gegenwärtigkeit.

Vgl. Fragen und Thesen von R. Schörken, Geschichte in der Alltagswelt, Stuttgart 1981, S. 118 ff.

So wie sich unsere Welt und Umwelt wandelt, so verändert sich die Gesellschaft und ihre Anforderungen an den Einzelnen, an seine Fähigkeiten und Fertigkeiten. Aus Ideen entstehen Aktivitäten, aus diesen wieder Berufe – manchmal verschwinden sie auch wieder genauso schnell, wie sie kamen. Allein im Bereich *Multimedia* beschrieb das Institut für Arbeitsmarkt- und Berufsforschung 1996 sieben neue Berufe: Multimedia-Programmierer, Multimedia-Autor, Multimedia-Screen-Designer, Multimedia-Tool-Programmierer, Multimedia-Konzeptionist, Multimedia-Produzent, Ingenieur Medientechnik.[120]

Wir wissen nicht, wie sich unsere Gesellschaft, gerade durch den Computer, in den nächsten Jahrzehnten noch weiter verändern wird. Wie die Invasion der Medien abläuft und wie sie die Konsumgewohnheiten verändert, ob mehr in Richtung Bedürfnislosigkeit oder mehr in Richtung Überdruß, ist ebenfalls nicht kalkulierbar.

---

[119] Vgl. auch Tabelle 13 – Ergänzungsstudien.
[120] Nach: „Alles offen. Arbeit der Zukunft", in: abi 3/96.

Inwiefern ein Übermaß an Kommunikationsmöglichkeiten das Gegenteil bewirkt und eine zunehmende Vereinsamung vieler Menschen provoziert, bleibt weiterhin Spekulation. Nichtsdestotrotz werden wir wahrscheinlich auf mehr Menschen angewiesen sein, die initiativ werden, um die durch die Medien primär bewirkte Passivität abzubauen und uns zu direkter zwischenmenschlicher Kommunikation zurückzuführen.[121] Ob diese dafür ein Studium der Pädagogik oder Theologie oder Medizin oder Sozialarbeit oder Kunst oder Musik – oder überhaupt ein Studium – absolviert haben müssen, das mag dann vielleicht nebensächlich sein.

Die Zusammenhänge zwischen innovativer Entwicklung und der Entstehung neuer Tätigkeitsbereiche sind zwar schon erforscht, ihre Auswirkungen in der Zukunft sind jedoch nicht absehbar. Die Innovationspausen zwischen bedeutenden Erfindungen haben sich in der Menschheitsgeschichte stetig verkürzt, in den letzten 200 Jahren jedoch mit einer solchen Beschleunigung, daß eine weitere Verkürzung der Zeiträume in der nächsten Zukunft zwar noch rechnerisch ermittelt werden kann, doch die realistische Erwartung widerspricht den Zahlen. Wenn man die berufliche Folgeentwicklung, wie sie sich in den USA abzeichnet, wo jeder 5. in einem Beruf arbeitet, der erst in diesem Jahrhundert entstanden ist, auf die Bundesrepublik überträgt, so kann man für das Jahr 2000 davon ausgehen, daß etwa 10 % der Beschäftigten in heute noch nicht existierenden Berufen tätig sein werden. Diese Größenordnung entspricht leider auch unserem heutigen Arbeitslosenpotential.

Ob ein Studium später direkt beruflich umsetzbar sein wird, ist zwar für viele vor und bei Studienbeginn ein Entscheidungskriterium. Eine große Frage ist aber auch, ob diesem Problem wirklich so große Bedeutung zukommen muß. Der Lustgewinn durch Bildung ist zweifellos ein hohes Gut, das einen wesentlichen Eigenwert enthält. Überdies könnte man das Studium als eine Gunst des Schicksals betrachten, als ein Privileg, das eben nicht jeder genießt. Man sollte deshalb eine nur fragmentarische spätere Weiterverwertung dieses Potentials nicht unbedingt als Unglück oder Katastrophe betrachten.

Die Dramatik der Situation nimmt erst dann bedrohlich zu, wenn das erreichte Bildungsniveau zu allem Überfluß auch noch hinderlich ist, das heißt konkret, wenn man mit dem Argument der Überqualifikation bei einer Stellenbewerbung abgewiesen wird. Andererseits dürfte das Gegenteil, das Downgrading, häufiger vorkommen. Das bedeutet, daß Stellen mit Hochschulabsolventen besetzt werden, die

---

[121] Zur Rolle eines künftigen „Animators" vgl. H. W. Opaschowski, in: Alternativen. Konzepte für Bildung und Ausbildung, hg. v. C. Heieck u. W. Seelisch, Stuttgart 1982, S. 380 ff.

früher Beschäftigte ohne Studium innehatten. Die Regel ist dann aber häufig ein Gehalt, das niedriger liegt als bei einer Stelle, für die ein Hochschulabschluß Voraussetzung zur Einstellung ist. Durch die in immer mehr Bereichen erwartete höhere Qualifizierung ist das Studium zwar keine Garantie für eine Karriere, trotzdem ist es für eine steigende Zahl von Berufen eine faktische Voraussetzung.

Mancher weicht der Arbeitsmarktproblematik aus, indem er an das kaum abgeschlossene Erststudium ein zwei- oder viersemestriges *Aufbaustudium* anschließt. Dieses vermittelt zwar zusätzliche Kenntnisse und Fähigkeiten, oft jedoch genauso akademisch wie vorher, so daß der Ruf der Praxisferne weiter an ihm haftet. Und es gibt Arbeitgeber, die hierauf geradezu allergisch reagieren.

> Bei Mehrfachqualifikationen gilt es immer zu beachten, daß den Beschäftigern Schmalspurabsolventen nichts nützen, Schmalspurabsolventen, die meinen, von allem etwas zu verstehen, die aber im Grunde genommen von nichts etwas richtig verstehen.
>
> Jürgen Wolfslast, Stellungnahme für die Arbeitgeberverbände, 1980[122]
>
> * * *
>
> Es ist davor zu warnen, das Studium zu verlängern, denn die Beschäftiger fürchten, daß mit dem Alter der Bewerber deren Flexibilität sinkt.
>
> Georg von Landsberg, Institut der Deutschen Wirtschaft, 1981[123]

Auch innerhalb des Berufslebens wird es in Zukunft mehr Veränderungen geben: „Informatisierung, Individualisierung und Internationalisierung sind eng miteinander verknüpft und bedingen sich gegenseitig. Sie kristallisieren sich derzeit in einem spezifischen Phänomen, das als ‚Telearbeit' bezeichnet wird. [...] Die Kontinuität von Arbeit wird sich auflösen. Doch dies verträgt sich nicht mit den Gewohnheiten und dem Sicherheitsbedürfnis jener Erwerbstätigen, die sich an die lebenslange abhängige Arbeit gewöhnt haben. Sie wünschen zwar Gestaltbarkeit und Individualisierung ihrer Arbeit, legen aber größten Wert auf betriebliche Einbindung und soziale Absicherung. Deshalb werden die Öffnung der Erwerbsarbeit und der Trend zur Telearbeit erst dann bedeutsam, wenn eine neue Generation ins Er-

---

[122] In: Erweiterung des Studienangebots und außerschulische Tätigkeitsfelder für Geisteswissenschaftler, Loccumer Protokolle 16/80, S. 156.
[123] Zitiert nach: G. Schindler, P. Ewert u.a., Verbesserung der außerschulischen Beschäftigungschancen von Absolventen des Studiums für das Lehramt an Gymnasien, München 1994 (Bayerisches Staatsinstitut für Hochschulforschung und Hochschulplanung 9), S. 61.

werbsleben tritt, die nur noch wenig Chancen in der abhängigen Beschäftigung haben wird und die mit der Kommunikationstechnik aufgewachsen ist."[124] Und hierzu mag letztlich auch gehören, daß man sich heute bereits im Internet nach einem Arbeitsplatz umsehen kann.[125]

Beschäftigungsperspektiven für Hochschulabsolventen in Europa

Auch in Deutschland hat die Rezession auf dem Arbeitsmarkt für Akademiker tiefe Spuren hinterlassen. Von der schwierigen Lage sind fast alle Disziplinen gleich betroffen. ... Der Strukturwandel der bundesdeutschen Wirtschaft hin zur Dienstleistungsgesellschaft und zu einer forschungs- und entwicklungsorientierten Ökonomie wird sich auch in Zukunft auf die Arbeitsmarktchancen von Akademikern auswirken. Weniger hochspezialisiertes Wissen, als die Fähigkeit, sich dieses im Bedarfsfall schnell anzueignen sowie strategisches Denken und Problemlösungsfähigkeit werden die künftigen Qualifikationen von Hochschulabsolventen nicht nur in Deutschland entscheidend prägen. Darüber hinaus lassen sich europaweit ähnliche Muster beim Übergang in den Beruf erkennen. Der sofortige Eintritt in ein festes Arbeitsverhältnis ist seltener geworden gegenüber befristeten Arbeitsverträgen und Teilzeit-Beschäftigungen. Weibliche Hochschulabsolventen haben generell größere Probleme beim Einstieg ins Berufsleben als ihre männlichen Kommilitonen. Dies liegt zum großen Teil daran, daß Frauen oft Studienfächer mit eher schlechten Berufsaussichten wählen. Nach wie vor ist ihr Anteil in den Ingenieurwissenschaften und anderen technischen oder naturwissenschaftlichen Disziplinen gering. Überdurchschnittlich fällt er dagegen in den geistes- und sozialwissenschaftlichen Fächern und in der Lehrerausbildung aus.

Juliane List (Institut der deutschen Wirtschaft, Köln),
in: Berufsausbildung Nr. 10 (Jan.-Apr. 1997) Europäische Zeitschrift, hg. v. CEDEFOP, S. 6

Während die Telearbeit jedoch noch ein eher singuläres Phänomen darstellt, ist die lebenslange Einbindung in einen einzigen Beruf, auf den dann auch noch ein ganz

---

[124] abi 3/96, a.a.O., S. 9.
[125] Vgl. „Jobsuche im Internet: Homepages und Stellenbörsen", in: UNI 4/96, S. 43 ff. sowie UNI 3/97, S. 65, ferner auch UNI 6/97, S. 61 ff.

bestimmtes Studium – oder auch eine Ausbildung – vorbereitet hat, längst Illusion, und das nicht nur, weil sich die Anforderungen innerhalb eines Berufes ständig verändern und lebenslanges Weiterlernen notwendig ist. Auch die Hochschulen bemühen sich inzwischen, ihren Studierenden sowohl Anregungen als auch konkrete Hilfen für die berufliche Planung mit auf den Weg zu geben: So sollen beispielsweise sogenannte Existenzgründer-(Kompakt-)Kurse betriebswirtschaftliche Grundlagen vermitteln und anhand von Fallstudien Problemlösungen für den Einstieg in die Selbständigkeit anbieten.[126]

Patchwork-Karrieren lösen zunehmend geradlinige Berufslaufbahnen ab – eine Entwicklung, die im übrigen nicht nur für das Berufsleben gilt. „Die Auflösung von Traditionen und überkommenen Institutionen ist verbunden mit dem Gefühl einer neuen Unübersichtlichkeit. Dem einzelnen Individuum steht heute eine viel buntere, aber auch verunsichernde Palette von Lebensmöglichkeiten zur Verfügung."[127]

---

[126] Vgl. auch ein entsprechendes Special „Existenzgründung in Kultur- und Medienberufen", in: UNI 7/95, S. 17–33.
[127] Programmtext von Lebensphasen – Lebensformen. Zur Zukunft von Mensch und Gesellschaft. Internationale Sommeruniversität Münster – Osnabrück (25.–31. August 1997 in Münster).

2 Fachspezifischer Teil

2.1 Einleitung

Die Hochschulen haben ihr Lehrangebot ebenso wie ihr „Personal" in der Vergangenheit nach Fakultäten organisiert. Als älteste gilt die Artes-Fakultät, die im Mittelalter vor allem das Grundstudium in den sogenannten freien Künsten (artes liberales) umfaßte. Nun wäre es sicherlich verkehrt, wollte man die mittelalterlichen Artes schlicht mit dem neuzeitlichen Kunstbegriff übersetzen. Doch haben sich immerhin aus diesen Fakultäten die Philosophischen Fakultäten der Universitäten entwickelt, die dann seit den 60er Jahren allmählich durch feinmaschigere Organisationsstrukturen wie Abteilungen, Fachbereiche, Institute usw. ersetzt wurden. In diesen finden sich vielfach die kunst- und altertumswissenschaftlichen Fächer zusammengefaßt.

Doch weisen die in diesem Buch vorgestellten Fächer untereinander auch manche inhaltlichen Gemeinsamkeiten auf: So sind zum Beispiel Geschichte, Archäologie und Klassische Philologie sich gegenseitig ergänzende Disziplinen. Methodisch verwandt arbeiten Archäologie sowie Vor- und Frühgeschichte. Sich überschneidende Interessen- und Arbeitsgebiete haben Musikwissenschaft, Volkskunde und auch Völkerkunde, und vergleichbare Zielsetzungen, wenn auch in unterschiedlichen Kunstsparten, haben Kunstgeschichte, Musikwissenschaft und Theaterwissenschaft. Die kunst- und musikpraktischen Studiengänge konnten wegen ihrer sich stärker unterscheidenden Ausbildungen (meist an Kunst- und Musikhochschulen) hier nicht berücksichtigt werden, es liegen hierzu aber spezielle Studienführer vor.[1]

Die Autoren der einzelnen Fachbeschreibungen sind bemüht, dem potentiellen Studienanfänger aus ihrer Sicht (an unterschiedlichen Hochschulorten) einen Einblick in ihre Fächer zu geben. Dies kann keine Globalschau über das Studium dieser Fächer in Deutschland sein – dafür sind die Unterschiede zwischen den Lehrangeboten der einzelnen Hochschulen zu verschieden. Ein- und weiterführende Literaturangaben finden sich jeweils am Ende der Kapitel zu den einzelnen Fächern. Adressen der Hochschulen und zentralen Studienberatungen stehen im Anhang. Zusätzliche Detailinformationen sollte man sich direkt am Hochschulort besorgen, aber vielleicht regt die Lektüre der fachspezifischen Kapitel dazu an, dieses Vor-Studium etwas intensiver und engagierter zu betreiben.

---

[1] Vgl. z. B. M. Jung, Studienführer Kunst & Design, München (Lexika-Verlag) 3. Aufl. 1996.

2.2 Studentenzahlen

Die exakten Studentenzahlen in den einzelnen Fächern zu ermitteln, ist genauso schwierig wie festzustellen, ob alle immatrikulierten Studierenden auch „richtig" studieren. Wir müssen uns daher mit den Zahlen des Statistischen Bundesamtes (siehe Tabelle 14) begnügen, möchten jedoch auf einen wesentlichen Mangel hinweisen, den auch wir leider nicht beheben können: Insbesondere die Nichtberücksichtigung von Zweit- und Nebenfacheinschreibungen verfälscht die Darstellung von Nachfrage und Belastung in den einzelnen Fächern zum Teil erheblich.[2]

Wie der Aufbau unserer Tabelle zeigt, die einen Vergleich im Abstand von 10 Jahren (1985–95)[3] ermöglichen soll, hat die Zahl der Studierenden insgesamt ebenso wie die der Studienanfänger in den vorgestellten Fächern im letzten Jahrzehnt um etwa 20 Prozent zugenommen. Bei den Absolventen waren es sogar über 30 Prozent mehr. Dem gegenüber steht eine Erfolgsbilanz der Fächer – das heißt die Relation zwischen Absolventen und Anfängern –, die nicht gerade üppig ist: Sie schwankt zwischen 14 und 66 Prozent und liegt im Durchschnitt bei 33 Prozent. Auch wenn hier Unwägbarkeiten der Statistik (z.B. Wechsel zwischen Haupt- und Nebenfach oder Erst- und Zweitfach) das Ergebnis beeinträchtigen können, so geben diese Zahlen doch zu denken. Denn für die Universitäten und ihre kulturwissenschaftlichen Fächer insgesamt errechnet sich im gleichen Zeitraum immerhin ein Erfolgswert von etwa 76 Prozent. Wie man sieht, fallen die „Orchideenfächer" also auch in dieser Hinsicht etwas aus dem Rahmen – vielleicht schon deshalb, weil sie – öfter als andere Fächer – von „schöngeistig Interessierten" angesteuert werden, die sich über die fachlichen Anforderungen (Inhalte wie Prüfungen) und die Erfordernisse der Fächerkombination, wenn man einen Studienabschluß anstrebt, zunächst zu wenig Gedanken gemacht haben. Vielleicht ist es aber auch die spezifische Arbeitsmarktsituation, die zum Studienabbruch führt – über die Gründe ließe sich lange spekulieren.

---

[2] Aufgrund von Zahlenvergleichen an einzelnen Hochschulen kann man schließen, daß die tatsächliche Nachfrage – unter Einbeziehung von Zweit- und Nebenfächern – bei den Lehramts- und Magisterstudiengängen etwa doppelt so hoch sein dürfte, wenn nicht sogar noch höher.

[3] Ein ganz „seriöser" Vergleich über die Jahre hinweg ist nicht möglich, da für die neuen Bundesländer kein direkter Zahlenvergleich möglich ist. Insofern wurde in Tabelle 14 den „West"-Studentenzahlen von 1985 ein Mittelwert von 10 Prozent (Vergleichsbasis 1990) „zugeschlagen".

Tabelle 14: **Studierende und Prüfungen (1985 – 1995)**

Studienfach	Gesamtstudentenzahl zum Wintersemester		Studienanfänger (SS+WS: 1. Fachsem.)		Absolventenzahl (pro Jahr)		„Erfolgs- quote"[3]
	85/86	95/96	85/86[1]	95/96	1985[2]	1995	85/95[3]
Archäologie	2288	2821	821	1019	52	138	15 %
Geschichte	20574	32377	5055	8116	1757	2100	38 %
Griechisch	559	618	113	168	61	69	56 %
Kunstgesch./-wiss.	12143	13496	2506	2459	355	991	36 %
Latein	2913	3121	508	676	213	257	46 %
Musikwissenschaft	5326	6151	1789	1628	122	271	14 %
Theaterwissenschaft	2585	4279	345	762	246	251	66 %
Ur-, Vor- u. Frühgesch.	1567	1796	316	433	58	124	36 %
Völkerkunde/Ethnologie	3950	4326	777	816	126	197	23 %
Volkskunde	1541	1384	256	285	66	109	39 %

Quelle: Bildung und Kultur = Fachserie 11. Reihe 4.1 (1985/86 und 1995/96) bzw. 4.2 (1985 und 1995), hg. v. Statist. Bundesamt, Wiesbaden 1986–1997

Nur Erstfach-Einschreibungen (Lehramtszweit- und Magisternebenfächer nicht erfaßt).

[1] Nur alte Bundesländer (SS85+WS85/86).

[2] Nur alte Bundesländer (Ergebnisse der Individualerhebung der Statistischen Ämter).

[3] Verglichen werden die Absolventen 1995 mit den Anfängern 10 Jahre zuvor („West" + 10 %).

2.3 ARCHÄOLOGIE
von Kurt Lehnstaedt

Gegenstand und Methoden

Archäologie wird häufig allzu einseitig als Wissenschaft der Ausgrabungen verstanden. Tatsächlich stellt das Gewinnen von Denkmälern durch Grabungen nur einen Aspekt archäologischer Arbeit dar. Folglich ist Grabung nur ein Teilgebiet der Berufstätigkeit von Archäologen: Selbst diejenigen, die auf Ausgrabungen tätig sind, haben neben organisatorischen Aufgaben überwiegend mit der Fundauswertung und -publikation zu tun.

Wörtlich heißt Archäologie die „Lehre von den Anfängen" menschlicher Kultur. Das heißt: sie befaßt sich mit der materiellen, nicht-literarischen Hinterlassenschaft, die von den alten Kulturen übriggeblieben ist oder eben durch Grabung erneut gewonnen wird.
Diese Merkmale kennzeichnen alle Archäologen. Sie unterscheiden sich jedoch voneinander durch den jeweiligen Kulturkreis, dem die Denkmäler angehören. Diese werden nur dann einer Interpretation oder Erklärung zugänglich, wenn sie auf dem Hintergrund z. B. der Geschichte, Mythologie, Religionsgeschichte, der überlieferten literarischen Zeugnisse, der Bräuche und Sitten des betreffenden Kulturkreises untersucht werden. Die literarischen und materiellen Überlieferungen der verschiedenen alten Kulturen sind jedoch so umfangreich, daß es ein allumfassendes Fach „Archäologie" nicht geben kann.

Als eigenständige archäologische Studienfächer bestehen: Ägyptologie, Altorientalische, Altamerikanische, Christliche, Klassische, Mittelalterliche und Neuzeitliche, Provinzialrömische, Vorderasiatische Archäologie. Mit archäologischen Methoden und Fragestellungen befassen sich auch: Chinesische Kunst und Archäologie, Frühchristliche und Byzantinische Kunstgeschichte, Vor- (oder Ur-) und Frühgeschichte.[1] Obwohl im Mittelpunkt der Forschung dieser Archäologen die Zeugnisse der materiellen Kultur stehen, erfordern alle Fächer (ausgenommen Vor- und Frühgeschichte) die Kenntnisse der (alten) Sprachen des jeweiligen Kulturkreises, wie unten dargestellt.

Was nachfolgend am Beispiel der Klassischen Archäologie zu Gegenstand, Methoden, Studium usw. beschrieben wird, gilt sinngemäß auch für die übrigen archäo-

---

[1] S. u. Kapitel 2.10.

logischen Studiengänge. Die Klassische Archäologie wurde als Beispiel für das Studium von Archäologen gewählt, weil sie von all den möglichen Fächern am häufigsten an den Universitäten in Deutschland vertreten ist und zudem als Studienfach am häufigsten unter diesen Disziplinen gewählt wird.

Mit der Spezifizierung „klassisch" unterscheidet sich diese Archäologie von anderen in zweierlei Hinsicht:

* Zeitlich umfaßt sie den Rahmen des klassischen Altertums, also der griechischen und römischen Antike, beginnend mit der sog. griechisch-geometrischen Epoche (11.–8. Jahrhundert v. Chr.) bis zum Ende der Antike, das je nach Forschungsansatz zwischen dem 4. und 7. nachchristlichen Jahrhundert definiert wird. Hinzu kommen noch die kretisch-mykenische (vom 3. vorchristlichen Jahrtausend an) und die italisch-etruskische Kultur.
* Räumlich erstreckt sich das Forschungsgebiet auf Griechenland und dessen Siedlungen, das westliche Kleinasien, Italien einschließlich des gesamten Imperium Romanum[2]; darüber hinaus auf die jeweils angrenzenden Gebiete, die mit der griechischen und römischen Kultur in Beziehung standen.

Von dieser zeitlich-räumlichen Zuordnung her ist diese Archäologie zunächst ein Teil der klassischen Altertumswissenschaften. Sie steht in enger Verbindung mit der Klassischen Philologie (aus der sie als eigenständiges Fach erwachsen ist), mit der Alten Geschichte, der Vor- und Frühgeschichte, der Epigraphik, der Antiken Numismatik, der Antiken Religionsgeschichte, der Mythologie, der Antiken Rechtsgeschichte, der Ägyptologie, der Orientalischen Archäologie u.a. Objekte der archäologischen Forschung sind alle materiellen Äußerungen der griechischen und römischen Kultur: Siedlung, Architektur, Topographie, Bauwesen, Freiplastik, Relief, Portrait, Wand- und Vasenmalerei, Mosaik, Waffen, Geräte, Kleinkunst wie z. B. Schmuck oder Terrakotten usw. Diese Gegenstände sind visuell erfahrbar, und von daher ist die Klassische Archäologie zunächst auch den Kunstwissenschaften zuzurechnen. In umfassenderem Sinn ist sie eine Kulturgeschichte insofern, als sie mit ihren Methoden diejenigen Lebensbedingungen zu erforschen sucht, aus denen die untersuchten Gegenstände handwerklicher oder künstlerischer Produktion hervorgegangen sind.

Im Mittelpunkt archäologischer Arbeit – und damit auch des Studiums – stehen griechische und römische Denkmäler (verstanden als überlieferte Objekte, die in

---

[2] Die eigenständigen Kulturzeugnisse der römischen Provinzen sind jedoch Gegenstand des Faches Provinzialrömische Archäologie.

der Antike bearbeitet wurden) unterschiedlicher Gattungen, die zunächst der Klassifizierung bedürfen. Diese beginnt mit der Beschreibung des Gegenstandes nach seiner Form und der Zuordnung an die jeweilige Denkmälergattung. Die Zuweisung z.B. eines Keramikfragments als Bruchstück einer Vase bedarf der Kenntnis der unterschiedlichen Vasenformen. Läßt sich das Fragment aufgrund seiner Form einem bestimmten Vasentyp zuordnen, so wird anhand der unterschiedlichen Beispiele desselben Typs versucht, das Fragment in eine zeitliche Abfolge einzureihen: Die Veränderung der Form innerhalb einer Denkmälergattung, eines Denkmälertyps wird als Entwicklungslinie oder -geschichte aufgefaßt. Im Vergleich der Formen als der charakteristischen Merkmale, deren Gleichartigkeit Gleichzeitigkeit, deren Unterschiede verschiedene Entstehungszeiten bedeuten – sofern sie nicht auf regionale Abweichungen hinweisen –, gelangt man zu den stilistischen Eigenheiten einer Epoche (Archaik, Klassik, Hellenismus usw.), in der chronologischen Reihung zu einer Stilgeschichte.[3] Wichtig ist dieser interpretierende Vergleich auch deshalb, weil die meisten antiken Denkmäler nicht in den absoluten Jahreszahlen datiert sind. Die sogenanntte relative Chronologie ergibt sich aus dem Vergleich der stilistischen Unterschiede. Diese Methode der Stilkritik oder -analyse dient zugleich auch dazu, neben der zeitlichen Einordnung der Denkmäler die individuellen Eigenheiten eines Künstlers herauszuarbeiten, in denen er sich von seinen Zeitgenossen unterscheidet. Zur Form tritt mit der Ikonographie die Frage nach dem Sinn oder der Bedeutung des Dargestellten hinzu. Die an mythologischen und alltäglichen Szenen reiche bildliche Überlieferung der Griechen, wie auch die spezifisch römische Eigenheit historisierender Inhalte, erfordern auf diesem Gebiet umfassende (antiquarische) Kenntnisse. Mit diesen können über den beschreibenden Inhalt der Darstellung hinaus nicht nur Entstehung und Wandel der Themen, sondern auch zeitgebundene Variationen oder symbolhafte Verdichtungen erklärt werden. Als eigene Methode hat sich aus der Ikonographie als der Motivkunde die Ikonologie als die Deutung komplexer Darstellungszusammenhänge entwickelt. So wird z.B. außer der feierlichen Stiftungsprozession auch der übrige Reliefschmuck der Ara Pacis Augustae in Rom (eingeweiht 9 v. Chr.) als Ausdruck der Friedensordnung verstanden, die Augustus dem Imperium Romanum verschafft hat: Diese Deutung umfaßt nicht nur die allegorischen Figuren, sondern auch die dargestellte Natur.

Wird Archäologie als Teil einer Kulturgeschichte definiert, so soll sie über die Klassifikation (und auch Rekonstruktion) und den Inhalt ihrer Gegenstände hinaus auch darüber Auskunft geben, auf welchen sozialgeschichtlichen Hintergründen

---

[3] Den Begriff „Stil" für eine historische Ordnung hat J. J. Winckelmann 1763 in seiner „Geschichte der Kunst des Altertums" auf der Basis eines wertenden Ästhetizismus eingeführt.

sich kunsthandwerkliches Schaffen entwickelt, erhält und verändert. Ferner darüber, in welcher Beziehung die Produkte dieses Schaffens zu ihrer zeitgenössischen Gesellschaft stehen: „Das Kunstwerk als Produkt eines Arbeitsprozesses wirft die Frage nach der Technologie und die nach den wirtschaftlichen Voraussetzungen auf, nach der Handwerkstradition und der besonderen sozialen Situation des Künstlers, nach dem Auftraggeber und der Funktion des Kunstwerks in seinem kulturellen und gesellschaftlichen Rahmen wie in seiner Wirkungsgeschichte."[4]

Studienanforderungen

Die skizzierten Gegenstände und Methoden, die im Studium vermittelt werden, erfordern zunächst an „materiellen" Kenntnissen das Beherrschen von *Fremdsprachen*. *Latinum* und *Graecum*[5] sind neben ihrer Bedeutung für die archäologische Fachterminologie nötig, da. z. B. zur Interpretation von Bildinhalten antike Autoren heranzuziehen sind oder Inschriften gelesen werden müssen. Das kulturgeschichtliche Verständnis für einen bestimmten Zeitabschnitt erschließt sich umfassend erst aus der übergreifenden Kenntnis von Geschichte (auch Sozial- und Wirtschaftsgeschichte), zeitgleicher schriftlicher Überlieferung (Dichtung, Religion, Mythos, Philosophie, Urkunden, Alltag) und materieller Kultur. Die Kenntnis moderner Fremdsprachen schließt sich an: Die wissenschaftlichen Publikationen in Englisch und Französisch, daneben auch in Italienisch und Neugriechisch sind vom Inhalt her auf ausschließlich fachwissenschaftliche Nutzung abgefaßt (z. B. Erstpublikation von Grabungsfunden, Fachzeitschriften, Monographien usw.), so daß sich die deutsche Übersetzung wegen zu geringer Auflage nicht lohnt. Je nach Spezialisierung im Laufe des Studiums kommen weitere Fremdsprachen hinzu, deren Kenntnisstand zumindest inhaltliches Verstehen der Fachpublikationen erlauben muß.

Aus der Beschäftigung mit künstlerischen oder kunsthandwerklichen Produkten folgt als implizite Anforderung an den Studierenden, daß er über eine ausgeprägte visuelle Wahrnehmung verfügen muß, um z. B. bei stilkritischen Untersuchungen die Nuancierungen sich ändernder Formen zu erfassen. Fast überflüssig zu erwähnen, daß der umfangreiche Denkmälerbestand natürlich ein gutes visuelles Gedächtnis verlangt.

---

[4] Studienplan für das Fach Klassische Archäologie der Eberhard-Karls-Universität Tübingen, Ziff. 2.2.
[5] Sofern diese Sprachen nicht von der Schule her „mitgebracht" werden, können sie an den Universitäten nachgeholt werden; sie sind nicht bereits bei Studienbeginn nachzuweisen. Je nach Studienplan ist der Zeitpunkt des Nachweises (z. B. bis zur Zwischenprüfung) an den Universitäten unterschiedlich.

Eine weitere Bedingung ist ein differenziertes sprachliches Vermögen, visuelle Gehalte in Wort und Schrift zu beschreiben oder zu „übersetzen", denn das Medium Sprache wird einem optischen Medium nur mit Einschränkungen gerecht; auch eine Fotografie bildet eine dreidimensionale Plastik flächig und damit nur näherungsweise ab.

Der stark gedrängte Überblick über Gegenstände und Methoden mag vielleicht zu der Annahme verleiten, daß sich der Student überwiegend mit visuellen Inhalten befaßt. Wie erwähnt, hat er jedoch viel mit literarischer Produktion zu tun: neben antiken Texten vor allem mit moderner Fachliteratur, die die antiken Objekte zu deuten und zu erklären sucht. Gerade der Umgang mit der Fachliteratur erfordert die Fähigkeit, sich zur eigenen Urteilsbildung z.B. über den plastischen Schmuck des Parthenon mit ästhetischen Wertungen, inhaltliche Interpretationen, Theorien künstlerischen Ausdrucks oder den Meisterzuschreibungen verschiedener Forschung zu befassen.[6] Die Forschungsgeschichte zeigt, daß die Auffassungen über die antike Kunst gerade in der deutschen archäologischen Literatur immer wieder zeitbedingten geistigen Strömungen und wertendem Urteil ausgesetzt waren. So ist es erst der Forschung dieses Jahrhunderts zu verdanken, daß die römische Kunst nicht mehr nur als mäßiger Abklatsch der griechischen betrachtet wird, sondern als Ausdruck einer gewachsenen eigenständigen Kultur.

Praktische Fertigkeiten, die für das Studium nützlich, aber nicht unabdingbar erforderlich sind: Fotografieren und Zeichnen/Skizzieren.

Situation und Geschichte des Faches

Klassische Archäologie wird heute als eigenständiger Studiengang an etwa 30 deutschen Universitäten angeboten; sie ist in Österreich und in der Schweiz jeweils an vier Universitäten vertreten (s. hierzu Tabelle 5).[7]

Innerhalb der deutschen Universitäten gehört das Fach verschiedenen Fakultäten/Fachbereichen an: den Altertumswissenschaften (FU Berlin, Marburg), den Kulturwissenschaften (Tübingen), den Altertums- und Kulturwissenschaften (München, Saarbrücken, Würzburg), der Klassischen Philologie und den Kunstwissenschaften (Frankfurt) usw. Diese unterschiedlichen Zuordnungen erklären sich nicht

---

[6] Anschauliche Beispiele zu unterschiedlichen Objekten: German Hafner, Sternstunden der Archäologen, Goldmann Taschenbuch Nr. 11260, München 1980.
[7] Zusätzlich zu erwähnen sind die Österreichischen Universitäten (Graz, Innsbruck, Salzburg, Wien) und Schweizer Universitäten (Basel, Bern, Fribourg, Zürich).

allein aus den verschiedenen Definitionen hinsichtlich Funktion und Stellenwert des Fachs, die die Fachvertreter ihm zuweisen. Sie spiegeln auch die verschiedenen Einflüsse und Anregungen wider, die die Klassische Archäologie im Lauf ihrer Wissenschaftsgeschichte angereichert haben.

Wenngleich sich der Altphilologe J. F. Christ erstmals 1734 im deutschsprachigen Raum an der Universität Leipzig mit antiken Denkmälern befaßt hat, gilt als eigentlicher Begründer der Klassischen Archäologie J. J. Winckelmann (1717–68). Er kam über eine ästhetisch kritische Auseinandersetzung mit zeitgenössischen Kunstwerken zu einer Beschäftigung mit antiken Statuen, in denen er den absoluten Wertmaßstab künstlerischen Schaffens sah. Seine originären Leistungen sind die erwähnte Erarbeitung einer stilistischen Entwicklungsabfolge und die Deutung der ihm bekannten Antiken aus der griechischen Mythologie. Seine Bedeutung für seine Zeit (mit ihm beginnt der Klassizismus) läßt sich nicht näherungsweise erfassen; fachlich beeinflußt er für einseinhalb Jahrhunderte die Klassische Philologie, die nun die antiken Denkmäler zu einem ihrer Lehrinhalte macht.

So kommt auch Heinrich Brunn, der 1867 in München den ersten Lehrstuhl für Klassische Archäologie in Europa erhielt, aus der Altphilologie. Sein Verdienst war es, dieses Fach als Kunstwissenschaft zu etablieren und es aus seiner Abhängigkeit von der Klassischen Philologie herauszuführen. Mit der Zeit der großen Grabungen (1870–1914) vermehrt sich der Denkmälerbestand nicht nur nach Mengen, sondern auch nach seiner Zusammensetzung: War die Forschung der griechischen Plastik bislang fast nur auf römische Kopien beschränkt, so erschloß sie sich nun zunehmend aus Originalen. Auch der Wandel der Auffassung über das Fach wird in dieser Zeit deutlich: es wird nun als antike Kunstgeschichte definiert. Damals löst dank Wilhelm Dörpfeld, einem Architekten, eine neue Grabungstechnik die bis dahin übliche Art der Raubgrabung ab, die mehr zerstörte, als sie an Entdeckungen brachte. Die heutige Grabungstechnik wiederum wurde entscheidend von den Vor- und Frühhistorikern geprägt. Um die Jahrhundertwende werden kunsttheoretische Ansätze formuliert, die die Forschung bis heute beeinflussen: z.B. die erwähnte „Entdeckung" einer eigenständigen römischen Kunst; die stilistischen Eigengesetzlichkeiten für unterschiedliche Epochen, die ein Abrücken von der Klassik als dem Maßstab bewirken, an dem bislang alle übrige Kunst bewertet wurde; die Herausarbeitung technischer, ikonografischer, ornamentaler Methoden usw. Daß die Fragestellungen, die an die Archäologie herangetragen werden, auch Ausdruck der Zeitbedingtheit sind, mag ein typisch neuerer Aspekt belegen: der des soziokulturellen Hintergrundes von Kunstwerk, Auftraggeber oder Künstler, der nach dem antiken Verständnis „Handwerker" ist.

Die Fülle archäologischen Materials, der Zeitraum, über den sich das Fach erstreckt, oder auch die personelle (z.T. auch materielle) Ausstattung der Archäologischen Institute an den deutschen Universitäten erlauben nicht, daß im Studienverlauf alle Gegenstände oder Epochen oder Methoden systematisch durch Lehrveranstaltungen vermittelt werden. Im Mittelpunkt steht vielmehr die exemplarische Lehre: das Einüben von methodischen Grundlagen an unterschiedlichen
Denkmälergattungen und die Vermittlung von Denkmälerkenntnissen, mittels
derer der Student sich in neue Sachgebiete einarbeiten kann.

Vor allem Archäologische Institute mit längerer Tradition verfügen über umfangreiche Bibliotheken, Foto- und Diasammlungen, in begrenztem Umfang auch über
antike Originale (z.B. Vasen oder Vasenfragmente, Beispiele der Kleinkunst, Münzen) sowie zum Studium der griechisch-römischen Plastik über Gipsabgüsse von
Originalen. Wo am Universitätsort Antikenmuseen oder Museen mit Antikenabteilungen stehen, wird der Unterricht vor Originalen ins Lehrangebot einbezogen
(z.B. in Berlin, Hamburg, München, Würzburg). Griechisch-römische Architektur
findet im allgemeinen nur in bescheidenem Umfang (meist formengeschichtlich-stilistischer Art) Aufnahme ins Lehrangebot, da die Bauforschung eine Spezialisierung von Architekten ist. Naturwissenschaftliche Fragestellungen und Methoden
(z.B. Analyse von Werkstoffen oder statistische Verfahren zur Systematisierung
von Beständen) haben neuerdings zu dem interdisziplinären Forschungsgebiet Archäometrie geführt. So kam V. v. Graeve in München durch die Zusammenarbeit
mit einem analytischen Chemiker und einem technischen Fotografen zu entscheidenden und neuen Erkenntnissen über die griechische Malerei (und auch über die
Bemalung von Skulpturen), die ja nur bruchstückhaft überliefert ist.

Im Mittelpunkt der Lehre steht die griechisch-römische Kultur; nicht überall wird
die Etruskologie und die kretisch-mykenische Kultur sowie die Spätantike angeboten. Vermerkt sei schließlich, daß die individuellen Forschungsschwerpunkte der
akademischen Lehrer immer wieder in den Lehrveranstaltungen vermittelt werden
durch Spezialvorlesungen oder Übungen. Ziel der Lehre ist, den Studenten auf die
archäologischen Berufstätigkeiten vorzubereiten: Universitätslaufbahn, Tätigkeit
am Deutschen Archäologischen Institut Berlin mit seinen Außenstellen, Museen,
Denkmalpflege. Anzumerken ist freilich, daß allein schon die 374 Studenten, die
im Wintersemester 1996/97 in München im Hauptfach Klassische Archäologie
immatrikuliert waren, die Zahl der Stellen im gesamten Tätigkeitsbereich übersteigen.

Studienorganisation

Die erwähnte exemplarische Lehre bedeutet auch, daß an keiner Universität Lehrinhalte (und damit Lerninhalte) vorgeschrieben sind. Daraus folgt, daß es im Lehrangebot kaum Unterschiede gibt hinsichtlich Lehrveranstaltungen für Anfänger und Fortgeschrittene, ausgenommen Einführungen, Proseminare oder Anfängerübungen.

Das *Grundstudium* bildet die Eingangsphase (1.–4./5. Semester), die mit einer Zwischenprüfung unterschiedlicher Art abschließt. Unterschiedlich sind auch die Nachweise von Lehrveranstaltungen bei der Meldung zur Zwischenprüfung (Vorlesungen, Übungen, Proseminare, Exkursionen) oder Altsprachenkenntnisse. Im Grundstudium wird der Student vertraut gemacht mit den grundlegenden Arbeitsmethoden einzelner Denkmälergattungen, Einführung in die wissenschaftlichen Hilfsmittel, Überblicke über Epochen und Denkmäler. Exkursionen zum Studium von Originalen in Museen oder Grabungsstätten kommen im Einzelfall dazu, ebenso vereinzelt Kurse in Zeichnen. Im Verlauf des Grundstudiums hat der Student meist in Form von Referaten und/oder Hausarbeiten nachzuweisen, daß er mit den in Proseminaren/Seminaren oder Übungen vorgestellten Methoden einschließlich des Bibliographierens umgehen und diese Methoden auf vorgegebene Probleme anwenden kann.

An die *Zwischenprüfung* schließt sich als Vertiefungsphase das Hauptstudium (4./5.–8./10. Semester) an, von Universität zu Universität wiederum unterschiedlich hinsichtlich der nachzuweisenden Lehrveranstaltungen und Leistungen. Vereinzelt sind in diesem Abschnitt auch Grabungs- oder Museumspraktika vorgesehen. Die inhaltlichen Leistungsanforderungen in Seminaren sind vergleichbar denen des Grundstudiums, jedoch werden, dem fortschreitenden Kenntnisstand entsprechend, umfangreichere Arbeiten zu komplexeren und komplizierteren, auch fachübergreifenden Fragestellungen gefordert, etwa auch zu Denkmälergruppen und deren spezifischer Methodologie, die der Student sich in Eigenstudium erarbeiten muß. Diese Studienphase dient im wesentlichen dazu, die erworbenen Fertigkeiten des wissenschaftlichen Arbeitens zu vertiefen, die Denkmäler- und Epochenkenntnisse zu erweitern und zu festigen, in der Auseinandersetzung mit unterschiedlichen theoretischen Ansätzen auch zu einer eigenständigen Theoriebildung zu kommen. Im allgemeinen kennzeichnet das Hauptstudium, daß die während der Eingangsphase erworbenen fragmentarischen oder beispielhaften Kenntnisse einzelner Epochen oder einzelner Gattungen sich allmählich zu einem umfassenderen und differenzierten Überblick über das Fach in seinen vielfältigen Bezügen, z.B. auch zu Nachbarwissenschaften, abrundet.

Tabelle 15: Studienplan-Beispiel
(aus der Studienordnung für Klassische Archäologie der Universität München)

Das Studium umfaßt folgende Teilbereiche und Studieninhalte:

I.   Griechische und römische Archäologie

A.   nach Epochen: geometrische und archaische Zeit, Klassik, Hellenismus,
      Römische Republik, Kaiserzeit, Spätantike;
B.   nach Gattungen, insbesondere Architektur, Plastik;
C.   gattungsübergreifende kulturelle Einheiten (wie Heiligtum, Stadt, Herrscherideologie).

II.   Archäologische Praxis und Methode

A.   Bestandsaufnahme und Dokumentation
B.   Analyse von Stil und Inhalt (Typologie, Ikonographie, Stil);
C.   historische Interpretation.

III. Nachbarkulturen und -disziplinen

A.   Archäologie der Etrusker und der altitalischen Völker, griechische Vorgeschichte;
B.   die Nachbarn der Griechen und Römer, Archäologie der römischen Provinzen;
C.   Einführung in die zum archäologischen Arbeiten notwendigen Nachbardisziplinen wie:
      Numismatik, Epigraphik, Religionsgeschichte.

IV.   Wissenschafts- und Rezeptionsgeschichte.

Ausdrücklich wird darauf verwiesen, daß es sich bei der Auflistung in Ziffer 1 nicht um eine Klassifikation im strengen Sinne handelt. Die in dieser Ziffer getrennt aufgeführten Studieninhalte können sich daher im Rahmen einzelner Lehrvernstaltungen überschneiden.

Grundstudium (1.–4. Semester)
a) Vorlesungen (Anzahl: 6)
je 3 Vorlesungen zur griechischen und zur römischen Archäologie
Summe: 12 SWS
b) Seminare und Übungen (Anzahl: 3)
1 einführendes Proseminar in griechischer oder römischer Archäologie
2 weitere Proseminare in griechischer oder römischer Archäologie
alternativ: ein weiteres Proseminar und eine Übung
Summe: 10 SWS
c) weitere Lehrveranstaltungen nach Wahl
1 Proseminar, 3 Übungen aus den o.a. Bereichen ... ; Museumsveranstaltungen
Summe: 12 SWS
Summe Grundstudium: 34 SWS

Hauptstudium (5.–8. Semester)
a) Vorlesungen (Anzahl: 4)
Vorlesungen in griechischer und römischer Archäologie
Summe: 8 SWS
b) Hauptseminare (Anzahl: 2)
je eines in griechischer und römischer Archäologie
Summe: 6 SWS
c) Lehrveranstaltungen nach Wahl:
Hauptseminare, Übungen (insbes. unter Berücksichtigung von Methode, Nachbardisziplinen),
Kolloquien, Exkursionen
Summe: 20 SWS
Summe Hauptstudium: 34 SWS

Den formalen Abschluß des Hauptstudiums bildet die Prüfung zum Magister Artium (M.A.). Wenngleich nach der gesetzlichen Definition der Magisterabschluß einen ersten berufsqualifizierenden Abschluß darstellt, gibt es keine archäologische Berufstätigkeit, die nur mit diesem Examen zugänglich wäre: Als ausschließliche Qualifikation gilt die Promotion zum Dr. phil., in deren Mittelpunkt die Doktorarbeit (Dissertation) steht. Mit ihr hat der Berufsanfänger nachgewiesen, daß er die fachliche Methodologie beherrscht, selbständig zu arbeiten versteht und zu neuen wissenschaftlichen Erkenntnissen kommt. Grundvoraussetzungen, die in den überwiegend von Forschung geprägten Arbeitsgebieten des Archäologen unabdingbar sind. Die Zulassung zur Promotion setzt an der Mehrzahl der Hochschulen den Magisterabschluß voraus; meist wird sogar eine Mindestabschlußnote im Magisterexamen (bzw. in der Magisterarbeit) verlangt.

In der Wahl der *Nebenfächer* (an manchen Universitäten auch eines 2. Hauptfaches) besteht häufig die Auflage, daß eines der beiden Nebenfächer dem Bereich der übrigen Altertumswissenschaften (s. dazu oben: Gegenstand und Methoden) entnommen werden muß;[8] häufig wird als 2. Nebenfach zur fachlich-methodischen Ergänzung z.B. Kunstgeschichte oder Vor- und Frühgeschichte empfohlen. Da zumindest die Wahl des 2. Nebenfachs frei ist und noch nicht zu Studienbeginn entschieden sein muß, sollte der Student hier seine Neigungen dadurch überprüfen, daß er z.B. durch Besuch von Lehrveranstaltungen möglicher Nebenfächer sich über Gegenstand und Methode informiert. Im Einzelfall sollte in die Überlegungen zur Nebenfachwahl einbezogen werden, ob bei möglicher späterer fachfremder Berufstätigkeit ein Nebenfach zu einer Zusatzqualifikation führen kann.

Da die Objekte der Klassischen Archäologie den unterschiedlichen Deutungen der Forscher unterliegen, empfiehlt sich während des Studiums zumindest ein *Universitätswechsel* zum Kennenlernen verschiedener Lehrmeinungen. Als geeigneter Zeitpunkt kommt der Beginn des Hauptstudiums infrage; abgelegte Zwischenprüfungen werden im allgemeinen anerkannt. Vornehmlich dann ist ein Ortswechsel angebracht, wenn das Thema der Magisterarbeit oder der Dissertation den Forschungsschwerpunkt eines Dozenten kennzeichnet, von dem die Arbeit betreut werden sollte.

Ein *Auslandsstudium* (in den Mittelmeerländern oder in Städten mit großen Antikenmuseen wie Paris oder London) ist frühestens nach der Zwischenprüfung an-

---

[8] Im einzelnen informieren darüber die jeweiligen M.A.-Prüfungsordnungen und die Promotionsordnungen der Universitäten. Vgl. aber auch Tabelle Nr. 4.

zuraten, wenn bereits fachliche Grundlagen erarbeitet sind. Neben der Vertiefung moderner Sprachkenntnisse dient ein Auslandsstudium überwiegend dem Studium von Originalen und Grabungsstätten.

Praktische Tätigkeiten in Museen oder auf Grabungen werden empfohlen, wenn sie nicht sogar ausdrücklich in den Studienordnungen gefordert sind. Wo solche Praktika nicht ausnahmsweise vom Institut vermittelt werden, müssen sie vom Studenten selbst „organisiert" werden. Sogenannte Lehrgrabungen werden vereinzelt vom Deutschen Archäologischen Institut in Berlin angeboten. Manche Grabungen von Landesämtern für Denkmalpflege sind auch für Praktikanten zugänglich. Vereinzelt bietet sich auch Gelegenheit, bei Grabungen der Vor- und Frühgeschichte teilzunehmen sowie an Grabungen, die personell an einen Dozenten eines archäologischen Universitätsinstituts gebunden sind.

Literatur

Bianci Bandinelli, Ranuccio: Klassische Archäologie, München 1978.

Hausmann, Ulrich (Hrsg.): Allgemeine Grundlagen der Archäologie. Handbuch der Archäologie, Bd. VI, 2; 1969.

Herrmann, Bernd (Hrsg.): Archäometrie. Naturwissenschaftliche Analysen von Sachüberresten. Berlin/Heidelberg/New York 1994.

Niemeyer, Hans Georg: Einführung in die Archäologie, 3. Auflage, Darmstadt 1983.

2.4 GESCHICHTE
von Dieter Scheler

Praktische Einführungen ins Studium der Geschichte entwickeln in den letzten Jahren ein stereotypes Schema. Sie beginnen mit dem optimistischen Hinweis auf das steigende öffentliche Interesse an der Geschichte und enden mit dem düsteren Ausblick auf die begrenzten Berufschancen der Historiker. Auch die folgenden Hinweise werden davon keine Ausnahme machen, denn wie man so schön sagt, die Lage ist nun einmal so.

Geschichtlichkeit ist eine grundlegende Erfahrungsweise menschlicher Gesellschaft. In der Geschichte – und in der Geschichtswissenschaft – geben sich Gesellschaften Rechenschaft über sich selbst, orientieren sich über ihre Herkunft und ihre Zukunft, klären sich über sich selbst auf. Daraus erklärt sich das „Interesse an der Geschichte". Auch wenn es seine Konjunkturen hat, ist es offensichtlich unausrottbar. Aber Geschichte liefert nur Wissen, das über die Wirklichkeit orientiert, nicht Wissen, das sich technisch verwerten läßt. Besondere historische „Fertigkeiten" lassen sich nur in wenigen eng mit dem Fach verbundenen Berufen anwenden. An die Bedeutung allgemeiner, in vielen praktischen Berufen anwendbarer Kompetenzen, wie sie etwa Sprachen oder Mathematik bieten, reichen sie nicht heran. Das eigentliche Feld ausgebildeter Historiker bleibt neben dem kleinen Bereich der Forschung deshalb immer die Vermittlung geschichtlichen Wissens im Bildungsbereich. Solange es genügend Bedarf an Geschichtslehrern gab, ließ sich aus dem Interesse an Geschichte auch ein Beruf machen. Seitdem dies nicht mehr so ist, müssen Historiker ihre Qualifikationen nichthistorischen Arbeitgebern anbieten: ein viel schwierigeres, aber nicht ganz aussichtsloses Unterfangen.

Erfahrungsgemäß werden sich hartnäckige Interessenten dadurch nicht vom Geschichtsstudium abschrecken lassen, sondern sich mit dieser Situation zu arrangieren versuchen. Die Unbeirrbaren kommen in der Regel aus zwei verschiedenen Lagern. Grob vereinfacht könnte man sagen, daß die einen Geschichte aus Interesse an der Gegenwart, die anderen Geschichte aus Interesse an der Vergangenheit studieren wollen. Für die einen ist die Aktualität der Geschichte entscheidend, für die anderen gerade die Distanz zur Aktualität. So widersprüchlich diese Erwartungen auch zu sein scheinen, beide sind berechtigt. Und beide kann das Geschichtsstudium erfüllen.

Gegenstand und Methoden

Gegenstand der Geschichtswissenschaft ist, wie gesagt, vergangenes menschliches Handeln. Man sollte hinzufügen: Unwiderruflich vergangenes menschliches Handeln. Im Nachhinein läßt sich nichts mehr verändern, an den Fakten ist nicht zu rütteln. Da auf ihnen jede historische Erklärung und alle Geschichtsschreibung beruht, sind sie das A und O der Arbeit des Historikers. Ein Historiker darf findig sein, aber er darf nichts erfinden. Die Fakten sind heilig.

Diese hehre Forderung wäre leicht zu erfüllen, wenn die historischen Tatsachen offen zu Tage lägen. Tatsächlich ist aber nur das von der Vergangenheit zugänglich, was noch nicht vergangen ist. Aus den Überresten, den Traditionen, der Überlieferung – kurz: den Quellen – müssen erst die Fakten rekonstruiert werden. Und um diesen Vorgang nicht der Willkür des einzelnen Historikers zu überlassen, sind Regeln und Verfahren der Kritik und der Interpretation der Quellen entwickelt worden, die jeder anwenden muß, dessen Rekonstruktion wissenschaftlich sein soll. Solche kritischen Verfahren wurden zunächst an schriftlichen Quellen, an Chroniken, Memoiren, Urkunden, Akten, Inschriften usw. entwickelt, Material, das heute noch im Mittelpunkt der quellenkritischen Arbeit des Historikers steht. Aber es genügt nicht, nach methodischen Regeln vergangenes menschliches Handeln zu rekonstruieren, um zu historischen Tatsachen zu gelangen. Aus den zahllosen rekonstruierbaren historischen Ereignissen müssen die entscheidenden „historischen" Fakten herausgehoben werden, die miteinander verbunden erst das ergeben, was man gemeinhin unter Geschichte versteht. Die Entscheidung darüber, was historisch relevant ist, hängt von der Fragestellung des Historikers ab. Fragt er z.B. nach der Politik einer Epoche, so verbindet er mit diesem Begriff Vorstellungen davon, wie sich Politik von anderen Bereichen unterscheidet, was politische Institutionen sind, wie sie funktionieren usw. Solche Denkmodelle stammen zunächst aus seiner Gegenwart und können auch dann, wenn sie sehr neutral formuliert sind, ihre Herkunft aus unterschiedlichen politischen und wissenschaftlichen Lagern nicht verleugnen. Auf diese Weise bleibt die Geschichtswissenschaft so kontrovers und pluralistisch wie die Gesellschaft, in der sie existiert. Diese Art der Standortgebundenheit historischer Aussagen, die natürlich in der Zeitgeschichte viel stärker sichtbar wird als in der Geschichte älterer Epochen, verlangt vom Historiker auch die Fähigkeit der Analyse unterschiedlichster Fragestellungen und Interpretationsansätze.

Die Fragen, die Historiker an die Überlieferung stellen, halten die Geschichtswissenschaft in Bewegung und verhindern, daß sie ein abgeschlossenes System wird.

Veränderte Gegenwartserfahrungen und neue Erklärungsansätze von Nachbarwissenschaften haben nicht nur immer wieder zu neuen Fragestellungen geführt, sondern auch zur Entdeckung neuen historischen Quellenmaterials, neuer Auswertungsmethoden und zur Ausbildung historischer Spezialdisziplinen. Aus der Phase der Staatengeschichte des 19. Jahrhunderts, die aus Urkunden und Akten geschrieben wurde, sind z.B. die „historischen Hilfswissenschaften" entstanden, die sich speziell mit den verschiedenen Aspekten der Kritik schriftlicher Quellen befassen. In Reaktion auf die Erfahrungen der Industrialisierung und ihrer sozialen Folgen im 19. Jahrhundert entstand – zunächst innerhalb der Nationalökonomie – die Wirtschafts- und Sozialgeschichte. Sie verwandte nicht nur Begriffe und Erklärungsansätze der Ökonomen, sondern erschloß z.B. mit statistischem Material der Geschichtswissenschaft ganz neue Quellen. Solche Prozesse setzen sich bis heute fort. So sind beispielsweise computergestützte Untersuchungen zur Wirtschaftsgeschichte des 20. Jahrhunderts keine Seltenheit mehr. Ganz andere Methoden der Quellenerschließung wurden bei der Erforschung der Geschichte der Arbeiterkultur der Jahrhundertwende angewandt. Da das schriftliche Quellenmaterial zur Beantwortung der gestellten Fragen nicht ausreichte, wurden die noch lebenden Zeitzeugen befragt, und ihre Aussagen sind die Quellen, aus denen man die Lebensbedingungen, Mentalität und Kultur der Arbeiterschaft zu rekonstruieren versucht. Die Regeln der Technik und der Auswertung von Interviews übernehmen die Historiker dabei größtenteils von den Sozialwissenschaften. Man könne mit Beispielen wie der Alltagsgeschichte oder der Geschlechtergeschichte, der Geschichte der Mentalitäten oder der Historischen Anthropologie die Liste neuer historischer Disziplinen, die auf neue historische Interessen und Probleme reagieren, noch verlängern. Aber sie sollten genügen, um zu zeigen, wie die unaufhebbare Verschränkung von Vergangenheit und Gegenwart, von Distanz und Aktualität in der Arbeit der Historiker die Geschichtswissenschaft lebendig hält und Studienanfängern mit unterschiedlichsten historischen Interessen eine breite Palette von Möglichkeiten bietet.

Man darf nicht erwarten, daß in jeder Historischen Fakultät oder jedem Historischen Institut alle Spezialdisziplinen und Forschungsrichtungen vertreten sind. So gut wie immer vorhanden sind die historischen Fächer, die für die Lehrerausbildung benötigt werden: Neuere Geschichte, Mittelalterliche und Alte Geschichte. Dieser Lehrstuhl ist in älteren Universitäten nicht selten Teil eines besonderen Instituts für Klassische Altertumswissenschaften. Welche Fächer über diesen festen Kern hinaus in historischen Abteilungen oder Fakultäten vertreten sind, ist von Hochschule zu Hochschule verschieden. Nicht selten sind historische Teilgebiete im Rahmen anderer systematischer Wissenschaften organisiert, in denen sie sich

ursprünglich als historische Sonderdisziplinen entwickelten. So bildet die Zeitgeschichte oft einen Teil der Politikwissenschaft, wird die Wirtschafts- und Sozialgeschichte innerhalb der Wirtschaftswissenschaften betrieben oder ist beispielsweise
die Geschichte Chinas und Japans Teil der Sinologie.

Aber auch innerhalb des Kernbereichs historischer Fächer hat der Student die
Chance, zumindest Aspekte historischer Teildisziplinen und neuere Forschungs-
ansätze kennenzulernen, weil der Dozent bei der Ausfüllung seines Fachs und
seiner Forschungsschwerpunkte große Freiheit besitzt. Diese recht individuelle
Ausgestaltung des Lehrangebots hängt auch damit zusammen, daß geschichtswis-
senschaftliche Forschung noch immer weitgehend Einzelforschung ist und in den
wissenschaftlichen Einrichtungen der Hochschulen betrieben wird. Von der Universität und von der Lehre unabhängige Forschungsinstitute gibt es nur wenige.
Die gern beschworene Einheit von Forschung und Lehre ist deshalb bis zu einem
gewissen Grad unvermeidlich. Dem fortgeschrittenen Studenten bietet dieser Zu-
stand die Möglichkeit, aktuelle Spezialisierungen und Methoden kennenzulernen,
für den Anfänger aber bedeutet sie gelegentlich doch eine Überforderung. Aus dieser Lage erklärt sich auch, daß die einzelnen historischen Fakultäten, selbst wenn
ihre Ausstattung mit Lehrstühlen und ihr Lehrangebot vergleichbar sind, in der
Praxis recht unterschiedliche Profile besitzen. Es lohnt sich deshalb, wenn man sich
einen Studienort aussuchen kann, sich vorher darüber zu informieren, welche
historischen Disziplinen in einer Fakultät oder Hochschule vertreten sind und wie
die angebotenen Themenfelder aussehen.

Studienanforderungen

Was muß man für ein Geschichtsstudium „mitbringen"? Zunächst keine besondere
„historische Begabung", sondern nur einige wenige Fertigkeiten, und die noch
nicht in Vollendung.

Ein Wort zum Vorwissen: Es wäre ideal, wenn der Anfänger über die historischen
Kenntnisse verfügte, die ihm laut Lehrplan in der Sekundarstufe vermittelt wurden.
Er besäße dann einen Überblick über die alte, mittlere und frühneuzeitliche Geschichte Europas und genauere Kenntnisse der Geschichte des 19. und 20. Jahrhunderts. Doch abgesehen davon, daß dies häufig nicht der Fall ist, würden schon
die ersten Vorlesungen und Übungen zumeist noch detailliertes Vorwissen voraus-
setzen. Die sich immer weiter öffnende Schere zwischen den Anforderungen einer
an der Forschung orientierten Lehre in der Hochschule und den Vermittlungsmög-

lichkeiten des Schulunterrichts wird auch gründliche Kenntnisse immer irgendwo unzureichend erscheinen lassen. Aber an solchen Defiziten ist noch kein angehender Historiker gescheitert, der die vielfältigen Möglichkeiten der Hochschule nutzte, Wissenslücken im Selbststudium oder auch in speziell dafür eingerichteten Lehrveranstaltungen zu füllen.

Die wichtigsten Fertigkeiten, die man für das Studium mitbringen muß, sind – so banal es klingt – Lesen und Schreiben. Das Geschichtsstudium setzt die Fähigkeit voraus, viel und gründlich zu lesen und jeden Arbeitsschritt und alle Ergebnisse schriftlich niederzulegen. Das Studium besteht nicht im Anhören, sondern im Erarbeiten von Ergebnissen. Wer die Erwartung hätte, nur etwas „geboten" zu bekommen, oder auf ein „mündliches" Fach mit „spannenden Diskussionen" zu treffen, würde schwer enttäuscht.
Geschrieben wird von der ersten Übung an. Ob es sich um die Kommentierung einer Quelle, die Zusammenfassung einer wissenschaftlichen Darstellung, Thesenpapiere oder Referate handelt, in der Regel werden sie in schriftlicher Form gefordert. Wobei es übrigens ein nicht unbeträchtlicher Vorteil ist, wenn man dafür bereits Schreibmaschinen- bzw. Textverarbeitungskenntnisse mitbringt. Man muß kein glänzender Stilist sein, sondern Texte begrifflich und logisch klar formulieren können. Denn das stilistische Ideal der meisten Texte, die man im Laufe eines Geschichtsstudiums formuliert, ist eher das des nüchternen Berichts als des witzigen Essays.

Der wichtigste Arbeitsplatz des zukünftigen Geschichtsstudenten ist die Bibliothek. Er hat im deutschen Universitätssystem sofort Zugang zur gesamten wissenschaftlichen Literatur. Nichts wird ihm vorenthalten, aber auch wenig ist speziell für ihn geschrieben. Anders als in anderen Fächern gibt es nur sehr wenige Lehrbücher für den Studenten. Es hängt deshalb viel für ein erfolgreiches Studium davon ab, daß er rasch lernt, mit Literatur, die primär für Fachwissenschaftler geschrieben ist, umzugehen. Man muß nicht nur ein großes Lesepensum bewältigen können, sondern auch die Fähigkeit besitzen, Texte zu analysieren, um rasch den Kern einer Information ertasten zu können. Analysefähigkeit ist natürlich besonders gefordert bei der Arbeit mit Quellen. Präzises Textverständnis ist die Ausgangsbasis jeder wissenschaftlich kontrollierten Quellenkritik und Interpretation.

Spätestens die Arbeit mit Quellen macht deutlich, daß der Historiker *Fremdsprachenkenntnisse* besitzen muß: Latein für die antike und mittelalterliche, Französisch für die frühneuzeitliche Überlieferung sind Voraussetzung. Noch wichtiger aber sind Fremdsprachen für den Umgang mit der wissenschaftlichen Literatur.

Denn auch bedeutende historische Darstellungen aus dem englischen und französischen Sprachraum liegen nicht in deutschen Übersetzungen vor, und für aktuelle wissenschaftliche Publikationen z. B. in Fachzeitschriften ist dies die Regel. Der direkte Zugang des Studenten zu Fachliteratur und Quellen, die ihm die Möglichkeit zu selbständiger Urteilsbildung geben sollen, hat ihren Preis. Aber in diesem Zusammenhang gibt es auch eine gute Nachricht: Notwendig ist natürlich nur Lesefähigkeit, nicht fließendes Sprechen-Können.

Voraussetzung für das Geschichtsstudium sind in der Regel Kenntnisse im Lateinischen, Englischen und Französischen. Insbesondere am Latein führt in der Regel kein Weg vorbei. Es ist deshalb bei zu früher Abwahl dieser Sprache in der Sekundarstufe II mit erheblichem Nachlernaufwand an der Universität zu rechnen. Komplizierter wird es, wenn man sich auf historische Teilgebiete spezialisiert, in denen zusätzliche Sprachkenntnisse verlangt werden, wie etwa das Altgriechische für die antike Geschichte oder das Russische oder Polnische für die osteuropäische Geschichte. Ob in diesen Fällen zusätzliche Sprachkenntnisse gefordert werden oder an die Stelle der gewöhnlich verlangten treten, ist von Hochschule zu Hochschule verschieden. Dasselbe gilt für die Art der Nachweise der Sprachfähigkeiten. Der häufigste Fall dürfte die Sprachklausur (mit Hilfe von Wörterbüchern) sein, die zumeist bis zur Zwischenprüfung nach dem 4. Semester geschrieben worden sein muß. An manchen Hochschulen werden auch spezielle Kurse für das Nachlernen oder Vertiefen von Sprachkenntnissen für Historiker angeboten. Aber auch hier variiert die Praxis von Ort zu Ort. Es ist deshalb zu empfehlen, sich über die Anzahl der geforderten Sprachen, die Art und den Zeitpunkt ihres Nachweises und über Sprachkurse an der jeweiligen Hochschule rechtzeitig zu informieren, an der man sein Studium aufnehmen will.

Wie schon das Angebot von Sprachkursen zeigt, bemühen sich die historischen Fakultäten und Institute um Hilfestellungen für den Studienanfänger. Niemand setzt voraus, daß sein Vorwissen komplett, seine Lese- und Schreibfähigkeit vollendet und seine Sprachkenntnisse bereits ausreichend sind. Es wird nur erwartet, daß jeder die Angebote weitgehend nach freier Entscheidung so nutzt, daß wirkliche Defizite in den ersten vier Semestern des Grundstudiums beseitigt werden.

Zur „Grob"information hinsichtlich der im Geschichtsstudium zu erwartenden *Lateinkenntnisse* fügen wir im folgenden einen (komprimierten) Auszug aus dem Ratgeber „Studien- und Berufswahl"[1] an:

---

[1] Hg. v. BLK und Bundesanstalt für Arbeit, Bad Honnef 1996, S. 30f.

Bundesland	Lehramt an Gymnasien	Magister Artium	Promotion
Baden-Württemberg	Latinum	Latinum	Latinum
Bayern	Latinum	Latinum	Latinum
Berlin	Ausreichende Lateinkenntnisse	Latinum	Divergierende Anforderungen
Brandenburg	Ausreichende Lateinkenntnisse	Latinum	o. A.
Bremen	Ausreichende Lateinkenntnisse erwünscht	Latinum	–
Hamburg	Latinum	Latinum	Latinum
Hessen	Ausreichende Lateinkenntnisse	Latinum	Latinum bzw. Ausreichende Lateinkenntnisse
Mecklenburg-Vorpommern	Latinum	Latinum	Ausreichende Lateinkenntnisse
Niedersachsen	Latinum	Ausreichende Latein-kenntnisse	Divergierende Anforderungen
Nordrhein-Westfalen	Latinum	Latinum bzw. Ausreichende Latein-kenntnisse	Divergierende Anforderungen
Rheinland-Pfalz	Latinum	Latinum	Latinum
Saarland	Latinum	Latinum	Latinum
Sachsen	Latinum	Latinum	Latinum

Bundesland	Lehramt an Gymnasien	Magister Artium	Promotion
Sachsen-Anhalt	Latinum	Latinum	o. A.
Schleswig-Holstein	Latinum	Latinum	Latinum
Thüringen	Ausreichende Lateinkenntnisse	Latinum	Latinum

(Einzelne Hochschulen können in ihren Anforderungen vom obigen Schema durchaus abweichen.)

Studieninhalte

Es ist schon mehrfach angedeutet worden, wie breit und differenziert die Geschichtswissenschaft ist. Alle Disziplinen und Forschungsgebiete hier vorzustellen, würde den Rahmen dieser Einführung sprengen. Aber eine grobe Übersicht ist doch notwendig, um wenigstens anzudeuten, wie groß die Spannweite der Studienschwerpunkte im Fach Geschichte sein kann.

Den klassischen Kern bilden noch immer die Alte, Mittelalterliche und Neuere Geschichte. Diese Untergliederung entspricht traditionellen, aber nicht unumstrittenen Epochenabgrenzungen: Danach reicht die alte Geschichte bis ins 6. Jahrhundert, die mittelalterliche umfaßt die Zeit bis 1500 und die neuere Geschichte den Zeitraum danach. Gewöhnlich unterscheidet man innerhalb dieses Bereichs, der in den Historischen Fakultäten meist mit mehreren Lehrstühlen vertreten ist, noch die Epoche der Frühen Neuzeit von 1500 bis 1800 und die Zeitgeschichte seit der Endphase des 1. Weltkriegs. Zeitlich ergänzt wird diese Geschichte des lateinisch-europäischen Raums durch Disziplinen wie die *Ur- und Frühgeschichte*[2] oder die Ägyptologie, räumlich um die Byzantinische Geschichte, die Geschichte der osteuropäischen Länder usw. Außereuropäische Geschichte wird in Deutschland in recht unterschiedlichem Umfang betrieben. Während die Geschichte der stark europäisch geprägten Überseekulturen in Nord- und Iberoamerika noch verhältnismäßig häufig angeboten wird, sind die Geschichte Vorderasiens, Chinas, Japans oder Afrikas Spezialitäten, die zumeist nur im Rahmen der wenigen Institute für

---

[2] Vgl. Kapitel 2.11.

Islamistik, Sinologie oder Ethnologie angeboten werden. Häufiger vertreten ist dagegen die Landesgeschichte, die sich auf die Erforschung regionaler Strukturen oft in Zusammenarbeit mit Nachbardisziplinen wie der Geographie, der Sprachwissenschaft und der *Volkskunde*[3] konzentriert.

Daneben haben sich zum Teil schon früh historische Forschungsgebiete entwickelt, die sich auf bestimmte Gegenstandsbereiche beziehen, nicht selten eigener Methoden bedürfen und eng mit Nachbardisziplinen zusammenarbeiten. Das gilt für die schon erwähnte Wirtschafts- und Sozialgeschichte ebenso wie für die Technikgeschichte, die Bevölkerungsgeschichte oder auch die Frauengeschichte. Auf Probleme der historischen Methodik und die Vermittlung historischen Wissens beziehen sich Disziplinen wie die Theorie und die Didaktik der Geschichte, auf spezielle Teilbereiche der Quellenauswertung die Historischen Hilfswissenschaften.

Angesichts dieser Fachdifferenzierung, die in der Praxis noch durch die individuellen Forschungsschwerpunkte vervielfacht wird, fällt es schwer, etwas über die aktuellen Standards, die anerkannten modernen Methoden oder die großen gemeinsamen Themen zu sagen. Vielleicht wird man behaupten dürfen, daß Geschichte kaum mehr als reine Politikgeschichte aufgefaßt wird, sondern zumindest den Anspruch erheben muß, auch Sozialgeschichte mit einzubeziehen. Aber charakteristisch sind bei der Standortgebundenheit und Methodenvielfalt der Geschichtswissenschaft sowieso nicht die Gemeinsamkeiten, sondern die Unterschiede. Jeder deutsche Historikertag kann dies beweisen. „Schulen" und unterschiedliche Profile der Fächer und der Fakultäten und Institute kennzeichnen das „Fach" besser als die gemeinsame Fiktion „der" Geschichtswissenschaft. Hier muß jeder angehende Historiker seine eigenen Erfahrungen machen. Aber auch wenn er lange braucht, um „durchzublicken", wenn er Enttäuschungen erlebt und nicht nur Aha-Erlebnisse hat, eines ist ziemlich sicher: Es wird nicht langweilig werden.

Studienorganisation

Der wichtigste Leitfaden durch das Labyrinth des Lehrangebots ist für den Anfänger die *Studienordnung*. Sie setzt die Anforderungen übergeordneter *Prüfungsordnungen*, der staatlichen Prüfungsordnungen für das Lehramt an Schulen und der akademischen Prüfungsordnungen für das Magisterexamen (M.A.), mancherorts auch das Diplom oder die Promotion, in Studienregelungen um. Das bedeutet, daß es entsprechend den nichteinheitlichen Lehramtsexamensforderungen der Länder

---

[3] Vgl. Kapitel 2.10.

Grund-studium	I. Fachliche Zulassungsvoraussetzungen	
(36 SWS)	1. Alte Geschichte 2. Mittelalterliche Geschichte 3. Frühe Neuzeit bzw. Neuere und Neueste Geschichte	1 Leistungsnachweis 1 Leistungsnachweis 1 Leistungsnachweis
	II. Zwischenprüfung	
	1. Alte Geschichte 2. Mittelalterliche Geschichte 3. Frühe Neuzeit bzw. Neuere und Neueste Geschichte	1 Teilprüfung 1 Teilprüfung 1 Teilprüfung
Haupt-studium	I. Fachliche Zulassungsvoraussetzungen	
(36 SWS)	1. Hauptseminare aus mindestens 2 der folgenden Teilbereiche: – Alte Geschichte oder – Mittelalterliche Geschichte oder – Frühe Neuzeit bzw. Neuere und Neueste Geschichte	} 3 Leistungsnachweise
	2. Exkursion mit vor- oder nach-bereitender Übung	1 Leistungsnachweis
	II. Magisterprüfung	
	Alte Geschichte oder Mittelalterliche Geschichte oder Frühe Neuzeit bzw. Neuere und Neueste Geschichte	} 1 Teilprüfung
	III. Magisterarbeit	6 Monate

und den unterschiedlichen Anforderungen akademischer Examensbestimmungen keine einheitliche Studienordnung für das Fach in Deutschland gibt. Auch hier gilt: Information an der Hochschule, für die sich der Studienanfänger interessiert.

Um einerseits die aktuellen Studienreform-Überlegungen einzubeziehen und andererseits eine Vorstellung von einem weitgehend konsensfähigen Studienkonzept zu vermitteln, zitieren wir in nachfolgender Übersicht den Entwurf der Fachspezifischen Bestimmungen für die *Magisterprüfung* mit Geschichte als Haupt- (und Neben)fach:[4]

Wie man sieht, gibt es – trotz aller „regionalen" Unterschiede – immerhin ein relativ einheitliches Studienmuster: in der Regel wird ein achtsemestriges Studium für die Abschlüsse mit Staatsexamen oder Magisterexamen verlangt. Diese acht Semester[5] zerfallen in zwei etwa gleichlange Abschnitte, das Grund- und das Hauptstudium. Das *Grundstudium* dient der Einführung in das Fach und in das wissenschaftliche Arbeiten und wird mit einer *Zwischenprüfung* abgeschlossen. Das *Hauptstudium* soll selbständiges wissenschaftliches Arbeiten und eine gewisse Schwerpunktbildung ermöglichen, die die Voraussetzung für die spätere Examensarbeit bilden. Die wichtigsten Lehrveranstaltungsformen sind die Vorlesung, in der ein Dozent in der Regel langfristige geschichtliche Entwicklungen oder speziellere Forschungsprobleme behandelt, und die Seminare, in denen einzelne Themen unter der Leitung eines Dozenten von den Teilnehmern erarbeitet werden. Speziell auf den Studienanfänger zugeschnitten sind die Proseminare, in denen die Arbeitstechniken des Geschichtsstudiums eingeübt werden und die den Übergang von der Schule zur Hochschule bewältigen helfen sollen. Dazu können im Grundstudium noch Einführungsübungen treten, in denen Orientierungsdefizite ausgeräumt werden sollen, und Seminare (Kurse), in denen die im Proseminar bereits begonnene Einübung der Interpretation von Quellen und Literatur weiter vertieft werden soll. Vorlesungsverzeichnisse der Hochschulen und speziellere kommentierte Veranstaltungsführer der historischen Fakultäten vermitteln einen Überblick über das Lehrangebot. Studienberatungsmöglichkeiten bieten in den meisten Fällen die Studienberatungsstellen der Hochschule, des Fachs und der studentischen Fachschaft.[6]

---

[4] Entwurf vom 06.06.1997, der derzeit zwischen Hochschulrektoren- und Kultusministerkonferenz diskutiert wird.

[5] Hinzuzurechnen ist allerdings (mindestens) ein Semester für die Abschlußprüfung. Einen Eindruck von den tatsächlichen (bisherigen) Studienzeiten vermittelt Tabelle 9 – Studiendauer (Geschichte).

[6] Ein Beispiel für die Studienplanung gibt oben Tabelle 2 – Stundenplan (Geschichte/Kunstgeschichte).

Die Schwerpunktbildung und die Kombination mit weiteren wissenschaftlichen Fächern ist beim Studienabschluß mit Staatsexamen durch die staatlichen Prüfungs(ver)ordnungen eingeengt. Immerhin hat man zumeist die Möglichkeit, das Thema der Examensarbeit aus einer der drei klassischen Epochen und den ihnen zeitlich zugeordneten Fächern zu wählen. Da in der Regel jedes innerhalb einer Historischen Fakultät vertretene Fach einem solchen Bereich zugeordnet werden kann, z.B. die osteuropäische Geschichte des 20. Jahrhunderts der Neuzeit, sind so gut wie alle angebotenen Bereiche wählbar. Noch größere Spezialisierungsmöglichkeiten erlaubt der Magisterabschluß. Denn hier werden neben dem Hauptfach zumeist zwei Nebenfächer verlangt, von denen vielerorts eines auch aus dem Bereich der Geschichtswissenschaft stammen darf. So läßt sich etwa mit einer Kombination „Neuere Geschichte" als Hauptfach, das aber zumeist auch Kenntnisse der Alten und Mittelalterlichen Geschichte verlangt, und „Sozial- und Wirtschaftsgeschichte" als Nebenfach eine gezielte Verbindung von politischer und Sozialgeschichte erreichen, die vielen Themen des 19. und 20. Jahrhunderts angemessen ist. Damit allerdings läßt sich die grundsätzliche Frage des Studienanfängers, welchen Abschluß er wählen sollte, nicht beantworten. Sie hängt ganz von den Berufsvorstellungen ab und wird in diesem Zusammenhang noch einmal zur Sprache kommen müssen. In jedem Fall wird bei der jetzigen Arbeitsmarktsituation zu überlegen sein, ob man als kombinierbare Fächer für das Staatsexamen oder den Magister Artium nicht auch Fächer wählt, die *Zusatzqualifikationen* vermitteln, welche die Berufsaussichten verbessern könnten. Dabei kann man an seltenere Fremdsprachen wie Chinesisch oder Arabisch (ebenso wie an ein entsprechendes Auslandsstudium) denken, aber auch an Kenntnisse in der Datenverarbeitung – wobei man stets zweierlei im Auge haben sollte:

• Je mehr dasselbe tun, desto schlechter entwickeln sich die Chancen des einzelnen.
• Der „Einzelgänger" aber hat stets mit Vorurteilen gegenüber dem „Außenseiter" zu kämpfen…

Ein Problem wird das Geschichtsstudium bis zum Examen immer begleiten: Die Tatsache, daß sich Inseln intensiven historischen Wissens bilden, die großen Zusammenhänge aber verloren gehen. Härter gesagt: Daß nichts einfacher ist, als Fachidiot zu werden. Diese Situation ist die Kehrseite des breiten Angebots an Spezialdisziplinen und der Einheit von Forschung und Lehre. Das nächstliegende Mittel, um solcher Einseitigkeit zu entgehen, ist eine überlegte Kombination von Seminaren und Vorlesungen. Eine gute und anregende Überblicksvorlesung neben einem trockenen Proseminar ist oft die beste Medizin gegen Frustration. Aber damit läßt sich nur ein Teil der wichtigen Zusammenhänge erarbeiten. Mindestens ebensoviel hängt von der eigenen Initiative, genauer der eigenen ständigen

Lektüre, ab. Als sehr hilfreich haben sich oft gemeinsame Studiengruppen erwiesen, die neben den offiziellen Veranstaltungen ihr eigenes Lesepensum nach eigenen Interessen absolvieren. Doch man kann durch Selbststudium die vorhandenen Angebote nur ergänzen, nicht ersetzen. Wenn man sich darüber klar wird, daß einem die vorhandenen Schwerpunkte oder Kombinationsmöglichkeiten der geschichtswissenschaftlichen Fakultät, an der man sein Studium begann, nicht ausreichen, sollte man den Studienort wechseln. Keine Hochschule kann alles bieten. Die Einmaligkeit dieser Chance wird gewöhnlich erst im späteren Berufsleben sichtbar, wenn ähnliche interessenbestimmte Ortswechsel nicht mehr möglich sind. Deshalb sollte diese Perspektive, so schwierig sie unter den heutigen Bedingungen manchmal auch zu verwirklichen ist, in die Studienüberlegungen eines jeden Historikers einbezogen werden.[7] Der natürliche Einschnitt für einen solchen Wechsel ist die Zwischenprüfung, mit der die Anfangsphase des Studiums beendet ist.

Seit es die Magisterstudiengänge gibt, wird es zunehmend üblich, sie als Ausgangspunkt für die *Promotion* zu nehmen. Die Magisterarbeit ist sozusagen der Test und der erste Teil der späteren Doktorarbeit. Auch für diese Graduiertenphase gibt es – allerdings nicht überall – Studienregelungen.[8] Das einzig wirklich Neue gegenüber den Anforderungen der „normalen" Studiengänge ist gewöhnlich die Verpflichtung zum Besuch von Doktorandenkolloquien. Diese „Gesprächskreise" dienen meist der Diskussion aktueller Forschungen und der Erörterung erster Teilergebnisse der Arbeiten der Doktoranden. An solchen Kolloquien teilzunehmen, kann auch für Studenten der Endphase des Staatsexamens- oder Magisterstudiengangs interessant sein.

Berufsbild

Nach soviel Euphorie zum Abschluß – wie angekündigt – ein Blick auf die harte Wirklichkeit: Theoretisch gibt es eine ganze Anzahl von Berufschancen für Historiker, praktisch aber sind es nur verschwindend wenige.

Das klassische Berufsfeld ist und bleibt das Lehramt an Schulen. Nahe damit verwandt sind Tätigkeiten in der Erwachsenenbildung und in der politischen Bildung. Im ersten Fall sind die beiden Staatsexamina unabdingbare Voraussetzung, im zweiten werden sie nicht selten einem Magisterabschluß vorgezogen. Weitere klas-

---

[7] Eine Anregung für mögliche Auswahlkriterien beim Hochschulwechsel könnte Tabelle 7 – Hochschul-Ranking Geschichte – geben.
[8] Vgl. z.B. Tabelle 10 – Graduiertenkollegs.

sische Arbeitsplätze sind Hochschulen und historische Forschungsinstitute. Für Tätigkeiten in diesem Bereich wird zunächst in der Regel Staats- oder Magisterexamen vorausgesetzt, dann die Promotion.

Für eine Tätigkeit als Archivar oder Bibliothekar, für die das Geschichtsstudium qualifiziert, wird neben der Promotion auch der erfolgreiche Besuch von Archiv- und Bibliotheksschulen vorausgesetzt. Hohe Qualifikationen und sehr gute Fremdsprachenkenntnisse verlangt der Auswärtige Dienst, der grundsätzlich auch Historikern offensteht. Weniger streng geregelt sind die Abschlußanforderungen, die an Bewerber für Stellen an historischen Museen gestellt werden. Hier gilt gewöhnlich wie bei wissenschaftlichen Beratertätigkeiten bei politischen Parteien, Verbänden und Organisationen in der Regel die Promotion erheblich mehr als der Magisterabschluß. Das ist anders im Berufsfeld der Medien. Neben einer breiten Fachausbildung wird hier vor allem auf praktische Erfahrung gesehen. Nicht die Art des Abschlusses ist entscheidend, sondern erste Erfahrungen im Metier. Es ist deshalb für denjenigen, der etwa Journalist werden will, wichtig, bereits während des Studiums Praktika zu absolvieren oder als freier Mitarbeiter tätig zu sein.

Die verhältnismäßig lange Liste von Berufsbildern für Historiker, die Berufsberater noch erweitern könnten, darf nicht darüber hinwegtäuschen, daß derzeit in den meisten Bereichen nur sehr wenige Stellen vorhanden sind. Daran wird sich voraussichtlich auch solange nichts ändern, als es gemeinsame Überzeugung der Politiker aller Parteien bleibt, daß Lehrer- und Hochschullehrerstellen in den Geisteswissenschaften abgebaut werden müssen. An dieser Lage haben bis heute auch die Proteste der Verbände, in denen Historiker organisiert sind, nichts ändern können. Und es ist nicht gerade tröstlich für sie zu wissen, daß auch Ohnmacht eine reale historische Erfahrung ist.

Literatur

Bloch, Marc: Apologie der Geschichte oder der Beruf des Historikers, Stuttgart.
Borowsky, Peter / B. Vogel / H. Wunder: Einführung in die Geschichtswissenschaft, Bd. 1–2, Opladen (Studienbücher Moderne Geschichte 1–2).
Carr, Edward Hallet: Was ist Geschichte? Stuttgart (Urban Buch 67).
Faber, Erwin/Immanuel Geiss: Arbeitsbuch zum Geschichtsstudium. Einführung in die Praxis wissenschaftlicher Arbeiten, Heidelberg (UTB 1170).
Fröhlich, Klaus: „Ausbildung von Historikerinnen und Historikern". In: Klaus Bergmann u.a.: Handbuch der Geschichtsdidaktik, 5. Auflage, Seelze-Velber 1997, S.588–598.
Meier, Chr.: „Was soll uns heute noch Alte Geschichte?" In: Entstehung des Begriffs „Demokratie", Frankfurt/M., S. 151–181 (edition suhrkamp 387).

2.5 KLASSISCHE PHILOLOGIE
von Gerhard Binder und Reinhold Glei[1]

Die Bezeichnung „Klassische Philologie" bewahrt die Einheit zweier in Universität und Schule selbständiger Fächer – Griechische und Lateinische Philologie, „Griechisch" und „Latein" –, die heute nicht mehr selbstverständlich ist. Die unterschiedliche Entwicklung der beiden Schulfächer, das Übergewicht des Lateinischen und die sich daraus ergebenden Berufsaussichten haben neue Fächerkombinationen in den Vordergrund treten lassen: neben die früher vorherrschende Kombination von Griechisch mit Latein sind Kombinationen von Latein mit Geschichte, mit einer modernen Philologie oder mit Theologie (Religionslehre), aber auch Kombinationen von Griechisch oder Latein mit Archäologie, Kunst, Philosophie usw. getreten. Mit Ausnahme einiger junger Universitäten, die zum Teil nur einen Studiengang Latein anbieten, findet der Studierende jedoch das Lehrangebot und das Arbeitsinstrumentarium für die Fächer Griechisch und Latein vereinigt in einem „Seminar für Klassische Philologie" oder einem „Institut für Altertumskunde". Die nach Zahl der Lehrenden und Lernenden überschaubaren Einheiten bieten die Chance, wenigstens in einem der gewählten Studienfächer der Anonymität moderner Großuniversitäten zu entgehen.

Gegenstand und Methoden

Gegenstand der Klassischen Philologie ist die gesamte Kultur der griechisch-römischen Antike, soweit sie durch schriftliche Überlieferung faßbar ist. Im Vordergrund steht dabei die Erforschung der griechischen und lateinischen Literatur, der Sprache als ihres Trägers und der außertextlichen Wirklichkeit der Antike als des Mediums, in dem und aus dem die Literatur lebt.

In der Klassischen Philologie hat schon immer die Frage nach dem Wortlaut der überlieferten Texte eine wichtige Stellung eingenommen. In der Regel liegen diese in mehreren divergierenden mittelalterlichen Handschriften, jedenfalls nie im Original des Autors vor. Methoden zur Rekonstruktion des Originals (Textkritik) wurden schon in der Antike angewandt, haben sich aber zu voller wissenschaftlicher Stringenz erst im 18. und 19. Jahrhundert entwickelt. Ihr Ziel ist es, aufgrund von Varianten Abhängigkeiten zwischen den Handschriften festzustellen und auf das Original oder zumindest auf eine gemeinsame Quelle aller Handschriften zurück-

---

[1] Für die dritte Auflage überarbeitet von R. Glei.

zuschließen. Bei der Entscheidung über die Richtigkeit einer Lesart ist freilich die Kenntnis der Sprache und Literatur Voraussetzung, so daß sich die Textkritik, wie jede Wissenschaft, in einem hermeneutischen Zirkel bewegt: Zwar können nur bei gesichertem Text verbindliche Urteile über Sprache und Literatur getroffen werden; gesicherter Text aber ist ohne Kenntnis des sprachlichen und literarischen Hintergrundes unerreichbar.

Die Klassische Philologie als Sprachwissenschaft befaßt sich mit der Morphologie, Syntax, Semantik und Pragmatik der alten Sprachen, meist beginnend mit ihrer „klassischen" Ausprägung im Griechenland des 5./4. bzw. im Rom des 1. Jahrhunderts v. Chr. Daneben werden in Zusammenarbeit mit der historisch-vergleichenden Sprachwissenschaft auch Vor- und Spätstufen der Sprachentwicklung (z. B. die Übergänge zum Mittelgriechischen, zum Spät- und Mittellatein; die Wiederbelebung des klassischen Latein im Humanismus), Dialekte und Regionalsprachen sowie sprachliche Sonderentwicklungen (z. B. Sprache der Inschriften, griechische Urkundensprache, römische Amtssprache, Rechtssprache) untersucht. Verstärkt treten in jüngerer Zeit Erkenntnisse der Allgemeinen Sprachwissenschaft (Linguistik) hinzu; Elemente der modernen Sprachbeschreibung (Textlinguistik) treten ins Blickfeld der Klassischen Philologie und lassen das Interesse für metasprachliche Bemühungen antiker Autoren aufleben.

Die Klassische Philologie als Literaturwissenschaft bemüht sich um die Erfassung literarischer Texte aus ihrer sprachlich-stilistischen Eigenart, in ihrer literarischen Tradition und ihren außerliterarischen Bezügen. Dabei lassen sich theoretisch formale und inhaltliche Aspekte unterscheiden. Unter formalen Aspekten der Literaturwissenschaft versteht man die Untersuchung von Gattungsfragen, der antiken Literaturtheorie und Poetologie, der Metrik und des Prosarhythmus, der Sprachstile und -stufen in ihrer literarischen Brechung, der antiken Rhetorik in Praxis und Theorie, u. a. m. Zu den inhaltlichen Aspekten zählen die Erforschung der Quellen, der Tradition literarischer Stoffe und Motive, Fragen nach der Intention der Autoren, dem Publikum antiker Texte, ihrer Rezeption durch spätere Autoren und in den modernen Nationalliteraturen, der Entwicklung der spätantiken Literatur, die von Konkurrenz, wechselseitiger Durchdringung und allmählicher Ablösung der heidnischen durch die christliche Literatur gekennzeichnet ist. Hinzu kommt in letzter Zeit verstärkt die Erforschung der lateinischen Literatur der Neuzeit (etwa vom 14. bis zum 18. Jahrhundert), die nicht nur eine Renaissance der antiken Literatur darstellt, sondern immer mehr als eigenständige Epoche innerhalb der Entwicklung der lateinischen Literatur erkannt wird. Die Forschung steht hier noch ganz am Anfang: Das Hauptproblem ist die ungeheure Textmasse, die die der antiken lateinischen Literatur um das hundert- bis zehntausendfache übertreffen dürfte.

Auch Epochenfragen stellen einen wichtigen Gegenstand der Literaturwissenschaft dar: Welche Eigentümlichkeiten z. B. führen zur Abgrenzung der „Klassischen" Epochen der Literatur? Wie ist der „Krebsgang" in der Geschichte der römischen Literatur zu erklären, d. h. das Phänomen, daß in Rom während der archaischen Epoche (3./2. Jahrhundert) nur zeitgenössische, also hellenistisch-griechische Literatur adaptiert wurde, während die klassische und archaische Literatur der Griechen erst in der Zeit der römischen Klassik Nachahmung fand? Warum nennen wir eine Hauptepoche der römischen Literatur „augusteisch", obwohl ihre wesentlichen Werke schon vor der Herrschaft des Augustus oder in deren Frühzeit entstand, während etwa Ovids Gesamtwerk, das ganz in die Regierungszeit des Augustus gehört, überwiegend als „nachaugusteisch" gilt? Wann vollzieht sich literarisch der Übergang von der Spätantike zum Mittelalter? Welches sind die Charakteristika der neulateinischen Literatur?

Solche Fragen führen auf historisches und rezeptionsgeschichtliches Gebiet und damit in den Bereich der mittel- und neulateinischen Philologie. Entsprechendes gilt für die griechische Sprache und Literatur: archaische, klassische, hellenistische bis zur byzantinisch-mittelgriechischen Epoche. Von da führt der Weg weiter zu den modernen Philologien, vor allem der Romanistik und Neogräzistik, Anglistik und Germanistik. Hier bietet sich ein weites Feld für interdisziplinäre Forschung.

Neben der sprach- und literaturwissenschaftlichen Ausrichtung steht die altertumswissenschaftliche Konzeption der Klassischen Philologie. Sie legt den Schwerpunkt auf den historisch-kulturellen „Kontext" der Texte und trägt damit zu einer umfassenden Erforschung und Beschreibung der antiken Kultur bei. Die starke Erweiterung unseres Wissens über das Altertum und der Methoden zu seiner Erforschung machen es notwendig, daß der altertumswissenschaftlich orientierte Philologe in hohem Maß mit Nachbardisziplinen kooperiert. An erster Stelle stehen die Alte Geschichte und die Archäologie. Spezialdisziplinen wie Numismatik, Epigraphik und Papyrologie, welche die antike Überlieferung in Form der Münzen, Inschriften und Papyrusfunde (literarische Texte, Urkunden usw.) bearbeiten, erweitern bzw. sichern ständig unsere Kenntnisse. Der Archäologie kommt in diesem Zusammenhang eine besondere Bedeutung zu.[2] Sie erforscht die nichtsprachlichen Zeugnisse aus der Antike, die sogenannte monumentale Überlieferung; der Klassi-

---

[2] Vgl. auch Kapitel 2.3.

schen Archäologie tritt für den Bereich des Imperium Romanum die Provinz-
archäologie zur Seite. Die Archäologie liefert dem Philologen wichtige Informationen für das Verständnis politischer, religiöser und mythologischer Texte; sie stellt
dem Historiker Material bereit für die Erforschung der politischen Geschichte sowie für die Sozial- und Wirtschaftsgeschichte des Altertums; sie profitiert in gleichem Maße von den Erkenntnissen der beiden anderen Disziplinen. Dieses Geben
und Nehmen, die Grenzüberschreitungen zwischen den Disziplinen, ermöglichen
bei besonderer methodischer Sorgfalt ertragreiche Forschungen.

Typische Forschungsgebiete mit langer Tradition innerhalb der Altertumswissenschaft sind: antike Religion, Mythologie, Philosophie und die antiken Fachwissenschaften (in erster Linie die Medizin; aber auch die übrige Fachschriftstellerei:
Mathematik, Physik, Landwirtschaft, Architektur, Recht, Rhetorik, Grammatik
u. a.). Das Bewußtsein der kulturellen Kontinuität, das Wissen, daß Spuren der Antike in alle Bereiche des modernen Lebens in Europa hineinragen, noch im 19.und
frühen 20. Jahrhundert ein gesicherter Bestand, ist brüchig geworden. Die ganz-
heitliche Sicht der Antike, die im Neuhumanismus propagiert worden war und zur
beherrschenden Stellung der Klassischen Philologie an den Universitäten und des
Latein- und Griechischunterrichts an den Gymnasien beigetragen hatte, hat sich
letzten Endes gegen die sprach- und literaturwissenschaftlich orientierte Philologie
nicht durchsetzen können; manche Gebiete der Altertumswissenschaft bearbeiten
nach wie vor Historiker, Archäologen oder der historisch interessierte Naturwis-
senschaftler. Eine rein altertumswissenschaftliche Orientierung, möglicherweise
auf Kosten angemessener Berücksichtigung moderner Entwicklungen der Sprach-
und Literaturwissenschaft, ist nicht wünschenswert. Die beiden Konzeptionen sollten nicht gegeneinander ausgespielt werden: Beide sind in der Geschichte des Fachs
begründet, beide haben hervorragende Forschungsergebnisse aufzuweisen.

Studienanforderungen

Das Studium der Klassischen Philologie oder eines ihrer Fächer verlangt von den
Studierenden ein hohes Maß an kontinuierlicher Anstrengung; denn anders als in
manch anderem Fach muß ein kohärentes Bild von der antiken Welt von den
Studierenden selbst während des Studiums erarbeitet werden. Gute *Sprachkenntnisse* in *Latein* und *Griechisch* (diese auch für Studierende des Fachs Latein in Verbindung mit einem anderen Fach) sind Voraussetzung des Fachstudiums. Englisch-
und Französischkenntnisse zum Verständnis der Sekundärliteratur sowie gründliche Kenntnisse in antiker Geschichte und Mythologie müssen vorhanden sein.

Einen erfolgreichen Abschluß der Studien können nur Studierende erreichen, die neben dem Besuch von Lehrveranstaltungen eine intensive private Autorenlektüre betreiben und durch Selbststudium Lücken in den Elementarkenntnissen auszugleichen vermögen. Eine „innere Affinität" zu den Gegenständen des Faches, Sensibilität für sprachliche Prozesse, literarische Phänomene, historische Bezüge, sollte selbstverständliche Voraussetzung sein. Verständlicherweise stehen bei der Wahl des Studienfaches häufig die beruflichen Perspektiven im Vordergrund; gerade in der Anfangsphase des Studiums, die durch Spracherwerb (das „Graecum" für die Latinisten), Festigung von Sprachkenntnissen und Steigerung der Lesefähigkeit geprägt ist, könnte sich aber diese Motivation, wenn sie die einzige ist, als zu schwach erweisen.

Die besondere Situation der alten Sprachen an der Schule macht es notwendig, daß sich die Studierenden schon auf der Universität durch breit angelegte Studien, Ausweitung des Blickfeldes auf benachbarte Gebiete der Sprach-, Literatur-, Geschichts- und Kunstwissenschaften auf eine interdisziplinäre Kooperation vorbereiten. Die Fächer Griechisch und Latein können sonst an der Schule nicht mehr erfolgreich vertreten werden. Im Umkreis der Klassischen Philologie finden sich an den Universitäten zahlreiche Fachgebiete, die den Studierenden die Ausweitung ihres Wissenshorizonts ermöglichen. Die Mühe der Umschau wird auf jeden Fall belohnt.

Situation und Geschichte des Faches

Die Klassische Philologie als Wissenschaft geht auf die sogenannten Alexandriner zurück, auf Gelehrte wie Zenodot, Aristophanes von Byzanz und Aristarch, die im 3. und 2. Jahrhundert v. Chr. an der berühmten Bibliothek von Alexandria wirkten. Sie besorgten Ausgaben der wichtigsten Werke der griechischen Literatur, vor allem Homers und der Dramatiker, versahen sie mit Inhaltsangaben, erklärenden Anmerkungen und Lebensdaten der Autoren. Die Römer übernahmen unter den Wissenschaften auch die Philologie von den Griechen: schon früh beschäftigten sich Römer mit der Übersetzung griechischer Werke; Gelehrte wie der Polyhistor M. Terentius Varro (1. Jahrhundert v. Chr.) oder M. Valerius Probus (1. Jahrhundert n. Chr.) erforschten die lateinische Sprache, edierten und kommentierten lateinische Literatur. In den späteren Jahrhunderten und im frühen Mittelalter entstanden umfangreiche Kommentare zu den lateinischen „Klassikern", Grammatiken, Fach- und Sammelschriften literarhistorischen und literaturtheoretischen Inhalts.

Die Wiederentdeckung, Bewahrung und Verbreitung der lateinischen Literatur, aber auch ihre exemplarische Nutzung beim Schaffen einer neuen Literatur in lateinischer Sprache, die sogenannte karolingische Renaissance, vollzieht sich am Hof Karls des Großen. Die meisten mittelalterlichen Abschriften lateinischer und griechischer Texte stammen allerdings erst aus dem 10. bis 13. Jahrhundert: Die großen Klöster Mittel- und Westeuropas wurden damals zu Zentren einer noch weitgehend unkritischen Vervielfältigung der wiederentdeckten antiken Texte. Philologie nach dem Vorbild der Alexandriner wurde hauptsächlich im griechischen Osten (weniger im lateinischen Westen) betrieben: Im 10. Jahrhundert entstand dort das erste alphabetische Sprach- und Sachlexikon, die Suda; ins 12. Jahrhundert gehören die großen Kommentare des Eustathios und Ioannes Tzetzes zu Homer und anderen Autoren. Hauptfigur der sogenannten byzantinischen Vor-Renaissance des 13./14. Jahrhunderts ist Demetrios Triklinios, der u. a. die Euripides-Handschriften philologisch bearbeitete. Einen Neubeginn erlebte die Klassische Philologie im Frühhumanismus mit Petrarca und seinen Schülern. Lorenzo Valla (15. Jahrhundert) gelang es, die Konstantinische Schenkungsurkunde aufgrund sprachlicher Kriterien als Fälschung zu entlarven. Bahnbrechend wirkten außerdem Erasmus von Rotterdam, Johannes Reuchlin, Philipp Melanchthon, Julius Caesar Scaliger und sein Sohn Joseph Justus Scaliger, und nicht zuletzt Martin Luther mit seiner Übersetzung der griechischen Bibel.

Weitere Entfaltung und neue Anstöße erlebte die philologische Forschung im Neuhumanismus des 18. und 19. Jahrhunderts, eingeleitet durch Friedrich August Wolfs „Prolegomena ad Homerum"; der Höhe- und Endpunkt dieser durch den Historismus geprägten Phase der Geschichte der Klassischen Philologie des späten 19. und des frühen 20. Jahrhunderts ist verbunden mit dem Namen von Ulrich von Wilamowitz-Moellendorff.

In der nach 1806 stattfindenden Reform des Preußischen Schul- und Universitätswesens durch Wilhelm von Humboldt errangen die alten Sprachen eine überragende Stellung auch in der Schule. Diese blieb weitgehend erhalten bis in die zwanziger Jahre des 20. Jahrhunderts, als der „Sprachenstreit" um Englisch oder Latein als erste Fremdsprache aufflammte. An den Universitäten entwickelte sich die Klassische Philologie in verschiedene Richtungen. Die schon erwähnten unterschiedlichen Konzeptionen einer mehr sprach- und literaturwissenschaftlich und einer mehr altertumswissenschaftlich orientierten Philologie schlugen sich in unterschiedlichen Bezeichnungen der Universitätseinrichtungen nieder: Philologisches Seminar, Institut für Altertumskunde/Altertumswissenschaft oder Seminar/Institut für Klassische Philologie; sie existieren bis heute.

Die Zeit des Nationalsozialismus hat die bereits verminderte Vorrangstellung der alten Sprachen – zumindest im administrativen Bereich – nicht ernsthaft angetastet. Wie andere Wissenschaften ließ sich jedoch auch die Klassische Philologie in Forschung und Unterricht vielfach in den Bann der Ideologie von „Blut und Boden", der „völkischen Erneuerung" und des „Rassegedankens" ziehen: Das Ideal des nordischen Menschentums fand man in der griechischen Plastik der klassischen Zeit verwirklicht, der Hellenismus galt als Zeit des „völkischen Niedergangs", den Untergang des römischen Weltreichs sah man in der „biologischen Entartung" des Römervolkes begründet. Gewaltsame Interpretationen von gezielt ausgewählten Texten sollten historische Bestätigungen für die Richtigkeit der neuen Schlagworte liefern. Die Klassische Philologie hatte in dieser Zeit jedoch auch viele mutige Vertreter aufzuweisen, die unter schwierigen Voraussetzungen in Deutschland den hervorragenden Standard des Fachs zu behaupten wußten oder ihn nach ihrer Flucht ins Ausland dort verbreiteten (besonders in England, den USA und der Türkei).

Niederlage und Neubeginn des Jahres 1945 haben sich in der Fachliteratur lange Zeit nicht deutlich dokumentiert. Die alten Sprachen erlebten in Universität und Schule zunächst einen Aufschwung, gerieten aber zu Beginn der sechziger Jahre in eine tiefe Existenzkrise. Ihr Defizit an Modernität und Motivation ließ sie fast als überflüssig erscheinen. Administrative Reformen haben die Situation noch verschärft. Auf diese Herausforderung haben viele Altphilologen, besonders am Gymnasium, mutig reagiert. Vielfältige Möglichkeiten zur Modernisierung der Fächer Griechisch und Latein stehen heute offen. Während Griechisch heute schwer um seine Existenz im Gymnasialunterricht ringen muß, ist seit der Mitte der siebziger Jahre vor allem für das Fach Latein eine gewisse Stabilisierung zu beobachten. Ob sie allerdings mit einem neuerwachenden Interesse für die Kultur der Antike generell und speziell für die alten Sprachen in Verbindung steht oder allein von Prestigeüberlegungen, Berufschancen und tagespolitischen Tendenzen geprägt ist, läßt sich noch nicht entscheiden. Eine wirklich überzeugende Neubelebung der alten Sprachen an der Schule kann nur gelingen, wenn die Lehrerinnen und Lehrer neue didaktische Möglichkeiten nutzen, die Vielfalt der mittel- und neulateinischen Texte in den Unterricht einbeziehen und in Kooperation mit den Vertretern anderer Fächer (vor allem Geschichte, Philosophie, Religion, Kunst, moderne Fremdsprachen) die eigenen Fächer überzeugend, d.h. fachlich kompetent und engagiert, vertreten und damit verlorenes Terrain wiedergewinnen. Den Grundstein hierfür muß das Studium legen.

Studienorganisation

Das Studium der Griechischen und Lateinischen Philologie ist an zahlreichen deutschsprachigen Universitäten möglich (vgl. Tabelle 5). Informationen sind erhältlich direkt bei den Universitäten und bei der Mommsen-Gesellschaft.[3]

Das Studium gliedert sich in Grund- und Hauptstudium. Das Grundstudium (4 Semester) wird in der Regel mit Klausuren und/oder einer mündlichen Prüfung abgeschlossen (Zwischenprüfung oder vergleichbare Leistungen); das Hauptstudium (4 Semester) mündet in die Examensphase (1 Semester) mit Klausuren (lat.-dt. und dt.-lat.; im Griechischen analog) und mündlicher Prüfung. Studienabschlüsse sind die Staatliche Lehramtsprüfung (1. Staatsexamen) und die sogenannten akademischen Abschlüsse (Magisterprüfung, Promotion). Lateinisch kann mit den meisten anderen Fächern kombiniert werden, für Griechisch gelten bestimmte Einschränkungen (verbindliche Auskünfte erteilen die Staatlichen Prüfungsämter bzw. – für die akademischen Abschlüsse – die Dekanate der Fakultäten bzw. Fachbereiche).

Voraussetzung für die Aufnahme des Latein- bzw. Griechischstudiums ist das *Latinum* bzw. *Graecum*. Darüber hinaus müssen Studierende des Lateinischen das Graecum, Studierende des Griechischen das Latinum nachweisen, in der Regel bis zum Ende des Grundstudiums. An den meisten Universitäten werden (zum Teil obligatorische) Übungen für Studienanfänger angeboten.

Die Bestimmungen für Leistungsnachweise im einzelnen sind sehr unterschiedlich. Als Faustregel kann gelten, daß meist in folgenden Veranstaltungen Leistungs- oder sonstige Studiennachweise erworben werden müssen: 1–2 Übungen für Studienanfänger, je 2 literaturwissenschaftliche Pro- und Hauptseminare; 2 Lektüreübungen, 3–4 deutsch-lateinische Übersetzungs- und Stilübungen. Hinzu kommen evtl. Pflichtseminare in Nachbarfächern (z.B. Sprachwissenschaft) und die Teilnahme an einer Exkursion. Eine detaillierte Übersicht über alle derzeit gültigen Bestimmungen an den deutschsprachigen Universitäten ist bei der Mommsen-Gesellschaft erhältlich.

Über die obligatorischen Veranstaltungen hinaus gehört zum ordnungsgemäßen Studium der Besuch von Vorlesungen, weiterer Lektüreübungen und Realienkursen. Der Besuch von Lehrveranstaltungen in den Nachbardisziplinen (s.o.) wird nachdrücklich empfohlen; er gibt dem Studium erst das zum Bestehen der Abschlußprüfung erforderliche Niveau.

Der nebenstehende Studienverlaufsplan soll als Beispiel für den Studienverlauf vorgestellt werden; er wurde als Modell für das Studium des Lateinischen (mit weni-

---

[3] Mommsen-Gesellschaft, Vorsitzender Prof. Dr. Siegmar Döpp, Universität Göttingen, Seminar für Klassische Philologie, Humboldtallee 19, 37073 Göttingen.

Tabelle 16: Studienplan Klassische Philologie (Beispiel)

Erläuterung der Abkürzungen:

SWS = Semesterwochenstunden	LV = Lehrveranstaltung(en)	HS = Hauptseminar
IÜG = Integrierte Übung Grundlagenwissen	SachÜ = Sachübung	SP = Schulpraktische Studien
SÜ = Sprachübungen	SPS = Sprachwissenschaftl. Proseminar	Ex = Exkursion
EÜ = Einführungsübung	LÜ = Lektüreübung	KK = Klausurenkurs
PS = Proseminar	FÜ = Fachdidaktische Übung	EC = Examenscolloquium
V = Vorlesung	GV = Gräzistische Lehrveranstaltung	

Grundstudium 32 SWS*

1. Semester LV	SWS	2. Semester LV	SWS	3. Semester LV	SWS	4. Semester LV	SWS
IÜG I	4	IÜG II	4	PS	2	SÜ II	2
SÜ I A	2	SÜ I B	2	V	2	V	2
EÜ	2	PS	2	SachÜ	2	LÜ	2
				SPS	2	GV	2

Hauptstudium 28 SWS*

5. Semester LV	SWS	6. Semester LV	SWS	7. Semester LV	SWS	8. Semester LV	SWS
HS	2	HS	2	LÜ	2	LÜ	2
V	2	SP + FÜ	4	V	2	KK	2
SÜ III	2	LÜ	2	Ex	2	V	2
SachÜ	2					[EC	2]

(beispielsweise)
6 obligatorische Teilgebiete
+ 1 frei gewähltes Teilgebiet
+ 1 Teilgebiet zur Vertiefung

* Die für die Zusatzqualifikation Sek. I erforderlichen SWS sind nicht berücksichtigt.

gen Abweichungen auch des Griechischen) an der Ruhr-Universität Bochum konzipiert. Der Plan soll einen Überblick über die Anforderungen geben, die an die Studierenden gestellt werden.

Neben den Veranstaltungen an der Universität ist die private Autorenlektüre ein wichtiger Bestandteil des Studiums der Klassischen Philologie. Die in früheren Zeiten verbindliche Lektüreliste der Seminare/Institute („Lektürekanon") hat heute den Charakter einer Empfehlung oder Anleitung zur privaten Lektüre; sie formuliert das für einen erfolgreichen Studienabschluß Erforderliche. Oft werden die Empfehlungen von den Studierenden jedoch erheblich unterschritten und damit der Studienerfolg gefährdet. Als Beispiel für das unverzichtbare Quantum privater Lektüre im Lateinischen wählen wir eine sehr flexible Leseliste, die den Studierenden die Möglichkeit bietet, Schwerpunkte nach eigener Neigung zu setzen; sie wurde am Institut für Altertumskunde der Universität zu Köln entwickelt und ist für die gesamte Dauer des Studiums gedacht.

Prosaliteratur			
Geschichtsschreibung/ Biographie	Philosophische Literatur	Rhetorik	Reden und Briefliteratur
Caesar Sallust Livius Tacitus Sueton	Cicero, Philosophische Schriften Seneca Augustin und Boethius	Cicero, Rhetorische Schriften Quintilian	Cicero, Reden Cicero, Briefe Plinius d.J.
Poetische Literatur			
Drama	Epos/ Lehrdichtung	Lyrik/Elegie	Satire/Epigramm
Plautus Terenz Seneca	Lukrez Vergil Ovid, Metamorphosen Lukan Statius	Catull Horaz, Carm. Ovid, Elegien Properz und Tibull	Horaz, Saturnalien und Episteln Iuvenal Martial

Erläuterungen zur voranstehenden Leseliste:

1. Der Studierende soll aus jedem der 8 Felder umfangreiche Texte eines der aufgeführten Autoren unter Berücksichtigung wichtiger Kommentare intensiv studieren. Beispiel: Sallust und Cicero, Philosophische Schriften und Quintilian und Plinius; Terenz und Vergil und Properz, Tibull und Horaz, Satiren und Episteln.

2. Er soll sich mit einer Gruppe von Autoren aus den Bereichen Prosaliteratur und poetische Literatur insgesamt näher befassen: Vertrautheit mit größeren Textpartien und Überblick über die Stellung der Werke im Rahmen der literarischen Epoche und Gattung. Beispiel: Die Autoren des Feldes „Rhetorik" und des Feldes „Epos".

3. Über alle Autoren und Werke, mit denen er sich nicht eingehend beschäftigt hat, soll der Studierende sich in Literaturgeschichten gut informieren.

Literatur

Cancik, H./H. Schneider (Hrsg.): Der Neue Pauly. Enzyklopädie der Antike, Bd. 1 ff, Stuttgart-Weimar 1996 ff.

Flashar, H.: „Zur Situation der Klassischen Philologie". In: Geisteswissenschaft als Aufgabe, Berlin 1978, S. 113–122.

Fuhrmann, M./H. Tränkle: Wie klassisch ist die Klassische Antike? Zürich 1971

Fuhrmann, M.: „Der altsprachliche Unterricht zwischen Traditionspflege und Traditionsabbruch". In: W. Höhn/N. Zink (Hrsg.): Handbuch für den Lateinunterricht Sekundarstufe II., Frankfurt-Berlin-München 1979, S. 18–30.

Glücklich, H.-J.: Lateinunterricht. Didaktik und Methodik, Göttingen 1978.

Graf, F. (Hrsg.): Einleitung in die lateinische Philologie, Stuttgart-Leipzig 1997.

Jäger, G.: Einführung in die Klassische Philologie, München 1990.

Matthiessen, K.: „Altsprachlicher Unterricht in Deutschland". In: J. Gruber/F. Maier (Hrsg.): Handbuch der Fachdidaktik. Fachdidaktisches Studium in der Lehrerausbildung Alte Sprachen, München 1979, S. 11–42.

Matthiessen, K.: „Historische Perspektiven zum altsprachlichen Unterricht in den Fächern Latein und Griechisch. Versuch einer integrierten Fragestellung". In: A. Mannzmann (Hrsg.): Geschichte der Unterrichtsfächer, Bd. I., München 1983, S. 143–178.

Nesselrath, H.-G. (Hrsg.): Einleitung in die griechische Philologie, Stuttgart-Leipzig 1997.

Nickel, R.: Einführung in die Didaktik des altsprachlichen Unterrichts, Darmstadt 1982.

Pfeiffer, R.: Geschichte der Klassischen Philologie, Bd. 1, München 1978, Bd. 2, München 1982.

Wülfing, P.: „Altertumswissenschaft und Philologie". In: Gymnasium 92, 1985, S. 12–29.

Wülfing, P.: „Die alten Sprachen in unserer Zeit. Ein Vortrag mit sieben Thesen". In: Innsbrucker Beiträge zur Kulturwissenschaft, Bd. 22, Innsbruck 1983, S. 613–626.

2.6 KUNSTGESCHICHTE
von Barbara Purbs

Gegenstand und Methoden

Kunstgeschichte? Der Begriff vermittelt nur unklare Vorstellungen von dem Studium an einer deutschen Universität. Versuche, die Inhalte dieser Disziplin durch einen anderen Begriff zu verdeutlichen, scheiterten aber bisher – Vorschläge wie Kunstwissenschaft, Kunstgeschichtswissenschaft, Kunsthistorik konnten sich nicht durchsetzen. Die Aussagekraft wäre wohl auch nicht wesentlich verbessert worden. Zunächst ist nämlich mit „Kunst" allein die „Bildende Kunst" gemeint – Musik und Poesie bzw. Literatur gehören zwar auch zur „Kunst", werden aber in ihren eigenen, zudem wesentlich älteren Fachwissenschaften behandelt. Sie zählten seit dem Altertum zu den sieben freien Künsten und waren hochgeachtet, während sich die bildende Kunst erst im 14. Jahrhundert aus dem Handwerk zu lösen begann und einen eigenen, stetig steigenden Stellenwert erhielt.

Dieser Differenzierung der Kunst in verschiedene Sparten entsprechen die jeweiligen Studiengänge an Kunst-/Fach-/Hochschulen. Kunstgeschichte hat übrigens mit der Ausbildung zum „Künstler" oder „Kunst"erzieher nur insofern etwas zu tun, als sie auch im Rahmen dieser Studiengänge angeboten wird. Kunstgeschichte an deutschen Hochschulen umfaßt zudem nur das christliche Abendland: außereuropäische Kunst (und Kultur-)Geschichte wird in eigenen Disziplinen an einigen Universitäten gelehrt. Weiterhin ist auch nicht die gesamte bildende Kunst Gegenstand des Kunstgeschichtsstudiums, sondern grundsätzlich sind es die Gattungen Architektur, Skulptur, Malerei/Graphik. Kunsthandwerk, Volkskunst, neue Medien wie Fotografie oder Film gehören nicht zum Standardprogramm einer deutschen Universität.

Neben der räumlichen und inhaltlichen kommt auch der zeitlichen Begrenzung eine erhebliche Bedeutung zu: Die Kunstgeschichte beginnt mit der Spätantike und endet mit zeitlichem Abstand vor der Gegenwart, spart also die zeitgenössische Kunst weitestgehend aus. Sie setzt sich somit einerseits gegenüber der Archäologie ab – übrigens nicht nur zeitlich und inhaltlich, sondern auch methodisch –, andererseits will sie keine Kunstkritik sein: Der besagte zeitliche Abstand soll eine gewisse Distanz und so eine objektivere Beurteilung gewährleisten.

Studieninhalte

Trotz dieser vielseitigen Abgrenzungen bleibt eine große Stoffmenge zu bewältigen: 1500 Jahre Kunst heißt für die Kunstgeschichte 1500 Jahre Kunstschaffen in den europäischen Ländern, 1500 Jahre Stil-, Rezeptions-, Motiv- und Ideengeschichte. Das Universitätsstudium kann nur Grundlagen vermitteln, Wege aufzeigen, Methoden anbieten zum eigenen – lebenslangen – Weiterlernen. Auch in diesem Fach zwingt die wachsende Wissensfülle unweigerlich, sich von der breiten „horizontalen" Gesamtschau zur vertieften „vertikalen" Spezialisierung durchzuarbeiten. Je nach persönlicher Neigung zu Architektur, Skulptur oder Malerei und je nach Notwendigkeit der beruflichen Laufbahn werden die Schwerpunkte zu setzen sein.

Für die Studierenden der Kunstgeschichte bedeutet das, sich zunächst einen Überblick zu verschaffen über die „Künste" Architektur, Bildhauerei und Malerei in ihrer zeitlichen Abfolge und ihre zeitgleichen, dennoch „ungleichzeitigen" Kunstäußerungen in den einzelnen Gattungen, Ländern und Landschaften. Trotz der Problematik von Stilbegriffen ermöglichen sie immerhin eine gewisse Orientierung und geben (Ein)Ordnungsmaßstäbe vor. Sie erleichtern so den Zugang zu Stoff und Fach und lassen Gemeinsamkeiten erkennen. Individual-, Zeit-, Raum-, Materialstil sind lediglich als Verabredungsbegriffe zu verstehen, die zu einem Erkennen „auf den ersten Blick" verhelfen.

Kunstgeschichte als Universitätsstudium kann außer einigem Grundlagenwissen nur methodisches Rüstzeug vermitteln. Dazu gehört neben dem möglichst genauen und umfassenden Kennenlernen der Kunstwerke auch die Einführung in die Kunsttheorie, -philosophie, -soziologie: Jede Teildisziplin schält andere Schwerpunkte aus dem vielseitigen, vielschichtigen Ganzen heraus, hat ihrerseits jeweils andere Methoden mit anderen Ansätzen und Zielen anzubieten. Aber auch jede andere Zeit hat wiederum ihre Sicht, setzt andere Akzente, zieht andere Schlüsse, nimmt andere Wertungen vor. Wie ja auch die Kunst selbst in den verschiedenen Zeiten verschiedene Funktionen hat(te).

Die Studierenden der Kunstgeschichte nun sollten versuchen, sich zunächst nicht von den vielen denkbaren und auch wünschenswerten Interpretationsmöglichkeiten beeinflussen zu lassen. Sie sollten sich bemühen, das einzelne Kunstwerk „erkennungsdienstlich" zu erfassen und sich so gut einzuprägen, daß es jederzeit aus dem Gedächtnis abgerufen werden kann, ja, daß es sich von selbst in Erinnerung bringt, indem es beim Betrachten eines anderen Kunstwerks Assoziationen hervorruft. Denn hier beginnt erst der eigentliche Prozeß: Entstehungsbedingungen, Beziehungen zu anderen Kunst- und Kulturäußerungen der Zeit, Wechselwirkungen mit anderen Kunstwerken, Bedeutungsmaß für die zukünftige Entwicklung aufzuspüren und aufzuzeigen. Dabei ist die Einbeziehung der Persönlichkeit des Künstlers wichtig, soweit sie überhaupt faßbar ist, sein Verhältnis zu seinem Auftraggeber, zu seiner Zeit. Denn gerade der Künstler hat erst spät die Hochschätzung und Anerkennung gewonnen, die beispielsweise dem Dichter schon immer zuteil geworden war. Der Kunstschaffende blieb für die Gesellschaft zunächst ein namenloser Handwerker, den Zunftgesetzen unterworfen. Sein Werk war nur ein „Abbild" der Umwelt, das jeder sehen und verstehen konnte, während das Lesen und Schreiben einer kleinen Elite vorbehalten blieb. Dabei bestand ihre Leistung ja durchaus nicht in einer möglichst naturgetreuen Wiedergabe des Vorbildes, sondern setzte zugleich auch die persönliche Sicht der Welt um in gestaltete Interpretationen von allgemeiner Gültigkeit und Aussagefähigkeit.

Wie weit der einzelne Künstler sich dabei von den Konventionen seiner Zeit zu lösen und neue, eigene Wege zu finden vermochte, mag zugleich auch als Maßstab zur Beurteilung seiner schöpferischen Kraft dienen. Je unabhängiger er dabei von Zeitgeist und Zeitstil gearbeitet hat, desto deutlicher und faßbarer wird er für uns heute.

Berufliche Möglichkeiten

Das Studienangebot der Kunstgeschichte an deutschen Universitäten orientiert sich an der sogenannten Hochkunst; zwar gibt es auch verschiedentlich Veranstaltungen zur Kostümkunde oder zum Kunsthandwerk. Die eigentliche (auch Forschungs-)Arbeit aber wird in den Kunsthandwerks-, auch in den Heimatmuseen geleistet. Wer von den Hochschulabsolventen sich für diese „angewandten Künste" interessiert, findet hier ein reiches Betätigungsfeld. Auch die Denkmalpflege bietet Kunsthistorikern, die besonders an der Baukunst interessiert sind und sein sollten, ein „klassisches" Berufsziel. Sie haben allerdings oftmals heftige Auseinandersetzungen mit Architekten auszufechten, die aus anderer Sicht und mit anderen Zielen ein Bauwerk beurteilen – mit entsprechend anderen Folgen für die (Nicht-)Erhaltung. Am häufigsten nach einem Kunstgeschichtsstudium wird wohl die Tätigkeit in einem Museum angestrebt. Hier werden die Kunstwerke der vergangenen Epochen gesammelt, aufgearbeitet und der Öffentlichkeit zugänglich gemacht. Die Auseinandersetzung mit der zeitgenössischen Kunst ist in den Kunstmuseen gleichfalls unerläßlich – eine Aufgabe, der sich die kunst„historisch" ausgebildeten Museumsleute zu stellen haben.

Die meisten Kunsthistoriker werden versuchen, in einem dieser praxisorientierten Berufe unterzukommen; nur wenige werden an der Hochschule bleiben und für Lehre und Forschung tätig sein können. Trotz der enorm gestiegenen Studentenzahlen ist kein weiterer Ausbau der Institute zu erwarten. Das wäre wohl von der Berufs- und Arbeitsmarktlage her auch nicht sinnvoll, weil sich die Situation nicht verbessern und damit die Stellenzahl begrenzt bleiben dürfte.

Berufsmöglichkeiten ergeben sich auch in Presse, Funk, Fernsehen, in Verlagen, in allen Sparten der Kulturarbeit, in (Kunst-)Reiseunternehmen, um nur einige Anregungen zu geben. Aber hier haben Kunsthistoriker nur noch wenig mit dem Lehrstoff ihres Studienfaches zu tun. Ebenfalls sehr viel hinzulernen müssen sie, wenn sie im Kunsthandel tätig werden möchten. Eine Zusatzausbildung mit 2. Staatsexamen ermöglicht den Einstieg in den Bibliotheksdienst.

Wie üblich hat es der Berufsanfänger am schwersten, eine Anstellung zu finden. Er sollte ein – schlecht oder gar nicht bezahltes – Volontariat absolvieren, um seine Aussichten zu verbessern. Illusionen sollten vermieden werden; nur der sich „berufen" Fühlende dürfte zäh genug sein, diesen Anforderungen gewachsen zu sein.

Fächerkombination

Ein wenig verbessern können die Studenten ihre späteren Berufsaussichten mit der Wahl „einschlägiger" Nebenfächer. „Klassisch" ist die Fächerkombination mit Archäologie und/oder Vor- und Frühgeschichte; inhaltlich und methodisch ergänzen diese Fächer die Kunstgeschichte hervorragend. Gerade für die ebenso „klassischen" Berufe in der Denkmalpflege und im Museumswesen bieten sie gute Voraussetzungen. Aber vielleicht ist es gerade das ungewöhnliche Nebenfach, das später die Chancen erhöht: Mineralogie für die Denkmalpflege, Soziologie für das Museum? Der Phantasie sind hier keine Grenzen gesetzt – noch nie war sie aber auch so nötig wie heute, um eine Anstellung zu finden. Unter dem Aspekt des persönlichen Interesses und der besonderen Begabung, die für die Entscheidung mindestens ebenso wichtig sein sollten, sind Theologie, Philosopie, Geschichte, Sprachen, selbst Rechtswissenschaft und Betriebswirtschaft denkbar.

Bei der Wahl der Nebenfächer aus anderen Fakultäten sollten die Prüfungsvoraussetzungen und -bedingungen frühzeitig ausgehandelt werden. Denn oftmals gibt es bei fakultätsübergreifenden Kombinationen keine festen Bestimmungen.

Studienanforderungen

Illusionen sollte der Studienanfänger nicht nur nicht im Hinblick auf die Berufsaussichten haben, sondern auch nicht hinsichtlich des Studienfachs selbst: Kunstgeschichte ist kein Fach für schöngeistiges Schwelgen in Kunstbetrachtung. Kunstgeschichte ist zunächst einmal Spurensicherung. Das setzt beim Studenten geduldi-
ge, mühevolle, oftmals vielleicht „trockene" Bestandsaufnahme möglichst vieler
Objekte voraus. Nur wer nicht allzu populäre Eigenschaften wie Genauigkeit,
Fleiß, zugleich Phantasie und Kombinationsgabe besitzt, sollte Kunstgeschichte
studieren.

Weil aber selbst das beste Gedächtnis nicht ausreicht, sollten Kartei und Computer
dem Vergessen vorbeugen helfen. Denn selbst die kühnste Interpretation bedarf der
Belege, ohne die kriminalistischer Spürsinn, der durchaus auch in der Kunstgeschichte von größtem Nutzen ist, zu reiner Spekulation verkommt.

Darüber hinaus sind noch eine Reihe weiterer Fähigkeiten gefragt. Die zumeist –
auch gehaltlich – bescheidenen Berufsmöglichkeiten stehen in offenem Wider-
spruch, aber in direktem Zusammenhang mit den hohen Anforderungen, die erfolgreiche Absolventen auszeichnen: Sie sollten nämlich nicht nur ausdauernd und
sorgfältig arbeiten, phantasiebegabt und dennoch nicht wirklichkeitsfremd, sondern möglichst auch noch Sprachgenies sein: Viele kunstwissenschaftliche Veröffentlichungen erscheinen – da vom Verkauf her sonst nicht lohnend – nur in der
Originalsprache. Die Studierenden der Kunstgeschichte sollten also – Latein, Englisch, Französisch selbstredend – Italienisch und Spanisch, möglichst auch klassisches Griechisch, vielleicht auch noch ein wenig Niederländisch sprechen, zumindest aber lesen und verstehen können, um die Quellen und die bereits erschienene
Kunstgeschichtsliteratur lesen und darauf aufbauend weiterarbeiten zu können. Sie
sollten außerdem möglichst einen Zeichenstift nicht nur halten, sondern damit
auch geschickt umgehen können, denn: vor Ort sollten architektonische Raumge-
füge, vielleicht auch die Körperdrehungen einer Skulpturengruppe skizziert werden. Und das kann man nicht immer mit der Kamera festhalten. Jedoch, fotografieren sollten sie auch können, denn nur so können die besuchten Kunststätten und
besichtigten Kunstwerke dokumentiert und bei späterer Bearbeitung hinzugezogen
werden. Für eigene Veröffentlichungen sind sie unersetzlich als Druckvorlagen.

Damit sind wir bei einer weiteren Voraussetzung für Kunstgeschichtsstudenten: sie
sollten möglichst vermögend sein … Denn neben der Fotosammlung, die schon
kostspielig ist, sind möglichst viele Reisen zu finanzieren – zum einen im Rahmen

des Studiums auf Exkursionen, zum anderen aber auch privat. Denn ohne Reisen und das Erfahren insbesondere von Architektur, aber auch von den Werken der bildenden Kunst, bleibt der Weg zu Kunst und Kunstgeschichte eine Sackgasse. Wer ein Bauwerk nur vom Foto her kennt, weiß, wie wichtig der nachfolgende persönliche Augenschein ist: Proportionen, die Zuordnung der Gebäudeteile, bauliche Details können verläßlich nur vor dem Objekt selbst, Farbe, malerische Details nur vor dem Original beurteilt werden.

Übrigens, wetterfest sollten die Studenten der Kunstgeschichte auch sein, denn ein angenehmer und wichtiger Bestandteil des Kunstgeschichtsstudiums, die Exkursionen, kann zum Überlebenstraining ausarten, wenn trotz Kälte und Dauerregens stundenlang auf zugigem Platz eine romanische Apsis von außen beschrieben und ihre Zugehörigkeit zum nieder- oder oberrheinischen Typ bestimmt und bewiesen werden soll oder wenn vor einem gotischen Figurenportal nicht nur Zeit- und Raumstil, sondern die gesamte Ikonographie und vieles andere mehr erfragt wird. In dem Bewußtsein, wahrscheinlich im Leben nie mehr an diesen Ort zu kommen, ihn aber stets deutlich vor dem inneren Auge haben zu wollen – und zu sollen –, speichern eifrige Kunstgeschichtler Wissen, datieren, ordnen ein und zu, assoziieren Vorbilder, Nachfolger, verfolgen Meisterwege und meistern den Stand der Forschung. Jede private Ferienreise artet in Arbeit aus, beschauliches Versenken in einen Meister der Donauschule oder der Dresdner Romantik, in einen Präraffeliten oder Nazarener geht nicht – das Gehirn arbeitet: es vergleicht, bewertet, interpretiert.

Kunstgeschichte ist oftmals nicht zweites Wahlfach, sondern Fach zweiter Wahl für Studierwillige geworden, die aus NC- und anderen Gründen ihr Wunschfach nicht belegen konnten. Doch Vorsicht: Das teure Studium zahlt sich nur aus, wenn einen nach einer gewissenhaften (Selbst)Prüfung der Mut zu einem zwar schönen, aber wahrscheinlich langen Studium mit geringen beruflichen Chancen bei nicht gerade lohnender Bezahlung nicht ganz verlassen hat. In den ersten Semestern sollte die Gewissensprüfung selbstkritisch auch hinsichtlich der eigenen Befähigung ständig wiederholt und bei Zweifeln der Studienfachwechsel so schnell wie möglich gewagt werden.

Situation und Geschichte

Ein kurzer Rückblick auf die – noch weiter zurückliegende Geschichte der – Kunstgeschichte sei angefügt, um dem Fach, das heute an den meisten Universitäten vertreten ist,[1] seinen angemessenen Rahmen zu geben. Es mag überraschen zu erfahren, daß nicht nur die bildende Kunst im Vergleich mit den anderen Künsten erst spät zu einem gewissen Ansehen kam, sondern daß auch die systematische Erforschung ihrer Geschichte erst spät einsetzte: Die italienische Renaissance begann mit der Kunstgeschichtsschreibung, als sie die Lebensläufe berühmter Künstler, die „Viten", aufzuzeichnen und damit der Nachwelt zu erhalten versuchte. Kunstgeschichte war also zunächst Künstlergeschichte.

Bereits als Kunst„wissenschaft" lassen sich die kunsttheoretischen und kunsttechnischen Traktate bezeichnen, wie sie beispielsweise Leon Battista Alberti (1404–1472) mit seinen „Zehn Büchern über die Baukunst", „Drei Büchern über die Malerei" (mit Proportions- und Perspektivlehre) und „Über die Statue" verfaßte und damit allen drei Hauptgattungen der bildenden Kunst eine Grundlage gab. Derartige kunsttheoretische Untersuchungen waren durchaus nicht neu – die Antike hatte sich bereits intensiv mit ästhetisch-philosophischen oder technischen Abhandlungen der bildenden Kunst zugewandt. So konnte Alberti auf Vitruvs „De architectura", in augusteischer Zeit entstanden, zurückgreifen. Vitruv(ius Pollio) seinerseits hatte schon ältere griechische Quellen benutzt. Eine weitere Gattung der Kunstgeschichtsschreibung entstand mit der sogenannten Guidenliteratur, Führern zu kunsthistorischen Attraktionen. In unserem Zeitalter des Tourismus sind sie als Kunst- und Reiseführer neu entdeckt und sowohl für Verlage wie für Bildungsreisende gleichermaßen gewinnbringend und vielseitig auf den Markt gebracht worden.

Erst in der zweiten Hälfte des 18. Jahrhunderts mit Johann Joachim Winckelmanns „Gedanken über die Nachahmung der griechischen Werke in der Malerei und Bildhauerkunst" (1755) und mit Gotthold Ephraim Lessings „Laokoon" (1766) begann die Analyse von Kunstwerken mit wissenschaftlichen Methoden hinsichtlich ihrer Entstehung, Entwicklung, ihren Einflüssen auf und ihren Beziehungsfeldern zu anderen Kunstwerken und Kulturäußerungen der Vergangenheit und der eigenen Zeit.

Das Interesse an bildender Kunst äußerte sich zugleich in einer immer stärker werdenden Sammlertätigkeit, damit hing zusammen die sich auf immer breiterer Ebene vollziehende Auseinandersetzung mit der Kunst und ihren Funktionen. Die Romantik unterstützte diese Tendenzen, gab neue Anstöße und bereitete den geistigen Boden für eine breitere Bewegung, die im Jahre 1813 in die Begründung der Kunstgeschichte als selbständigem Fach an der Universität Göttingen einmün-

---

[1] Vgl. Übersicht der Studienorte in Tabelle 5.

dete. Im Laufe des 19. Jahrhunderts wurde eine Anzahl von Lehrstühlen für Kunstgeschichte geschaffen; 1902 besaßen fast alle deutschen Universitäten ein kunstwissenschaftliches Seminar. Nur die Schweiz und Österreich, also weitere deutschsprachige Länder, erlebten eine vergleichbare Ausweitung der kunsthistorischen Forschung.

Dieser Aufschwung, die Zuwendung zur Kunst und ihre methodische Aufarbeitung, leitete auch die systematische Erfassung – Beschreibung, Sicherung, Bestimmung, Deutung – der Kunstdenkmäler ein. Stilbegriffe wurden eingeführt: so auch die – aus entwicklungsgeschichtlicher Betrachtung entstandene – Abfolge der einzelnen Zeitstile Romanik, Gotik usw., die im Hinblick auf ihre begriffliche Herkunft zwar nichts aussagen, sich aber eingebürgert und – bei aller Kritik und Vorsicht – sich bis in die heutige Zeit als sinnvolle Verabredungsbegriffe gerettet haben.

Quellenforschung und -kritik und eine ganze Reihe einander teilweise ablösender, teilweise sich aber auch überlagernder und einander ergänzender Forschungsverfahren und Interpretationsmethoden wurden entwickelt zur Analyse von Form und Inhalt, Stil, Symbolik, Ästhetik, Struktur usw., um zu einem möglichst umfassenden Art-, vielleicht sogar Werturteil zu gelangen. Im Brockhaus aus dem Jahre 1894 schließlich wird die Kunstgeschichte vorgestellt als „wissenschaftliche Darstellung der Entwicklung der bildenden Künste auf geschichtlicher Grundlage mit Berücksichtigung verwandter Wissenschaften ...".

Studienorganisation

In den ersten Semestern wird im allgemeinen eine Einführung in das Studium und in Arbeitstechniken gegeben. Allerdings werden hier keine lehrplanartig festgelegten Programme abgewickelt – jede Hochschule und jeder Hochschullehrer kann die Veranstaltung inhaltlich und von ihrer Form und ihrem Umfang her frei gestalten.

Die Institute sind nicht groß genug, um jeweils die gesamte Stoff-Fülle anzubieten. Die Studenten können folglich nur das hören, was gerade gelesen oder „geübt" wird. Es ist darüber hinaus nicht zu erwarten – in der Studienzeit ohnehin auch nicht möglich –, alle Zeiten und alle Gattungen vorgestellt zu bekommen: jeder hat sich den größten Teil des Wissens selbst zu erarbeiten. Vorbereiten und Nachbereiten der besuchten Vorlesungen, Übungen und Seminare bieten, wie in jedem anderen Fach, die besten Voraussetzungen für ein weiterführendes Selbststudium.

Schon früh sollte sich jeder einzelne um kleine Referate bemühen. Zum einen, um sich schnell der Herausforderung zu stellen; denn jedes selbständige Erarbeiten eines auch noch so engen Themas und das Vortragen vor (teilweise sehr viel älteren) Kommilitonen will gelernt und ertragen werden. Aber auch die möglichst frühzeitige Auseinandersetzung mit dem Fach, seinen Inhalten und Methoden, ist gerade bei der Kunstgeschichte nötig: Man merkt so am schnellsten, ob man sich für das Fach geeignet fühlt. Die Reaktion der Mitstudenten und Hochschullehrer auf die Referate vermag vielleicht darüber hinaus zu klären, ob man auch tatsächlich geeignet ist.

Die ersten Semester können neben einer ersten Orientierung über die Kunstgeschichte nicht zuletzt der Wahl der Nebenfächer dienen. Die Zeit bis zur Zwischenprüfung sollte also intensiv genutzt werden, um möglichst viele Einführungen in andere Fächer zu besuchen. Gerade für BAföG-Empfänger ist eine baldige Entscheidung wichtig. Aber auch nach der endgültigen Studienwahl sollte jede Gelegenheit wahrgenommen werden, sich einen Einblick in andere Wissenschaften zu verschaffen.

Die Zeit nach der Zwischenprüfung – einer guten Chance übrigens zur eigenen Standortbestimmung und Selbstbefragung – wird sehr schnell mit der Suche nach einem geeigneten Thema für eine Magisterarbeit vergehen. Die eigene Neigung sollte eine gewisse Richtung aufzeigen für ein Thema, das dem gewählten Hochschullehrer vorgeschlagen und frühzeitig – und von da an in Abständen wiederholt – mit ihm durchgesprochen werden sollte. So kann das Gebiet abgesteckt, im Verlauf der Bearbeitung immer wieder korrigiert und vermieden werden, zeitraubende Irrwege zu gehen.

Der in der Philosophischen Fakultät rangniedrigste akademische Abschluß Magister Artium (M.A.) sollte auf alle Fälle zunächst angestrebt und geschafft werden. Er ist an vielen Hochschulen auch jetzt schon Voraussetzung für die Zulassung zur Promotion. Er ist aber in jedem Falle dringend anzuraten. Mit ihm sind gewisse Einstellungschancen bereits gegeben. Die Zahl freier Stellen ist nicht gerade üppig, die Zeit bis zur Promotion unter Umständen sehr lang; denn Doktorarbeiten können hinsichtlich ihrer Dauer vorher wenig kalkulierbar sein.

Bei der großen Zahl der Absolventen des Kunstgeschichtsstudiums und der geringen Zahl an offenen Stellen ist die Promotion zumeist die Voraussetzung für eine Einstellung. Schon deshalb kommt auch dem Thema der Dissertation eine große Bedeutung zu. Jede zusätzliche Qualifikation kann von Nutzen sein: Sprachkenntnisse, Auslandsaufenthalt, möglichst auch schon kleinere Veröffentlichungen während des Studiums.

Literatur

Bauer, Hermann: Kunsthistorik. Eine kritische Einführung in das Studium der Kunstgeschichte, 3., verbesserte und erweiterte Auflage, München 1989.

Belting, Hans u.a. (Hrsg.): Kunstgeschichte: Eine Einführung, 3., durchgesehene und erweiterte Auflage, Berlin 1988.

DuRy van Beest Holle, Gérard (Hrsg.): Kunstgeschichte. Von den Anfängen bis zur Gegenwart, Druck-und Verlagshaus K. Müller (o.J.).

Fachschaft Kunstgeschichte München (Hrsg.): Kunstgeschichte, aber wie? Zehn Themen und Beispiele, D. Reimer 1989.

Kultermann, Udo: Geschichte der Kunstgeschichte: der Weg einer Wissenschaft, München 1990.

Schlagintweit, Hans/Helene K. Forstner: Lehrgang Kunstgeschichte. Von der Antike bis zur Moderne. Zum Selbststudium der Kunststile, Schwabe 1991.

Schmied, Wieland: Kunst, Kunstgeschichte, Kunstakademie.(Schriftenreihe der Akademie der Bildenden Künste), Anderland 1990.

Sperlich, Martin: Vademecum, vadetecum. Oder zu was studiert man Kunstgeschichte, Silver & Goldstein 1992.

Werner, Ingrid: Einblick in das Studium der Kunstgeschichte, OPS-Verlag 1997.

2.7 MUSIKWISSENSCHAFT
von Christoph-Hellmut Mahling

Wer sich zum Studium der Musikwissenschaft entschließt, muß über ein gerüttelt Maß an musikalischem Sachverstand und über eine hohe Bereitschaft zum Risiko verfügen. Es genügt jedenfalls nicht, sich für dieses Fach zu entscheiden, weil man „eben gerne Musik hört" oder weil die praktisch-instrumentalen Fähigkeiten nicht ausreichen, ein Studium an einer Musikhochschule zu beginnen. Natürlich kann man theoretisch Musikwissenschaft auch studieren, ohne je ein Musikinstrument in der Hand gehabt zu haben, aber schon bald wird sich ein solches Defizit als überaus belastend ausweisen. Nur wer also neben den erforderlichen musikalischen Voraussetzungen zugleich ein hohes Maß an Wissenschaftsinteresse besitzt, sollte sich diesem Fach (als Hauptfach) überhaupt zuwenden. Da in den Gymnasien nur in Ausnahmefällen die Grundvoraussetzungen für ein Studium im Fach Musikwissen-schaft gegeben werden – wie übrigens auch für ein praktisches Musikstudium –, so müssen entsprechende Fachkenntnisse außerhalb der Schulbildung in Privatinitiative erworben werden. Die Universitäten bzw. Musikwissenschaftlichen Institute ihrerseits sind sich dieser Situation durchaus bewußt und bieten in der Regel während des Grundstudiums entsprechende musiktheoretische Übungen an, in denen die Grundkenntnisse erworben bzw. vertieft werden können. Wer aber zu Beginn des Studiums weder eine im Violinschlüssel noch eine im Baßschlüssel notierte Notenzeile zu lesen vermag, der sollte besser von einem Studium der Musikwissenschaft Abstand nehmen.

Für ernsthaft musik- und wissenschaftlich Interessierte bietet die Musikwissenschaft, nicht zuletzt wegen der Breite des Faches, die sich in seinen zahlreichen Teildisziplinen dokumentiert, und seinen interdisziplinären Berührungspunkten (z.B. mit der Germanistik, der Geschichtswissenschaft, der Soziologie etc.), ein weites Betätigungsfeld. Allerdings liegt hierin zugleich auch eine Gefahr für Studierende, nämlich sich durch Belegen einer Überzahl an Stunden zu verzetteln. Ein hohes Maß an Selbstdisziplin wird daher auch während des Studiums unerläßlich sein. Erfahrungsgemäß wird aber, wer das Grundstudium erfolgreich beendet hat, auch das Hauptstudium absolvieren und einen Studienabschluß erzielen. Diejenigen, die feststellen, daß sich ihre – meist illusionistischen – Vorstellungen von einem musikwissenschaftlichen Studium nicht mit der Realität decken oder denen es nicht gelingt, ein Defizit im musiktheoretisch-praktischen Bereich aufzuarbeiten, wechseln in der Regel schon nach den ersten zwei oder drei Semestern das Fach. Die oben angesprochene Bereitschaft zum „Risiko" bezieht sich weniger auf das Studium der Musikwissenschaft selbst als vielmehr auf die nach dem Studienabschluß bestehenden Berufsaussichten. Natürlich gibt es theoretisch die vielfältigsten Möglichkeiten, sich als Musikwissenschaftler zu betätigen, so zum Beispiel als Wissenschaftler an einer Universität, als Dozent an einer Musikhochschule oder an einem Konservatorium, als wissenschaftlicher Mitarbeiter in einem Forschungsinstitut bzw. bei einer der musikalischen Gesamtausgaben, als Lektor in einem Musikverlag, als Musikredakteur in Print- oder audiovisuellen Medien, als Musikdramaturg beim Theater, als Mitarbeiter im Bibliotheks- oder Archivwesen (wobei allerdings noch eine Spezialausbildung verlangt wird) oder im Bereich Kulturmanagement bis hin zur Tonträgerindustrie. Praktisch wird es von gewissen Zufallen abhängen, in welchem der genannten Bereiche sich eine Berufschance eröffnen kann. Dabei kommt es in der Regel auf ein breites Fachwissen, auf Repertoirekenntnisse und auf Flexibilität an. Wer sich von vorneherein auf nur ein Berufsziel festlegt, läuft Gefahr, niemals einen Arbeitsplatz zu bekommen. Da in vielen der genannten Berufszweige „praktische Erfahrung" bzw. „Berufserfahrung" vorausgesetzt wird, empfiehlt es sich, alle Möglichkeiten angebotener Praktika zu nutzen bzw. sich eigenständig um Praktika zu bemühen. Die Bedeutung persönlicher Kontakte sollte nicht unterschätzt werden. Für die wissenschaftliche Laufbahn sollten sich nur ganz außerordentlich qualifizierte Studierende entscheiden. Allerdings ist auch hier – und zwar in besonderem Maße – das Risiko gegeben, daß später, d.h. nach Abschluß der Habilitation und einer begrenzten Zeit als Hochschuldozent, keine Dauerstelle zur Verfügung steht. Der Betroffene würde dann sehr schnell feststellen müssen, daß er nun aufgrund seiner Ausbildung für andere Positionen (etwa als Redakteur beim Rundfunk) nicht mehr in Frage kommt, da er für diese überqualifiziert ist. Erfahrungswerte zeigen im übrigen, daß sich heute um freie Positionen für Musikwissenschaftler durchschnittlich etwa 50 bis 80 Prozent mehr Bewerber bemühen als noch vor zehn Jahren. Wer trotzdem und im vollen Bewußtsein der hier skizzierten Probleme Musikwissenschaft studiert, wer bereit ist zu Engagement und offen ist für alle Tätigkeitsbereiche, der wird auch nach dem Studium seinen Weg machen.

Mit weniger Risiko ist natürlich das Studium der Musikwissenschaft als Nebenfach verbunden. Es wird sich bei bestimmten Fächerkombinationen als nützlich erweisen. So könnte es beispielsweise für Studierende mit Hauptfach Publizistik durchaus nützlich sein, im Hinblick auf eine spätere Berufstätigkeit auch Fachkenntnisse aus dem Bereich der Musikwissenschaft zu besitzen. Musiktheoretische und möglichst auch musikpraktische Kenntnisse und Fähigkeiten werden allerdings auch im Nebenfachstudium – wenngleich in geringerem Umfang – vorausgesetzt.

Gegenstand und Methoden

Die Musikwissenschaft ist unter den Kunstwissenschaften wohl die älteste Disziplin. Schon in der Antike beschäftigte man sich mit der Erforschung ihrer Grundlagen (z. B. Pythagoras) und ihrer Wirkungen (z. B. Platon „Politeia"). Das Mittelalter zählte die scientia musica zu den septem artes liberales, allerdings als eine
mathematisch-naturwissenschaftliche Disziplin. Historische Studien zur Geschichte der abendländischen Musik finden sich unter anderen Bezeichnungen, wie etwa
„Musikalische Wissenschaften", im 18. Jahrhundert. Der Begriff „Musikwissenschaft", offenbar erstmals von E. T. A. Hoffmann gebraucht, wird aber erst gegen
Ende des 19. Jahrhunderts verbindlich als Bezeichnung für die Musikforschung als
einer positiven Wissenschaft. In diesem Sinne hat die Musikwissenschaft neue Im-
pulse von Gelehrten wie Guido Adler und Friedrich Chrysander erhalten. Adler
legte eine systematische Gliederung der Musikwissenschaft in ihre Teilbereiche vor
(in der „Vierteljahrsschrift für Musikwissenschaft" 1, 1885), die, abgesehen von
einigen Modifikationen und Erweiterungen, bis heute ihre Gültigkeit besitzt. Die
Musikwissenschaft hat darunter gelitten, daß sie zunächst keine eigenständigen
Forschungsmethoden entwickelte, sondern sich an denen anderer Disziplinen, wie
z. B. der Altphilologie oder der Kunstgeschichte, orientierte. Dies hat u. a. dazu geführt, daß die Musikwissenschaft allzu leicht auf Musikgeschichte eingegrenzt
wurde, ihre übrigen Teilgebiete aber nur als Appendices galten. Musikwissenschaft
versteht sich aber als Wissenschaft von der Musik im ganzen. Als solche befaßt
sie sich insbesondere mit drei Teilgebieten: der Historischen Musikwissenschaft
(Musikgeschichte), der Systematischen Musikwissenschaft und der Musikethnologie (musikalische Volks- und Völkerkunde).

Der Musikgeschichte wurde und wird noch immer die Priorität in der Ausbildung,
aber auch in der Forschung, eingeräumt. Dies hat seinen Grund nicht etwa in einer
Mißachtung der systematischen Grundlagenforschung oder der Ethnomusikologie,
sondern im Mangel der für diese Teilgebiete speziell ausgebildeten Wissenschaftler.
Nur an einigen deutschen Universitäten gibt es einen Lehrstuhl für Systematische
Musikwissenschaft (u. a. Humboldt-Universität Berlin, Hamburg und Köln) oder
Musikethnologie (Bamberg, FU Berlin, Göttingen, Hamburg, Köln und demnächst
auch München). Hier besteht, etwa im Vergleich mit der amerikanischen Musikwissenschaft, ein ungeheures Defizit. Und doch werden in der heutigen Forschung
immer häufiger alle drei Richtungen miteinander verbunden. Häufig sind zur Erklärung musikhistorischer Sachverhalte musiksoziologische oder musikpsycholo-
gische Aspekte ebenso wichtig wie die geschichtlichen Fakten, und zu welch einseitigen Ergebnissen würde die Instrumentenkunde kommen, wenn sie neben den

historischen Fakten nicht auch die Musikethnologie und die Systematische Musikwissenschaft in ihre Forschungen einbeziehen würde?

Allein diese Beispiele machen deutlich, daß Studierende der Musikwissenschaft sich nicht auf das Studium der Musikgeschichte beschränken dürfen. Die meisten Universitäten versuchen, den Mangel an entsprechenden Planstellen für Systematische Musikwissenschaft und Musikethnologie wenigstens durch Erteilung von Lehraufträgen einigermaßen auszugleichen (so z. B. Frankfurt/M., Heidelberg oder Mainz). Für eine spätere Tätigkeit im Bereich des Musiktheaters ist es für angehende Musikwissenschaftler von großer Wichtigkeit, sich mit den Methoden der Literaturwissenschaft vertraut zu machen, da im Bereich der Oper – wie auch allgemein der Vokalmusik – meist die textliche (und szenische) Seite mitbehandelt werden muß. (Universität und Musikhochschule Hamburg bieten einen Studiengang „Musiktheaterregie" an.) Die weitgehend „traditionelle" Ausbildung im Fach Musikwissenschaft wird im übrigen durch die zunehmende Bedeutung der Medien und deren spezifische Anforderungen zumindest erweitert werden müssen. Es scheint notwendig und sinnvoll, die Ausbildung künftiger Musikwissenschaftler durch berufsbezogene Lehrveranstaltungen (Kurse, Praktika etc.) zu ergänzen. Auch das Einbeziehen „populärer" Musikstile des 20. Jahrhunderts wie z. B. von Jazz, Pop und Rock sowie ihres sozialen Umfelds in den Forschungsbereich der Musikwissenschaft wird zu einem immer dringenderen Anliegen (Schwerpunkte schon heute an den Universitäten FU Berlin, HU Berlin, Gießen, Hamburg und Oldenburg).

Studienvoraussetzungen

Das Studium der Musikwissenschaft kann sinnvollerweise nur dann aufgenommen werden, wenn außer dem Abitur auch musikalische Grundkenntnisse vorhanden sind. Neben der Beherrschung eines Musikinstrumentes sollten, falls Klavier nicht das Hauptinstrument ist, wenigstens soweit Fähigkeiten auf diesem Instrument erworben werden, daß Kompositionen mittleren Schwierigkeitsgrades ausgeführt werden können. Nur so können auch Anforderungen im Partitur- und Generalbaßspiel bewältigt werden. Selbstverständlich sollte sein, daß der Bewerber über ein geschultes Gehör verfügt. Im Bereich der Musiktheorie sollten wenigstens die Grundlagen der Harmonielehre beherrscht werden (Kadenz, Harmonisierung einer vorgegebenen Melodie). Unerläßlich ist auch das Wissen um die wichtigsten Epochen und Entwicklungslinien der Musikgeschichte sowie die Präsenz eines musikgeschichtlichen Datengerüsts. Nur so werden die Lehrveranstaltungen des Grundstudiums mit Erfolg besucht werden können. Eine Aufarbeitung dieser Defizite während der ersten Studiensemester ist nicht nur mühsam, sondern überaus belastend. Studierende, die vor Aufnahme ihrer musikwissenschaftlichen Studien schon ein praktisches Musikstudium, z. B. Musikerziehung oder Kirchenmusik, absolviert haben, befinden sich gegenüber den übrigen Studierenden durchaus im Vorteil (zumal auch ein Teil der im praktischen Musikstudium erbrachten Studienleistungen in der Regel anerkannt wird). Dies gilt auch, wenn ein Staatsexamen für das Lehramt – Fachrichtung „Musik" – abgelegt wurde.

Studieninhalte

Die Musikwissenschaft beschäftigt sich mit der Musikgeschichte, der Systematischen Musikwissenschaft und der Musikethnologie (musikalische Volks- und Völkerkunde). In diesem Zusammenhang sind die Grundlagen, Erscheinungsformen und Wirkungsweisen der Musik ihr Gegenstand. Das Studium der Musikwissenschaft soll den Studierenden unter anderem das methodische und wissensmäßige Fundament vermitteln, das befähigt, sich selbständig und kritisch die notwendige wissenschaftliche Qualifikation zu erwerben. Hierzu gehören die Kenntnis der physikalischen und physiologischen Grundlagen der Musik, die Kenntnis ihrer psychischen Wirkungen sowie ihrer Erscheinungsweisen in den verschiedenen Formen menschlicher Gesellschaft in Vergangenheit und Gegenwart und auch in verschiedenen Kulturen. Die Studierenden sollen sich einen Überblick über die Entwicklung der Tonsysteme, der Musikinstrumente und ihrer Anwendung sowie der musikalischen Kompositionselemente, Formen, Gattungen und Stile von der Antike bis zur Gegenwart und den Zusammenhang der Musik mit der allgemeinen Kunst- und Kulturgeschichte verschaffen. Es leuchtet ein, daß diese Teilgebiete während des Studiums in der Regel nur punktuell und exemplarisch behandelt werden können. Doch kann dadurch zumindest ein Anstoß zu eigener Weiterarbeit und gegebenenfalls auch für eine entsprechende Schwerpunktsetzung gegeben werden.

Die Musikgeschichte hat die Entwicklung der Musik seit der Antike zum Gegenstand. Doch liegt der Schwerpunkt auf der Geschichte der abendländischen Kunstmusik seit etwa 800 n. Chr. Die einzelnen Epochen werden bis zu bestimmten Marksteinen, die in der Regel einen Wandel der Stile kennzeichnen, verfolgt. Studien zu Leben und Werk führender Musikerpersönlichkeiten gehören ebenso in dieses Gebiet wie eine Auseinandersetzung mit der Entwicklung einzelner Gattungen. In diesem Zusammenhang sind auch Studien in Bereichen wie Notationskunde, Quellenkunde, Aufführungspraxis oder musikalischer Sozialgeschichte unabdingbar.

Die Systematische Musikwissenschaft befaßt sich unter anderem mit der Geschichte der Musiktheorie, der Entwicklung der Musikinstrumente (Instrumentenkunde), der Frage nach der Hörweise und Rezeption von Musik (Physiologie, Musikpsychologie), Problemen der (musikalischen und physikalischen) Akustik (Grundlagenforschung), aber auch mit Musiksoziologie und dem breiten Gebiet der Musikästhetik, in das z. B. die Beschäftigung mit dem musikalischen Kunstwerk fällt.

Die Musikethnologie (oder „Ethnomusikologie") hat einerseits Untersuchungen zur europäischen Volksmusik, andererseits Forschungen zur Musik außereuropäischer Völker, soweit diese nicht einer Hochkultur zuzurechnen sind („Naturvölker"), zum Gegenstand. Heute werden durch den Begriff „Ethnomusikologie" schon weitgehend beide Gebiete abgedeckt. Wer sich der Musikethnologie zuwendet, muß sich darauf einrichten, möglichst eigene Forschungsreisen zu unternehmen, um auf diese Weise Materialien zu sammeln, die dann in einer wissenschaftlichen Arbeit ausgewertet werden können. Ein Studium mit Schwerpunkt Musikethnologie ist aber, wie schon oben erwähnt, nur an ganz wenigen Universitäten in Deutschland möglich und sinnvoll (im Gegensatz etwa zu den USA). Die historische Musikwissenschaft aber bleibt im Grunde Kern des Faches, um den sich alle anderen Teilgebiete gruppieren.

Studienorganisation

Bevor man mit dem Studium der Musikwissenschaft beginnt, ist es empfehlenswert, die Studienpläne und Prüfungsordnungen des Musikwissenschaftlichen Instituts, an dem man zu studieren beabsichtigt, genau zur Kenntnis zu nehmen. Es ist oft auch ratsam, zunächst die entsprechenden Unterlagen verschiedener Institute zu vergleichen und dann erst den Studienort zu wählen. Auskünfte erteilen in der Regel die Instituts-Sekretariate (bei denen auch die entsprechenden Unterlagen zu beziehen sind) oder auch die Studentischen Fachschaften.[1]

Generell ist jeder Studienanfänger davor zu warnen, zu viele Wochenstunden im Hauptfach sowie in den beiden Nebenfächern zu belegen – ein Fehler, der fast im-

---

[1] Die Adressen aller Musikwissenschaftlichen Institute sind verzeichnet in: „Musikstudium in Deutschland. Musik, Musikerziehung, Musikwissenschaft. Studienführer", hrsg. im Auftrage des Deutschen Musikrates von Richard Jakoby und Egon Kraus, neu bearb. 12. Aufl., Mainz u. a. 1997. Außerdem ist heranzuziehen: „Musikalmanach 1996/97. Daten und Fakten zum Musikleben in Deutschland", für den Deutschen Musikrat hrsg. von Adreas Eckhardt, Richard Jakoby und Eckhart Rohlfs, Kassel 1995 (Neuauflage alle 3 Jahre).

mer und allzuleicht begangen wird. Denn pro belegter Semesterwochenstunde ist in der Regel zusätzlich die doppelte Zeit zur Aufarbeitung des Stoffes und zur Anfertigung von Seminararbeiten zu veranschlagen. So sind etwa acht Semesterwochenstunden im Hauptfach, je vier oder maximal sechs Semesterwochenstunden in den beiden Nebenfächern als oberste Grenze anzusehen. Im Hauptfach sollten pro Semester mindestens ein Seminar (Pro- oder Hauptseminar) und eine Vorlesung belegt werden. Dazu kommen noch weitere entsprechend dem Studienplan vorgesehene Veranstaltungen. Wichtig ist außerdem, daß man sich frühzeitig mit der Technik des wissenschaftlichen Arbeitens (Bibliographieren, Zitierpraxis, Anfertigen wissenschaftlicher Arbeiten etc.) vertraut macht. Sind an einem musikwissenschaftlichen Institut mehrere (prüfungsberechtigte) Hochschullehrer tätig, so ist es zu empfehlen, sich nicht allzufrüh auf eine dieser Personen „festzulegen", da im Interesse eines vielseitigen Studiums möglichst viele, gerade auch unterschiedliche Aspekte verdeutlichende Lehrmeinungen zur Kenntnis genommen werden sollten. Zur Prüfung jedoch sollte man sich bei demjenigen Hochschullehrer anmelden, dessen Spezialgebiete den eigenen Interessen besonders entgegenkommen. Ganz allgemein ist vor einem „überladenen" Studium ebenso zu warnen wie vor einem allzu eingeengten „Schmalspurstudium". Wer es versteht, hier den sogenannten goldenen Mittelweg einzuschlagen, der wird seine Studien zu einem guten Ende führen. Über alle Wissenschaft und Theorie sollte aber auch die musica practica einen ihr gebührenden Platz während des Studiums behalten bzw. erhalten. Schließlich sind die musikalischen Kunstwerke nicht nur zur analytischen Durchdringung, sondern auch zur Ausführung aufgegeben.

Das Studium der Musikwissenschaft an den Universitäten und einigen Musikhochschulen mit Promotionsrecht (u. a. Berlin, Düsseldorf, Frankfurt/M., Hamburg, Hannover, Köln) gliedert sich in Grund- und Hauptstudium. Das Studium kann entweder mit dem Magister Artium (M. A.) oder mit der Promotion (Dr. phil.) abgeschlossen werden. Die Novellierung des Hochschulrahmengesetzes (Stand 1997) sieht weitere Abschlüsse vor (Bachelor und Master), die bereits nach kürzerer Studiendauer erworben werden können. Wie diese Möglichkeiten in den einzelnen Landeshochschulgesetzen umgesetzt werden, ist zur Zeit noch unklar. Die Regelstudienzeit für die Abschlüsse Magister Artium bzw. Promotion ist auf neun Semester (einschließlich Examen) festgesetzt. Erfahrungsgemäß ist je nach beabsichtigtem Studienabschluß jedoch mit einer Studiendauer von insgesamt 10 (M. A.) bis 14 Semestern (Dr. phil.) zu rechnen (die Förderungshöchstdauer nach dem Bundesausbildungsförderungsgesetz liegt in der Regel bei neun Semestern). Hierbei spielt natürlich auch eine Rolle, ob das zu bearbeitende Thema einer Dissertation z. B. umfangreiche Bibliotheks- bzw. Archivstudien notwendig macht

oder mit leicht zugänglichem Material durchgeführt werden kann. Die Magisterarbeit, in der vor allem gründliche Fachkenntnisse sowie die Fähigkeit zum wissenschaftlichen Arbeiten nachgewiesen werden sollen und in der daher nicht unbedingt die Vorlage neuer Forschungsergebnisse erwartet wird, muß allerdings, im
Gegensatz zur Dissertation, innerhalb einer bestimmten Frist – in der Regel sind
dies sechs Monate nach Mitteilung des Themas – fertiggestellt und beim Prüfungs-
amt eingereicht werden. Obwohl das Hochschulrahmengesetz eine einheitliche
Regelung der Studienabschlüsse vorsieht, bestehen je nach Bundesland, in dem die
Hochschule ihren Sitz hat, bis heute immer noch Unterschiede. So kann beispielsweise das Studium der Musikwissenschaft im Saarland und in Rheinland-Pfalz
direkt mit der Promotion abgeschlossen werden, während etwa in Berlin oder in
Nordrhein-Westfalen erst die Magisterprüfung abgelegt werden muß. Erst wenn
diese Prüfung (in der Regel mindestens mit der Note „gut") bestanden wurde, ist
eine Fortsetzung des Studiums mit dem Ziel der Promotion überhaupt möglich.
Entsprechend unterschiedlich gestalten sich dann auch die Prüfungsverfahren: Ist
das Magisterexamen zwingend vorgeschrieben, so beschränkt sich das Rigorosum
(die mündliche Doktorprüfung) darauf, daß der Doktorand eine Zusammenfassung der in der Dissertation niedergelegten eigenen Forschungsergebnisse vorträgt
und sich daran ein ausführliches Kolloquium anschließt. Dies ist insofern sinnvoll,
als entsprechende allgemeine Wissens- und Sachfragen, die während des Studiums
zu erarbeiten waren (z. B. eine Übersicht über die Entwicklung der Musikgeschichte, die Entwicklung der musikalischen Gattungen etc.) schon im Rahmen des
Magisterexamens abgeprüft wurden. In den anderen Fällen unterscheiden sich die
mündliche Magister- und Promotionsprüfung nur graduell. Sowohl im Magister-
wie im Promotionsstudiengang müssen zum Hauptfach Musikwissenschaft in der
Regel noch zwei Nebenfächer bzw. muß ein zweites Hauptfach gewählt werden.
Außerdem sehen neue Regelungen vor, daß Abschlußprüfungen in den Nebenfächern bereits vor dem Abschluß des Hauptfachs abgelegt werden können.

Da die Musikwissenschaft vielfältige Querverbindungen zu anderen Fächern hat,
sollte die Wahl der Nebenfächer auch unter dem Aspekt der „Nützlichkeit" für das
Hauptfachstudium gesehen werden. Geschichtswissenschaft oder Germanistik bieten sich hier ebenso an wie Kunstgeschichte oder Soziologie. Auch Publizistik oder
Journalistik sind im Hinblick auf eine spätere Tätigkeit im Medienbereich er-
wägenswert. An erster Stelle jedoch sollten auch für die Wahl der Nebenfächer die
individuellen Interessen ausschlaggebend sein.

Unterschiede zwischen den einzelnen Universitäten bestehen hinsichtlich der *Fremd-*
sprachenanforderungen. Während an einzelnen Universitäten für den Magister

oder die Promotion im Fach Musikwissenschaft das Latinum verlangt wird, genügt an anderen Universitäten bereits der Nachweis von Lateinkenntnissen. Darüber hinaus werden an einigen Universitäten zusätzlich Kenntnisse in bis zu zwei weiteren Fremdsprachen verlangt. Diese können in den meisten Fällen bereits durch das Abiturzeugnis nachgewiesen werden. Die an der jeweiligen Universität geforderten Fremdsprachenkenntnisse sind in den Studien- bzw. Prüfungsordnungen festgelegt und in der Regel spätestens bei der Meldung zur Abschlußprüfung nachzuweisen.

Von Universität zu Universität verschieden sind auch die Bewertungen musiktheoretischer Übungen und die damit verbundenen entsprechenden Anforderungen hinsichtlich der Kenntnisse in Harmonielehre, Kontrapunkt, Generalbaß, Partiturspiel, Formenlehre oder Gehörbildung. Diese Kenntnisse müssen sich Studierende im Fach Musikwissenschaft durch Absolvierung entsprechender Kurse erwerben, die in der Regel von den Musikwissenschaftlichen Instituten angeboten werden. Über Art und Umfang der zu belegenden Übungen geben die jeweiligen Studienordnungen Auskunft.

Das *Grundstudium* (1. Studienabschnitt) umfaßt vier Semester. Hier soll der Student nicht nur mit den „Gegenständen" und Methoden des Faches vertraut gemacht werden, sondern er soll auch das Rüstzeug für späteres eigenes wissenschaftliches Arbeiten erhalten. Dies geschieht im Rahmen von Proseminaren und Übungen. Wieviele dieser grundlegenden Lehrveranstaltungen jeweils zu besuchen sind, regeln die einzelnen Studienordnungen. Die erfolgreiche Teilnahme ist in der Regel durch entsprechende Proseminar- bzw. Übungsscheine zu belegen. Das Grundstudium gilt als abgeschlossen, wenn die entsprechend vorgeschriebenen Leistungen erfolgreich erbracht wurden. Am Ende des Grundstudiums steht eine Zwischenprüfung. Art und Umfang der Zwischenprüfung ist von Universität zu Universität verschieden. Ein intensives Studium der entsprechenden Studien- und gegebenenfalls der Zwischenprüfungsordnungen ist daher nachdrücklich zu empfehlen.

Im *Hauptstudium* (2. Studienabschnitt) soll eine schwerpunktmäßige Vertiefung der Kenntnisse und Spezialisierung auf bestimmte Gebiete je nach den individuellen Interessen erfolgen. Dabei wird das Selbststudium einen großen Anteil einnehmen müssen, d. h. das selbständige Erarbeiten musikalischer Kunstwerke, die Erweiterung der Repertoirekenntnisse sowie die selbständige Lektüre musikwissenschaftlicher Literatur. Spätestens im Laufe des 7. Semesters sollte man sich bei einem der Dozenten um ein Thema für eine Magisterarbeit oder Dissertation bemühen, da sonst die Gefahr besteht, daß der zeitliche Rahmen des Studiums über

Gebühr ausgedehnt wird. Voraussetzung für die Meldung zum Examen ist der Nachweis des ordnungsgemäß durchgeführten Studiums (d. h. in der Regel acht Studiensemester und Vorlage aller obligatorischen Scheine). Im Sinne einer angestrebten Studienzeitverkürzung können Prüfungsleistungen unter Umständen auch bereits vor Ablauf der Regelstudienzeit erbracht werden (die erforderlichen Scheine müssen selbstverständlich bereits vorliegen). Wird eine derartige Prüfung nicht bestanden, so kann die Prüfung ohne Nachteile wiederholt werden (sog. „Freischußregelung"); eine Wiederholung der Prüfung ist – soweit die Prüfungsordnung dies nicht ausschließt – auch zur Verbesserung des Prüfungsergebnisses möglich.

An einigen Universitäten werden zusätzlich zur wissenschaftlichen Ausbildung im Fach Musikwissenschaft praxisbezogene Übungen und Kurse angeboten. Dabei wird davon ausgegangen, daß nur auf diese Weise Kenntnisse und Fähigkeiten vermittelt werden können, die der künftige Musikwissenschaftler im Berufsleben benötigt. Hierzu gehören z. B. Kurse in Musikkritik oder Musiktheaterdramaturgie an der Universität Mainz, in „Editionspraxis" an den Universitäten Freiburg und Mainz oder „Musikwissenschaft und Medien" an den Universitäten Kassel, Mainz und Saarbrücken. Die Teilnahme an solchen Übungen und Kursen kann nicht nachdrücklich genug empfohlen werden. Darüber hinaus sollte man sich auch selbständig um Praktika bei Rundfunk- und Fernsehanstalten, bei Tageszeitungen (Feuilletonredaktionen), Konzertagenturen, Musikverlagen, Theatern etc. bemühen.

Da künftig immer mehr Gewicht auf umfangreiche Repertoirekenntnis gelegt werden wird, kann nur empfohlen werden, möglichst viele Werke aus den verschiedensten Epochen (möglichst mit Partitur und Tonträger – CD, Tonband, Kassette, Video) zu studieren. Auch die eigene praktische Musiziertätigkeit sollte hier nicht vernachlässigt werden. Gelegenheiten hierzu bieten an den Universitäten u. a. die Collegia musica. Unerläßlich sind darüber hinaus EDV-Kenntnisse (u. a. Textverarbeitung, Datenbankanwendungen, computergestützter Notensatz); denn Computer sind heute in der Musikwissenschaft, aber auch im Verlagswesen und in der Musikdokumentation selbstverständliche Arbeitsmittel.

Insgesamt kann heute festgestellt werden: Je breiter und besser die fachliche Qualifikation am Ende eines Studiums der Musikwissenschaft ist, umso größer sind die Chancen, nach Abschluß des Studiums eine entsprechende Tätigkeit zu finden.

Das Studium der Musikwissenschaft ist an folgenden deutschsprachigen Hochschulen möglich (Stand WS 97/98): Augsburg, Bamberg, Basel, Bayreuth (Musikwissenschaft und Musiktheaterwissenschaft), FU Berlin (Historische Musikwissenschaft und Vergleichende Musikwissenschaft), HdK Berlin, HU Berlin (Historische Musikwissenschaft, Systematische Musikwissenschaft/Musikethnologie), TU Berlin, Bern, Bochum, Bonn, Chemnitz/Zwickau, Detmold/Paderborn, Dortmund, Dresden, Robert-Schumann-Hochschule Düsseldorf, Eichstätt, Erlangen/Nürnberg, Musikhochschule Essen, U Frankfurt/M. HS für Musik und Darstellende Kunst Frankfurt/M., Freiburg/Fribourg i. Ue., Freiburg i. Br., Gießen, Göttingen, HS für Musik und Darstellende Kunst Graz, Greifswald (nur Magister), Halle-Wittenberg, Hamburg (Historische Musikwissenschaft und Systematische Musikwissenschaft), Musikhochschule Hannover, Heidelberg, Innsbruck, Karlsruhe, Kassel, Kiel, MH Köln, U Köln, Leipzig, Mainz, Marburg, München (Musikwissenschaft und Musiktheaterwissenschaft), Münster, Oldenburg, Osnabrück, Regensburg, Rostock, Saarbrücken, U Salzburg, HS für Musik und Darstellende Kunst Salzburg, Tübingen, Franz-Liszt-Hochschule Weimar (nur Magister), U Wien, HS für Musik und Darstellende Kunst Wien, Würzburg, Zürich (vgl. auch Übersicht in Tabelle 5).

Literatur

Adler, Guido (Hrsg.): Handbuch der Musikgeschichte, 2. Auflage 1930, (Nachdruck München 1975).

Blume, Friedrich (Hrsg.): Die Musik in Geschichte und Gegenwart (MGG), 17 Bde., Kassel 1949/51–1986 (als Taschenbuch Kassel/München 1989).

Blume, Friedrich (Hrsg.): Epochen der Musikgeschichte in Einzeldarstellungen. Epochenartikel der großen MGG-Enzyklopädie, 7. Auflage, Kassel/München 1992.

Dahlhaus, Carl (Hrsg.): Einführung in die Systematische Musikwissenschaft, Köln 1971.

Dahlhaus, Carl/Hermann Danuser (Hrsg.): Neues Handbuch der Musikwissenschaft, 12 Bde., Laaber 1980 ff.

Deutsche Gesellschaft für Musikforschung (Hrsg.): Die Musikforschung (Zeitschrift). (Jeweils in den Heften 1 und 3 eines Jahrgangs ist ein Verzeichnis der aktuellen Vorlesungen, Seminare und Übungen im Fach Musikwissenschaft an den deutschsprachigen Hochschulen mit Promotionsrecht veröffentlicht.).

Eckhardt, Andreas, Richard Jakoby, Eckhart Rohlfs (Hrsg.): Musikalmanach 1996/97. Daten und Fakten zum Musikleben in Deutschland, Kassel 1995 (Neuauflage alle 3 Jahre).

Ehrmann-Herfort, Sabine (Hrsg.): Musikwissenschaft und Berufspraxis, Darmstadt 1996.

Finscher, Ludwig u. a. (Hrsg.): MGG 2, Kassel 1994 ff.

Gurlitt, Wilibald/Hans H. Eggebrecht/Carl Dahlhaus (Hrsg.): Riemann-Musiklexikon, 12. Aufl., Mainz 1959–1975.

Jakoby, Richard, Egon Kraus (Hrsg.): Musikstudium in Deutschland. Musik, Musikerziehung, Musikwissenschaft. Studienführer, 12. Aufl., Mainz u. a. 1997.

Karbusicky, Vladimir: Systematische Musikwissenschaft. Eine Einführung in Grundbegriffe, Methoden und Arbeitstechniken, München 1979 (utb 911).

Küster, Konrad: Studium Musikwissenschaft, München 1996 (utb 1905).

Michels, Ulrich: dtv-Atlas zur Musik. Tafeln und Texte, Bd. 1, 8. Auflage, Kassel/München 1984, Bd. 2, 1985.

Sadie, Stanley (Hrsg.): The New Grove Dictionary of Music and Musicians, 20 Bde., London 1980.

Schnaus, Peter u.a. (Hrsg.): Europäische Musik in Schlaglichtern, Mannheim u.a. 1990.

Schwindt-Gross, Nicole: Musikwissenschaftliches Arbeiten. Hilfsmittel, Techniken, Aufgaben, Kassel u.a. 1992 (Bärenreiter Studienbücher Musik 1).

Wiora, Walter: Die vier Weltalter der Musik, Neuauflage Kassel 1988.

Wiora, Walter: „Methoden der Musikwissenschaft". In: Enzyklopädie der Geisteswissenschaftlichen Arbeitsmethoden, München 1970, S. 93 ff.

Karl H. Wörner, Geschichte der Musik. Ein Studien- und Nachschlagewerk, 8. Auflage, Göttingen 1993.

(Erstellt unter Mitarbeit von Dr. Kristina Pfarr)

2.8 THEATERWISSENSCHAFT
von Jürgen Hofmann

Es gibt dieses uralte Witzschema mit den zwei Nachrichten für jemanden, einer guten und einer schlechten – „welche wollen Sie zuerst hören?" Also die gute: Theaterwissenschaft wird von der Universitätsbürokratie und von anderen akademischen Fächern scheel angesehen, weil man das Fach für eine verkappte künstlerische Praxisausbildung hält. Und nun die schlechte Nachricht: am Theater behauptet man genau das Gegenteil. In Abweichung vom Witzmodus muß ich noch eine Verrechnung beider Nachrichten anfügen. Theaterwissenschaft ist nämlich leider weder das eine noch das andere. Vorläufig (und wahrscheinlich noch für recht lange Zeit) handelt es sich bei diesem Fach einfach nur um ein unschlüssiges Mittelding zwischen Theorie und Praxis, zwischen Wissenschaft und Kunst.

Wer sich mit dieser einfachen Wahrheit angefreundet hat oder sie – was die Regel ist – einfach schlichtweg verdrängt, kann mit dem Studium beginnen. Nur sollte man dann niemals behaupten, daß einen kein Mensch vor diesem Studium gewarnt hätte. Ich bin dieser Mensch. Und ich warne sogar sehr nachdrücklich vor dem Fach. Allerdings weiß ich auch ziemlich genau, daß sich dadurch so gut wie niemand von seinem Vorhaben abhalten läßt. Also will ich immerhin einige gute Ratschläge zu geben versuchen – schon weil ich ja selbst einmal genügend verrückt war, dieses Fach nicht nur zu studieren, sondern es sogar noch eine ganze Zeit lang auch zu lehren.

Warum, lieber Leser, möchtest du Theaterwissenschaft studieren? Es ist doch schließlich so: wer gerne auf der Bühne steht, geht zur Schauspielschule oder zu einer Freien Gruppe. Für Bühnenbildner, Bühnentechniker usw. gibt es eigene Fachausbildungen. Und für Film- und Fernseh-Praxis haben wir hierzulande ebenfalls mehrere Ausbildungsinstitute. Bleiben Dramaturgen und Theaterkritiker – zwei Berufssparten, deren Vertreter mindestens so häufig aus ganz anderen Fächern wie aus der Theaterwissenschaft stammen (und wo pro Jahr vielleicht 50 Positionen zur Neubesetzung für den Anfänger infragekommen).

Wir können die Frage hier natürlich nicht wirklich beantworten. Schließlich gilt die Universität nach dem Humboldtschen Bildungsideal traditonellerweise ja noch immer als Stätte der Gemeinschaft von zweckfrei nach Wahrheit Forschenden und sie Lehrenden – während die Uni von heute nach modernem technokratischem Wissenschaftsverständnis längst nur noch als besonderer Ort für eine qualifizierte Berufsausbildung zu betrachten ist. Nicht nur die akademische Praxis, sondern vermutlich auch die Wahrheit dürfte also irgendwo dazwischen liegen. Wenn man in der Hochschule nur das lernen will, was einem beruflich verwertbar erscheint, nähert man sich bald der Ratte – die als Objekt der Wissenschaft das Rädchen in ihrem Käfig in Gang hält. Aber auch das esoterische oder exotische Ausleben der akademischen Freiheit – vom „Elfenbeinturm" einer solchen Wissenschaft hat man früher gesprochen und als „Orchideenfächer" werden Disziplinen wie die Theaterwissenschaft auch universitätsintern gern bespöttelt – ist keine Lösung: weder der promovierte Taxifahrer noch der fachidiotische Zwangscharakter können zu den Leitbildern eines geistes- und sozialwissenschaftlichen Studiums gehören.

Setzt man die Frage nach den Motiven für das Studium und das Problem des Ausbildungsziels einmal momentan hintan, dann läßt sich sicherlich, etwas vereinfacht, von den Studenten dieses Fachs als Menschen ausgehen, die sich schlicht für Theater interessieren (und im Zusammenhang damit vielleicht auch für Film und Fernsehen). Und Theater – damit nähern wir uns wieder dem Ausgangspunkt unserer doppelten Nachricht – erscheint dem Interessenten in zweierlei Gestalt: als praktisches künstlerisches Ereignis, zu dessen Mitproduktion man allerlei intellektuelle, handwerkliche und ästhetische Fertigkeiten erlernen kann – und als gesellschaftsgeschichtliches Phänomen, dessen vielfältige Spuren in der Historie aufzusuchen sind (und deren Erkenntnis wiederum in die heutige Praxis zu münden vermag).

Die Einsicht in diesen Doppelcharakter des Theaters bildet eine elementare Voraussetzung für die wissenschaftliche Beschäftigung mit ihm. Geschichte und Gegenwart, Praxis und Theorie sind im Theater dialektisch miteinander verbunden. Was das bedeutet, mögen die folgenden Anmerkungen weiter aufklären helfen.

Gegenstand und Methode

Als verhältnismäßig junges akademisches Fach, das noch dazu nur an ganz wenigen Universitäten etabliert ist, verfügt die Theaterwissenschaft kaum über einen halbwegs verbindlich geklärten Gegenstand (im wissenschaftstheoretischen Sinn). Anders als z.B. in den unter mehreren Aspekten benachbarten Disziplinen von Kunstgeschichte oder Musikwissenschaft existieren in diesem Fach in der Bundesrepublik kaum institutsübergreifende fachliche Wissenschafts- bzw. Forschungseinrichtungen. Immerhin gibt die Wiener Theaterwissenschaft die Zeitschrift „Maske und Kothurn" heraus, die Bochumer halbjährlich ein „Forum Modernes

Theater". Der Forschungsertrag von derzeit etwa 25 Lehrstuhl-Inhabern erscheint
eher gering, der Kontakt der Institute untereinander unterentwickelt. Ob die erst
vor wenigen Jahren gegründete „Gesellschaft für Theaterwissenschaft" hier Besse-
rung bringt, muß abgewartet werden.

Mit örtlich variierenden Schwerpunkten richtet sich die Beschäftigung im Fach an
den meisten Instituten auf ähnliche Gebiete. Nach einer ersten vereinfachenden
Gliederung kann man diese als Theatergeschichte, systematische Theaterwissenschaft, Theaterpraxis sowie Film/Fernsehen/Video unterscheiden. Die Einbeziehung der audiovisuellen Medien ins Fach ist ein Produkt einer Entwicklung etwa
der letzten drei Jahrzehnte und geht noch mit vielfältigen methodischen und praktischen Problemen einher: so z.B. was die Abgrenzung von Medienwissenschaft
bzw. Publizistik oder von der Medienpraxis der Film- und Fernseh-Hochschulen
anlangt. Einige Institute beschränken sich, wie das dann meist aus ihrem Namen
hervorgeht, strikt auf den Gegenstand Theater.

Die eigene Theaterpraxis gilt im Fach allgemein nicht oder nur im Ausnahmefall
als Gegenstand der Theaterwissenschaft – und kommt daher in der Regel nur in
Lehrauftragsform im Studium vor. Wenn man allerdings unter einem weniger ver-
engten Begriff auch z.B. dramaturgische Analysen oder die Erlernung von Thea-
terkritik (Rezension) als Praxis versteht, so rückt dieser Sektor – der systematischen
Theaterwissenschaft angenähert – wieder etwas mehr in den Mittelpunkt.

Studieninhalte

Die systematische Theaterwissenschaft und die Theatergeschichte machen heute
den Kern des akademischen Fachs aus. Wenn man sich dabei in Erinnerung ruft,
daß wir hier den Doppelcharakter von Theater als einem gesellschaftsgeschicht-
lichpraktischen Phänomen zugrundegelegt haben – so leuchtet sicherlich von vorn-
herein ein, daß historische und systematische Fragestellungen bzw. Methoden sich
in der Theaterwissenschaft zwangsläufig permanent überschneiden.

Die Behandlung der Theatergeschichte folgt der in den meisten verwandten Disziplinen verbreiteten Periodisierung und hält sich auch weitgehend an die z.B. in
Musik- und Kunstgeschichte übliche bürgerliche Historiographie, in der allgemeine Geschichte und Ideologie, Klassenkämpfe und Kulturkritik mehr oder minder als bloßer Rahmen für eine selbständige Entwicklung des eigenen Kunstgegen-
stands angesehen werden. Schwerpunkte dieser Art von Theatergeschichte bilden

dann die Antike von griechischer Polis und Rom, Mittelalter und frühe Neuzeit (mit geistlichen Dramen oder Fastnachtsspielen bis hin zur Commedia dell'arte) und schließlich die erste Blütezeit des großen europäischen Theaters (England, Frankreich, Spanien, Italien) im 16./17. Jahrhundert. Die deutsche bürgerliche Theatergeschichte beginnt mit dem 18. Jahrhundert, das moderne Theater mit den Ende des vergangenen Jahrhunderts einsetzenden Theaterreformen.

In der systematischen Theaterwissenschaft werden Fragen nach einzelnen Form- und Wirkungselementen des Theaters gestellt oder zum Beispiel medien-, kommunikations- und erkenntnistheoretische Zusammenhänge behandelt. Dazu gehören insbesondere (historische) Schauspieltheorien, Untersuchungen über das Verhältnis von Schauspieler und Zuschauer (bzw. Produktion und Rezeption) sowie über das von Drama und Theater. Einzelne Mittel des Theaters – wie Bühnenbild, Bühnenarchitektur, Maske oder Regieführung – werden gesondert untersucht und gegebenenfalls unter besonderen Aspekten (Soziologie, Ästhetik, Praxis usw.) aufgerollt. Mit den Feldern von Dramaturgie und Aufführungsanalyse werden dann meist schon theaterpraktische Fragen berührt. Bei der Behandlung von Dramen und Dramentheorien geschieht das vor allem dort, wo die mögliche Inszenierung eines Stücks den Fluchtpunkt der Untersuchung bildet – in der Analyse von Inszenierungs-Produkten hingegen schon per Definition: nicht zufällig ist dieser Zweig der Theaterwissenschaft praktisch erst mit der Entwicklung der Video-Aufzeichnung entstanden.

Die Einbeziehung von audiovisuellen Aufzeichnungen (AV) in der Theaterwissenschaft markiert in diesem Fach einen gewissen Umbruch. Obwohl das mediale Hilfsmittel zunächst nur einen methodischen Einschnitt hervorgerufen hat, verweist es doch zugleich unübersehbar auf die sich gesellschaftlich anbahnende Verschränkung der technischen mit den herkömmlichen AV-Medien, der auch die Theaterwissenschaft – trotz der konstitutiven Nicht-Festhaltbarkeit ihres Gegenstands – auf die Dauer sich kaum wird entziehen können.

Studienanforderungen

Es ist die erste Vorlesung für die Erstsemester in Medizin – und der Professor ergreift die seltene Gelegenheit, um über die elementaren Anforderungen zu sprechen, die das Fach an seine Studenten stellt. „Zwei Dinge, Kommilitonen und Kommilitoninnen, sollte, nein – muß jeder, der diesen verantwortungsvollen Beruf ergreift, auf jeden Fall mitbringen: erstens darf er sich vor nichts, aber auch gar nichts ekeln, zweitens muß er genau, sehr genau beobachten können. Ich möchte Ihnen heute die Gelegenheit zur Überprüfung Ihrer Eignung für dieses Studium geben. Einmal habe ich hier ein Gefäß mitgebracht – mit Blut und Eiter von meinen letzten Operationen. Sie sehen, ich tauche meinen Finger hinein und lecke ihn ab. Bitte treten Sie jetzt hier vor an den Tisch und tun Sie dasselbe!" Die Studenten erbleichen, einige kotzen, andere verlassen den Saal. Die Mehrzahl ist tapfer. Dann wieder der Professor: „Vielen Dank, meine Damen und Herren, die Sie bewiesen haben, daß Sie sich vor nichts, aber auch gar nichts ekeln! Leider sind Sie aber alle bei der zweiten Prüfung durchgefallen. Sonst hätten Sie bemerken müssen, daß ich meinen Zeigefinger in dieses Gefäß getaucht – und meinen Ringfinger abgeleckt habe."

Was, fragt man sich, lehrt mich dies? Zunächst vielleicht gar nichts. Immerhin aber sind es auch in der Theaterwissenschaft zwei elementare Voraussetzungen, die jeder Student unabdinglich mitbringen muß: ästhetisches Empfindungs- und Wahrnehmungsvermögen einerseits – die Fähigkeit mindestens zum Denken und Fühlen (wenn nicht gar zum Handeln) in künstlerischen Kategorien zum anderen. Der Nachteil bei diesen elementaren Voraussetzungen besteht allerdings darin, daß sie nicht annähernd so objektiv zu überprüfen (oder auch selbst zu kontrollieren) sind wie Ekel und exakte Beobachtungsgabe. Und außerdem – dies gilt freilich auch für das Medizin–Beispiel – sind natürlich diese Grundvoraussetzungen auch nicht einfach da wie Linkshändertum oder blaue Augen. Vielmehr sollen ästhetisches Empfinden und künstlerisches Denken ja u. a. auch erst durch dieses Studium selbst entwickelt und gepflegt werden.

Trotzdem ist es wichtig, dieses A und O des Fachs klar zu bezeichnen. Und auch zur Selbstkontrolle bietet sich dem Anfänger eine verhältnismäßig einfach herzustellende Gelegenheit. Wer Theaterwissenschaft studiert, sollte so bald wie möglich an einem stinknormalen Stadttheater hospitieren oder volontieren. Wobei die Einbindung des Volontärs in die Mitarbeit (vor allem als Regieassistent oder dergleichen) natürlich erheblich günstiger ist als das bloß passive Dabeisein des Hospitanten. Einige Theaterwissenschafts-Institute versuchen, ihren Studenten für die Semesterferien solche Praxiserfahrungen zu vermitteln. Leider aber ist das längst nicht die Regel (und schon gar nicht Studienbedingung) – so daß tatsächlich immer noch viele Absolventen des Fachs nach ihrem Magister oder gar Doktor zum ersten Mal eine Bühne von hinten sehen. Nicht zuletzt dieser bei den Theatern natürlich registrierte Umstand der Praxisferne hat die Skepsis oder gar Abneigung gegen die Theaterwissenschaft über Jahrzehnte – übrigens zu beider Nachteil – weithin verbreitet. Und fast versteht es sich von selbst, daß den Theaterwissenschaftlern dann auf die Dauer auch nichts anderes eingefallen ist, als die wahrlich enormen Erstarrungen dieses bürgerlichen Theaters mehr oder minder deklamatorisch zu beschwören und vielleicht sogar noch Leben und Spiel der Freien Gruppe dagegen als das Gelbe vom Ei zu preisen.

Wie dem auch sei – speziellere Voraussetzungen als die genannten sind für die Theaterwissenschaft verbindlich nicht anzugeben. Sogar über die für den künftigen Dramaturgen unerläßliche Bereitschaft, im Durchschnitt täglich ein Theaterstück zu lesen (so eine Art Faustregel) – läßt sich sicherlich streiten. Und zwar kann man, wie in allen Kulturberufen, auch am Theater Fremdsprachen natürlich immer gut brauchen – für das Studium selbst (bei dem mir noch Latein- und Italienisch-Kenntnisse abgefordert wurden) scheint mir eine diesbezügliche Empfehlung kaum präzise formulierbar.

Ungeachtet des Berufsziels rate ich, vor Beginn dieses Studiums unbedingt das individuelle Gespräch mit ein paar Praktikern zu suchen: Bitten Sie die Dramaturgin Ihres Stadttheaters um eine Unterredung, und fragen Sie einen lokalen Theaterkritiker nach seinen Erfahrungen! Sprechen Sie einen Regisseur an oder auch den Intendanten! Auf diese Weise können Sie Ihre Eignung und Neigung sicherlich ein Stück besser überprüfen.

Und was lehrt dann das eingangs zitierte Medizin-Experiment?
Nun, zumindest eines: Studenten – mißtraut den Professoren! Eine ganze Reihe von ihnen sitzt selbst höchst verklemmt auf ihren entsprechenden Theater-Lehrstühlen. Schaut ihnen auf die Finger, kritisiert sie. Wie aber lernt man wiederum diese Kritikfähigkeit? Naja – durchs Studium natürlich.

Situation und Geschichte

Theaterwissenschaft ist, als akademische Disziplin, verhältnismäßig jung. Entsprechende Vorlesungen zu Ästhetik, Dramaturgie oder Geschichte tauchen etwa mit Beginn dieses Jahrhunderts vor allem im Umkreis der Germanistik auf. In den zwanziger Jahren werden dann mehrere theaterwissenschaftliche Institute – u.a. in Berlin und München – gegründet.Heute gibt es in der Bundesrepublik Deutschland zehn Universitäten, an denen man Theaterwissenschaft als Hauptfach studieren kann: Berlin (Freie und Humboldt-Universität), München, Köln, Erlangen-Nürn-

---

[1] Vgl. auch Tabelle 5.

berg, Leipzig, Gießen, Bochum, Mainz und Frankfurt/M.[1] An mehreren anderen Universitäten werden Lehrveranstaltungen mit theaterwissenschaftlichem Schwerpunkt im Rahmen von Literaturwissenschaft oder Germanistik abgehalten.

Darüber hinaus gibt es einige fachverwandte Institutionen, wie den jüngst in Leipzig an der „Hochschule für Musik und Theater" eingerichteten Studiengang für Dramaturgie, in dem speziell (jeweils einige wenige) Dramaturgen ausgebildet werden. Die ebenfalls erst vor kurzem von August Everding ins Leben gerufene „Bayerische Theaterakademie" versucht, eine Ausbildung zu verschiedenen Theaterberufen integrativ zu organisieren. Die theoretisch-praktische Vermittlung von Theater an der Universität Hildesheim bleibt dagegen eher dem kulturpädagogischen Gesamtziel verpflichtet. Im deutschsprachigen Ausland besteht das größte Institut für Theaterwissenschaft an der Universität Wien – mit mehreren Tausend eingeschriebenen Studierenden.

Trotzig um die permanente Demonstration ihrer Selbständigkeit bemüht, hat sich die Theaterwissenschaft von früh an geradezu manisch auf die Suche nach dem „Eigentlichen", „Wesentlichen" von Theater gemacht. Das hatte sicherlich zunächst einmal mit dem Versuch zu tun, das „Eigentliche" und „Wesentliche" des Fachs gegenüber dem Mißtrauen alteingesessener Nachbar-Disziplinen zu rechtfertigen. In einem größeren gesellschaftlichen Rahmen betrachtet jedoch, stand noch mehr dahinter: nicht zufällig fällt die theaterwissenschaftliche Gründerzeit nämlich zusammen mit dem raschen Aufstieg jener technischen Massenmedien, die inzwischen zu unserer heutigen universalen AV- und Computer-Medienwelt geführt haben.

In direktem oder indirektem Bezug auf die irgendwie abbildenden technischen Medien behauptet die Theaterwissenschaft von Anfang an – und für lange Zeit – ihren Gegenstand als das „ganz Andere", das besonders „Menschliche". Vor allem der „ewige Mimus" spielt dabei eine Art leitmotivischer Rolle, wird sozusagen als anthropologische Invariante betrachtet. Solchermaßen geradezu vom Fundament her zum Medium des unmittelbaren Ausdrucks ewiggleicher Leidenschaften und Konflikte erklärt, reift das so verstandene Theater denn auch bald zum idealen Mittel ahistorischer Schicksals-Ideologien. Wie das Theater unter den Nazis noch einmal zum Ausdruck der Epoche avanciert – man denke an die organisierten Massenspektakel, den bombastischen Wagner-Kult oder die Bedeutung der Theaterpolitik für Nazigrößen wie Goebbels und Göring – so nimmt die Theaterwissenschaft vor allem rassistische, „völkische" Mythen des deutschen Faschismus praktisch problemlos in ihr Gedankengut auf.

Daß das Fach nach 1945 bald wieder von den „entnazifizierten" Vertretern seiner Irrationalisierung ebenso beherrscht wurde wie viele andere akademische oder sonstige gesellschaftliche Sektoren eben auch – der methodischen Weiterentwicklung der Theaterwissenschaft hat das schwer geschadet. Erst um 1970 werden, im Zug einer partiellen personellen Regeneration an einigen Instituten, wenigstens hie und da auch gewisse Reformansätze sichtbar. Es kommt immerhin zu wissenschaftstheoretischen Auseinandersetzungen über das Verhältnis von Theater und AV-Medien, über die Beziehung zur Theaterpraxis. Medien- und kommunikationstheoretische Überlegungen gehen in die an mehreren Instituten formulierten Studienpläne ein. Die systematische Beschäftigung mit gesellschaftlichen Grundlagen des Theaters, mit seinen soziologischen Aspekten, nimmt zu. Durch die Entwicklung von Aufführungsanalysen verstärkt sich leidlich die empirische Beschäftigung mit dem zeitgenössischen Theater und seiner ästhetischen Gestalt. Freilich – die Theaterwissenschaft laboriert auch heute noch heftig an den schweren Defiziten ihrer Vorgeschichte. Gegenüber den deutlichen Praxis-Erwartungen seiner Studenten kann sich das Fach immer auf seine sozusagen bloße Wissenschaftlichkeit hinausreden. Seine Wissenschaftlichkeit jedoch hat – anders als z. B. die Kunstgeschichte (mit Museen und Verlagen) oder ähnlich die Musikwissenschaft – kaum vergleichbare Gegenstände und Berufsbilder zum Korrelat. Pointiert könnte man auch sagen, daß die Unseriosität des Theaters das Entstehen einer trockenen Wissenschaft letztlich kaum zu gelassen hat. Die Widersprüche werden heutzutage noch verschärft dadurch, daß ein Großteil der massenhaften Studenten der Theaterwissenschaft von ihr ausgerechnet eine Beschäftigung mit Film und Fernsehen erwartet – auf die das Fach am allerwenigsten eingerichtet ist. Aber vielleicht bilden Widersprüche die einzige wirkliche Tradition dieser zwiespältigen Disziplin.

Studienorganisation

Das Studium der Theaterwissenschaft an deutschen Universitäten dauert einheitlich mindestens acht Semester. Als Abschluß sind Magister-Examen oder/und Promotions-Verfahren vorgesehen, die ggf. mit der Graduierung zum Magister Artium (M.A.) oder zum Dr. phil. enden. An allen Instituten ist das Studium in Grund- und Hauptstudium gegliedert. Dabei soll oder sogar muß der Student in den ersten vier Semestern eine von Institut zu Institut variierende Zahl und Art von grundlegenden Lehrveranstaltungen absolvieren (und evtl. später durch Teilnahme- oder auch Referat-Scheine belegen). Im zweiten Studienabschnitt, dem Hauptstudium, soll dann praktisch eine Art Vertiefung bzw. Spezialisierung erfolgen, die gegen Ende dieser Phase dann z. B. zum Examensthema hinführt (welches Professor und Student gemeinsam aushandeln). Manche Institute verlangen nach dem Grundstudium eine Zwischenprüfung.

Mit dem Numerus clausus muß der Neuling heute an allen Universitäten rechnen, wobei die vorausgesetzte Abitur-Durchschnittsnote je nach Hochschule differiert (vgl. Tabelle 6). In Gießen und Frankfurt kann man sich jeweils nur zum Wintersemester bewerben und gehört nach dem Bestehen einer Prüfung gegebenenfalls zu den wenigen 30 bzw. 40 Hauptfach-Studierenden. An den anderen Universitäts-Instituten ist das Studium auch im Nebenfach möglich.

Als Hauptfach-Student der Theaterwissenschaft mit dem Abschlußziel Magister Artium muß man im allgemeinen noch zwei Nebenfächer studieren. Rechtzeitige Information darüber, ob die Wahl frei oder eingeschränkt ist, empfiehlt sich. Auch wird gelegentlich noch der Erwerb des Latinums (z.B. während des Grundstudiums) vorausgesetzt.

Angesichts der mehrfach angesprochenen Widersprüchlichkeiten des Fachs ebenso wie im Hinblick auf seine in Gang befindliche mediale Umorientierung erscheinen allgemeine Ratschläge zur Wahl der Nebenfächer kaum möglich. Dementsprechend soll hier vor allem die Teilnahme an den allerorten vorhandenen Studienberatungen – und zwar möglichst an mehreren – nahegelegt werden. Meine persönliche Auffassung ist die, daß das Nebenstudium eines sozialwissenschaftlichen Fachs (wie Soziologie, Psychologie, Politologie) auf jeden Fall von Vorteil erscheint. Nicht nur Theater, auch z.B. Film und Fernsehen bilden weitgehend soziale Vorgänge, Konstellationen und Konflikte ab, die nur zu oft ganz bestimmten – wissenschaftlich behandelbaren – Mustern und Mechanismen folgen. Darüber hinaus kommen die Produkte dieser Medien (und zumal die des Theaters) selbst nur durch oft subtile soziale Prozesse zustande, deren analytisch qualifizierte Beobachtung sicherlich ebenfalls dem Fachgegenstand keineswegs äußerlich bleiben muß. Es soll aber hinzugefügt werden, daß die Kombination der Theaterwissenschaft mit sozialwissenschaftlichen Nebenfächern immer schon Seltenheitscharakter hatte. Immerhin sind die traditionell favorisierten musischen Branchen (wie vor allem die Kunstgeschichte) längst von der Germanistik übertrumpft worden, während sich die Publizistik (wo sie an den Universitäten existiert) schon seit Jahren größter Beliebtheit als Nebenfach erfreut.

Für die Fächerwahl bzw. -kombination ist vielleicht auch der Hinweis nicht ganz unerheblich, daß (nach meinem bestimmten Eindruck) für die spätere Berufspraxis des Theaterwissenschaftlers die Spezifität des Fachs, in dem man sein Studium abgeschlossen hat, von verhältnismäßig untergeordneter Bedeutung ist. Insbesondere am Theater, aber auch bei den Medien, dürfte häufig das abgeschlossene Fach als durchaus sekundär gelten gegenüber der wirklichen fachlichen Qualifikation. Die allerdings, davon war schon die Rede, steht gerade in der Theaterwissenschaft wiederum auf einem ganz anderen Blatt.

Studienpläne

Studienordnungen und/oder Studienpläne sind die an Universitäten üblichen Mittel zur Definition eines Fachs, seiner Lehrinhalte und Veranstaltungsformen einschließlich Fach- bzw. Studienaufbau mit Praktika, Prüfungen und organisatorischen Einzelheiten. Nach der bisherigen Skizzierung der Theaterwissenschaft und ihrer widersprüchlichen Bewegung in der jüngeren Vergangenheit wird man leicht begreifen, daß solche Studienpläne das Fach und seine Besonderheiten natürlich nur sehr bedingt festschreiben können. Von der Existenz bzw. verbindlichen Gültigkeit eines Studienplans läßt man sich daher am besten vor Aufnahme des Studiums von den einzelnen Instituts-Sekretariaten unterrichten oder erkundigt sich spätestens in der Studienberatung danach. Über Studienpläne, Prüfungsordnungen und dergleichen informiert in der Regel jedoch auch ein sogenanntes Kommentiertes Vorlesungsverzeichnis, das jeweils vor Semesterbeginn gegen eine Schutzgebühr zu erwerben ist. Vor allem aber soll man sich damit aufgrund der Kommentare zu den einzelnen Lehrveranstaltungen ein differenziertes Bild von diesen machen und sich dementsprechend zum Besuch oder Nichtbesuch entscheiden können. Natürlich kommt die „Stunde der Wahrheit" dann erst mit dem Vorlesungs-, Übungs- oder Seminarbeginn selbst: erst an Ort und Stelle kann man entscheiden, ob das eigene Interesse an einem Thema auch den beispielsweise durch das Veranstaltungsklima, den Stil des Dozenten und den Andrang der Kommilitonen gesetzten Bedingungen standhält.

Dazu ein Ratschlag am Rande: zweifellos ist es richtig, in den ersten Semestern viel in seinem Fach herumzuschauen und zu horchen, zu prüfen und zu vergleichen. Aber man erwarte in der Theaterwissenschaft keine Erleuchteten. Die Professoren des Fachs sind so gut oder schlecht wie dieses Fach selber. Mag sein, daß man den einen oder anderen Lehrbeauftragten findet, der einem die wahre Form von Erkenntnis verheißt: an fast allen Instituten gibt es – u.a. ein typischer Ausdruck für die vielen Defizite – erheblich mehr Lehrbeauftragte als festes Lehrpersonal. Den Kern des Fachs jedoch (und insbesondere auch das Prüfungsrecht) repräsentieren nun eben mal seine Lehrstuhlinhaber (inklusive, allenfalls, Assistenten). Mit ihnen muß man sich also mindestens auch auseinandersetzen. Vielleicht ist es sowieso nicht verkehrt, sich einfach einmal ein paar Veröffentlichungen dieser Herren und (inzwischen vier oder fünf) Damen anzusehen. Ich schlage vor: Joachim Fiebach, Henning Rischbieter und Erika Fischer-Lichte (alle Berlin), Hans Thies Lehmann (Frankfurt/M.), Rudolf Münz (Mainz), Guido Hiß (Bochum), Peter Bayerdörfer (München), Theo Giershausen (Leipzig), Günther Erken (München) oder Manfred Brauneck (Hamburg). Einige ihrer Werke sind im Buchhandel erhältlich; das meiste muß man über einen Bibliotheks-Katalog ermitteln. Und noch eins: nicht zufällig wurde während der Studentenbewegung in den Geistes- und Sozialwissenschaften die Lehrform der Vorlesung weitgehend abgeschafft (um heute z.T. wieder fröhliche Auferstehung zu feiern). Ein bedeutsamer Grund dafür war die Erfahrung, daß die bloße permanente Rezeption von Wissen einen gefährlichen Hang zur Erzeugung von Frustration hat. Mit großer Wahrscheinlichkeit lernt man durch die Vorbereitung und Abhaltung eines eigenen – vielleicht noch so bescheidenen – Referats im Rahmen eines Seminars mehr als durch stundenlange Bewunderung eines eloquenten bzw. versierten Dozenten.

Eine Faustregel besagt, daß man anfangs pro Semester sinnvollerweise (und von Nebenfach-Fragen noch ganz abgesehen) kaum mehr als zwei Seminare intensiv, d.h. auch mit Übernahme eigener Arbeiten, besuchen kann. Ich empfehle dementsprechend ganz allgemein diese aktive Teilnahme an zwei solchen Lehrveranstaltungen des Hauptfachs – und zwar bei zwei verschiedenen Dozenten (unter denen mindestens ein hauptamtlicher sein sollte). Auch sollte der Anfänger sich klarmachen, daß die formalen Anforderungen an das Grundstudium in der Regel über vier Semester gestreut gedacht sind. Also erscheint es weder sinnvoll, die obligaten Veranstaltungen möglichst gleich zu Studienbeginn quasi zu „erledigen" – noch sich alle Pflichtscheine erst kurz vor Torschluß zu „besorgen". Am besten baut man die formalen Bedingungen einfach pro Semester in seinen eigenen Stundenplan ein.

Bei der Wahl des Studienorts sollte man mindestens auch in Erwägung ziehen, daß kulturelle Vielfalt und vor allem Vielfalt an einigermaßen niveauvollen Theatern das Studium nicht unerheblich bereichern kann. Ansonsten würde ich mir (auch) heute jeden Wind um die Nase wehen lassen. Der Zwänge gibt es im Studium sowie davor und danach wirklich genug. Laßt euch etwas über Brecht erzählen, über Aristophanes oder Chaplin und arbeitet euch ein ins lateinische Kirchenraumspiel, studiert die Opern Monteverdis, die Dramaturgie Molières und die Ästhetik von Zadek, lernt Rezensieren, Regieführen und Rollenspielen. Übrigens hat „Theater" mit „Theorie" – als Inbegriff von Wissenschaft – nicht zufällig die gleiche sprachliche Wurzel: das anschauliche Erkennen (wollen).

Literatur

Genossenschaft deutscher Bühnenangehörigen (Hrsg.): Deutsches Bühnenjahrbuch, Hamburg, jährlich.

Heidtmann, Frank/Paul S. Ulrich: Wie finde ich film- und theaterwissenschaftliche Literatur?, Berlin 1978.

Hofmann, Jürgen: Kritisches Handbuch des westdeutschen Theaters, Berlin 1981.

Hürlimann, Martin (Hrsg.): Das Atlantisbuch des Theaters, Zürich/Freiburg 1966.

Kindermann, Heinz: Theatergeschichte Europas, 10 Bde., Salzburg 1957f.

Mehlin, Urs: Die Fachsprache des Theaters, Düsseldorf 1969.

Michael, Friedrich: Geschichte des deutschen Theaters, Stuttgart 1969.

Möhrmann, Renate (Hrsg.): Theaterwissenschaft heute – Eine Einführung, Berlin 1990.

Rischbieter, Henning (Hrsg.): TheaterLexikon, Zürich/Schwäbisch Hall 1983.

Rischbieter, Henning/Jan Berg (Hrsg.): Welttheater, Braunschweig 1985.

Szondi, Peter: Theorie des modernen Dramas, Frankfurt 1963.

2.9 VÖLKERKUNDE/ETHNOLOGIE
von Christoph Brumann

Gegenstand und Geschichte

Völkerkunde oder Ethnologie ist die Wissenschaft von der menschlichen Kultur im allgemeinen und den Einzelkulturen im besonderen. Kultur umfaßt dabei alle erlernten Bestandteile des Wissens, Fühlens und Verhaltens, die eine Gruppe von miteinander im sozialen Kontakt stehenden Menschen gemeinsam hat. Dies geht über künstlerische und intellektuelle Errungenschaften hinaus, auf die Kultur im Alltagssprachgebrauch gerne beschränkt wird, und schließt die Gesamtheit der materiellen und ideellen Äußerungen menschlichen Daseins ein, von Gegenständen und Techniken über Wirtschaftsweisen und Sozialorganisation bis hin zu Religion, Weltbildern, Kunst, Erziehung und Identitätsfragen. Die Art und Weise, sich zu begrüßen oder ein Baby zu beruhigen, ist also nicht weniger kulturell als etwa ein Symphoniekonzert. Ethnologen bemühen sich sowohl darum, einzelne Kulturen zu beschreiben, als auch darum, zu allgemeinen Gesetzmäßigkeiten vorzustoßen, die für viele oder sogar alle Kulturen gelten.

Die Ethnologie entstand als Kind des Kolonialzeitalters. Im Zuge der europäischen Ausbreitung erwuchs ein immer größeres Interesse daran, das Wissen über die ganz und gar fremd erscheinenden Völker, denen die westlichen Eroberer, Kolonialbeamten, Reisenden und Missionare begegneten, zu systematisieren. Geistige Anstöße kamen zudem von der Geologie, die im 19. Jahrhundert erstmals zu einer realistischen Einschätzung des Erdalters gelangte, und von Darwins Evolutionstheorie. Die ersten wissenschaftlichen Ethnologen meinten, auch die verschiedenen menschlichen Gesellschaftsformen in eine evolutionäre Abfolge bringen zu können, die von den außereuropäischen „Primitiven" hin zur westlichen „Zivilisation" führte. Dies erwies sich zwar als Irrglaube, doch war so trotzdem eine neue akademische Disziplin geboren, die sich ab der Mitte des 19. Jahrhunderts in wissenschaftlichen Gesellschaften und Anfang des 20. Jahrhunderts auch als Universitätsfach etablierte.

Zunächst konzentrierte sich die Ethnologie auf kleine, ländliche Gesellschaften außerhalb Europas, die weder Schrift noch staatliche Organisation kannten. Heute gilt diese Beschränkung allerdings nicht mehr, und prinzipiell besteht der Anspruch, kulturelle Phänomene an allen Orten und zu allen Zeiten darzustellen und zu erklären. In den letzten Jahrzehnten werden zusehends auch städtische und industrielle Gesellschaften untersucht, und unsere eigene Gesellschaft ist ebenfalls zum wichtigen Thema geworden. Ethnologische Forschung spielt sich also längst nicht mehr nur unter Palmendächern, sondern auch in Großraumbüros ab. Ein besonderes Interesse an außereuropäischen Gesellschaften bleibt allerdings bestehen, und wenn sich Ethnologen auf heimatnäherem Gelände bewegen, dann häufig mit einem Blick, der an besonders andersartigen Kulturen geschärft worden ist. Entgegen manchem Vorurteil untersuchen heutige Ethnologen in erster Linie gegenwärtige Erscheinungen; es wird also eher auf Beobachtungen und Interviews gesetzt als etwa auf Ausgrabungen. Die Kenntnis des geschichtlichen Werdegangs ist für ein tieferes Verständnis allerdings auch dann oft unumgänglich, und die Ethnohistorik als ein etablierter Zweig des Fachs befaßt sich speziell damit, vergangene Lebensweisen zu rekonstruieren.

Studieninhalte

Betrachten Ethnologen Kultur, dann kommen einige Prinzipien zur Anwendung, die für das Fach charakteristisch sind. Zum einen ist dies der Holismus: Es wird davon ausgegangen, daß die verschiedenen Lebensbereiche nicht unverbunden nebeneinanderstehen, sondern sich gegenseitig beeinflussen. Eine ethnologische Untersuchung von Hexereivorstellungen wäre unzureichend, wenn sie sich ausschließlich auf die direkt damit in Zusammenhang stehenden Ideen und Rituale beschränken würde. Dann würde ihr z.B. entgehen, ob auch im Untersuchungsfall – wie sonst häufig – Hexereianschuldigungen ein Mittel der Austragung zwischenmenschlicher Konflikte sind, die gerade dann an Bedeutung gewinnen, wenn andere dafür nutzbare Mittel wie etwa ein formales Rechtssystem fehlen. Kulturen sind also immer als Systeme aufzufassen – nicht notwendigerweise in einem Gleichgewicht und kaum jemals frei von Spannungen und Widersprüchen, doch immer mit genügend Querbezügen zwischen den Einzelaspekten, daß eine Betrachtung etwa nur der Mythologie oder nur des Bootsbaus schnell an ihre Grenzen stößt.

Zum anderen fühlen sich Ethnologen dem Kulturrelativismus verpflichtet. Dieser verlangt von ihnen, ihre Beschreibungen fremder Kulturen von moralischen Wertungen freizuhalten, auch dann, wenn bestimmte Sitten und Bräuche der Untersuchten (z.B. die Ausübung körperlicher Gewalt) in den eigenen Augen verwerflich sind. Dies verlangt nicht die völlige Zurückstellung der eigenen Werthaltungen, wohl aber die Einsicht darin, daß sich Moralvorstellungen nie völlig frei von kulturellen Einflüssen entwickeln. Folglich bemühen sich Ethnologen darum, auch dasjenige so weit wie möglich verständlich zu machen, was sie selbst nicht billigen können.

Die in der Ethnologie unter diesen Prämissen durchgeführten Forschungen sind thematisch sehr weit gefächert. Verwandtschaftsdenken und -handeln bei den nordostindischen Khasi (einer über die Mutterlinie vererbenden Ethnie), Strategien zur Risikovermeidung bei Hirtennomaden in Namibia, Netzwerke sozialer Unterstützung unter Stadtbewohnern in Los Angeles, Überlebensbedingungen kommunitärer Gruppen, d.h. von Gemeinschaften, die ihr gesamtes Eigentum teilen – diese kleine Auswahl von neueren Untersuchungen am Kölner Institut für Völkerkunde deutet die Spannweite an. Galt am Anfang der Fachgeschichte der Religion und später der Sozialstruktur das Hauptaugenmerk, läßt sich heute kein zentrales Anliegen der Ethnologie mehr ausmachen. In den letzten drei Jahrzehnten sind vor allem Geschlechterbeziehungen und ethnische Identität wichtige neue Forschungsthemen geworden. Gegenwärtig beschäftigen sich viele Ethnologen mit den kulturellen Folgen der Globalisierung, d.h. der wachsenden Vernetzung der Welt durch Migration, Kapital- und Warenströme sowie Massenmedien. Mit den Konventionen, die jede – auch die ethnologische – Darstellung des „Fremden" beeinflussen, und den Funktionen des „Fremden" als Gegenbild in der eigenen Gesellschaft wird sich ebenfalls intensiv auseinandergesetzt.

Methoden und Theorien

Ein wichtiges Anliegen der Ethnologie ist es, Ethnographien zu erstellen, d.h. Beschreibungen von Kulturen in allen ihren Erscheinungsformen zu liefern. Die dafür wichtigste Methode ist die Feldforschung, die in ihrer heutigen Form erstmals 1915–18 von Bronislaw Malinowski auf den Trobriand-Inseln bei Neuguinea angewendet wurde. Wer Feldforschung betreibt, läßt sich für mindestens ein Jahr innerhalb der untersuchten Gesellschaft nieder und nimmt am Leben eines Dorfes, eines Stadtviertels, einer Organisation o.ä. teil. Die Beherrschung bzw. das Erlernen der jeweiligen Sprache ist dafür eine wichtige Voraussetzung. Die Länge und Intensität eines solchen Aufenthalts ermöglicht es Ethnologen, das Vertrauen ihrer Informanten zu gewinnen, und erlaubt Zufallsentdeckungen, die überhaupt erst zu den richtigen Fragen führen. Eine solche „teilnehmende Beobachtung" bildet dann den Hintergrund für den Einsatz der eigentlichen Methoden, unter denen Interviews oft am wichtigsten sind. Immer interessiert dabei auch die Eigensicht der Untersuchten auf ihre Kultur. Ethnologen sind davon überzeugt, daß Feldforschungen eine sonst nicht zu erreichende Tiefe des Verständnisses schaffen können, selbst wenn die Ergebnisse nicht so leicht zu generalisieren sind wie etwa solche, die anhand einer repräsentativen Stichprobe aus einem großen Bevölkerungsausschnitt gewonnen worden sind. Heute ist eine eigene Feldforschung daher ein

Pflichtbestandteil jeder Ethnologenkarriere. Ungeachtet ihres wissenschaftlichen Wertes ist sie außerdem für viele Ethnologen eine zwar fordernde, aber auch sehr bereichernde persönliche Erfahrung.

Ein zweites, nicht weniger wichtiges Anliegen ist es, die auf Feldforschungen beruhenden Daten und Ethnographien in Kulturvergleichen zur Klärung allgemeiner Fragen heranzuziehen. Die besonderen Zusammenhänge einer bestimmten Kultur erschließen sich oft erst im Kontrast mit anderen Kulturen, die ihr in einzelnen Aspekten ähnlich sind. Geht es außerdem um universale Gesetzmäßigkeiten, prüfen Ethnologen ihre Hypothesen auch an sehr großen Zahlen von Kulturen, oft anhand eigens für solche Zwecke angefertigter Datensammlungen (interkultureller Vergleich). Dies erlaubt Antworten auf Fragen wie z. B.: Wann entwickeln sich in staatslosen Gesellschaften gewaltsame Konflikte? Sind Männer überall das dominierende Geschlecht? Besteht ein Zusammenhang zwischen der Zuwendung, die Kinder erfahren, und dem (optimistischen oder pessimistischen) Charakter des Weltbildes einer Kultur? Für gültige Antworten auf solche Fragen reicht es nicht aus, nur wenige, womöglich noch allesamt westliche Gesellschaften zu betrachten.

Der Vielfalt der Themen entspricht die Vielfalt der Theorien, unter denen ethnologische Forschung betrieben worden ist. Um die Jahrhundertwende standen historische Anliegen im Vordergrund; es ging um die Einordnung der Kulturen in verschiedene Entwicklungsstufen (Evolutionismus), die Wanderung von Kulturelementen über Ketten des Kulturkontakts (Diffusionismus) oder die Rekonstruktion der Entwicklung von Einzelkulturen (historischer Partikularismus). Zwischen etwa 1920 und 1960 waren dann theoretische Richtungen beherrschend, die sich um die Erklärung gegenwärtiger kultureller Zustände bemühten, etwa mit Bezug auf das Zusammenspiel der jeweiligen sozialen Institutionen (Strukturfunktionalismus), auf anerzogene psychische Grunddispositionen (Kultur-und Persönlichkeitsschule) oder auf universale Strukturen des menschlichen Denkens (Strukturalismus). Seither hat sich das Spektrum noch sehr viel weiter differenziert. Es gibt sowohl Ansätze, die die materiellen Grundlagen des menschlichen Daseins als entscheidend ansehen – sei es nun die Umweltanpassung und -ausnutzung (Kulturmaterialismus) oder die Verteilung der Produktionsmittel (historischer Materialismus) –, als auch solche, die den Menschen für stärker von Ideen geleitet halten (interpretative Ethnologie). Die von den verschiedenen Richtungen angebotenen Erklärungen müssen sich allerdings nicht immer ausschließen. Wenn etwa der Kulturmaterialist Marvin Harris das jüdische Verbot des Schweineverzehrs mit der Schwierigkeit der Schweinehaltung im waldlosen Nahen Osten und mit der Nahrungskonkurrenz zum Menschen begründet, trägt er damit nicht weniger zur Erklärung bei als die interpretative Ethnologin Mary Douglas, laut der das Schwein – Paarhufer, aber trotzdem kein Wiederkäuer – nicht in die gängigen Kategorien paßte und darum für unrein befunden wurde.

In den letzten Jahren ist ein gewisser Trend hin zu theoretischen Ansätzen zu beobachten, die den Improvisationsspielraum des Individuums innerhalb des kulturell gesteckten Rahmens betonen (Bourdieu'sche Habitustheorie, Rational-choice-Theorie). Zudem wird der Zusammenhang jeder Art von Wissensproduktion mit Machtfaktoren unter die Lupe genommen (Foucaultsche Diskurstheorie) oder gar die Möglichkeit autoritativen Wissens überhaupt in Frage gestellt (Postmoderne).

Aktuelle Situation

Ethnologie ist in Deutschland ein kleineres Fach als in Ländern mit ausgeprägterer kolonialer Vergangenheit oder größerer kultureller Verschiedenheit der Bewohner, wie Großbritannien, Frankreich, den Niederlanden, Mexiko, Japan und vor allem den heute als Hochburg geltenden USA. Während das Fach hierzulande oft auch Akademikern kaum bekannt ist, kann es in den genannten Ländern in Umfang und Einfluß viel eher mit z. B. der Soziologie konkurrieren. International wird das Fach „cultural anthropology" (USA), „social anthropology" (Großbritannien) oder einfach „anthropology" genannt. Im Deutschen hat sich als Fachbezeichnung eher „Ethnologie" durchgesetzt, da „Anthropologie" sowohl einen Teilbereich der Humanbiologie (physische Anthropologie) als auch einen der Philosophie (philosophische Anthropologie) bezeichnet und darum mißverständlich ist. Die Begriffsverwirrung macht allerdings auch vor Akademikern nicht halt, und daher empfiehlt es sich, genau zu erfragen, ob sich hinter den an deutschen Universitäten angebotenen Fächern wie „Europäische Ethnologie", „Kulturanthropologie", „Kulturwissenschaftliche Anthropologie", „Empirische Kulturwissenschaften", „Kulturwissenschaft" oder „Medizinische Kulturanthropologie" tatsächlich Ethnologie verbirgt oder nicht vielmehr irgendetwas anderes, z. B. die mit der Völkerkunde nicht zu verwechselnde Volkskunde.[1] Zumindest „Vergleichende Kultur- und Sozialanthropologie" in Frankfurt/O. wird allerdings von ausgebildeten Ethnologen gelehrt.

---

[1] S. Kapitel 2.10.

Die einzelnen Institute für Völkerkunde haben unterschiedliche thematische und theoretische Ausrichtungen. An manchen Instituten ist Ethnologie mit bestimmten regionalen Schwerpunkten kombiniert, so etwa in Bonn (Völkerkunde mit altamerikanistischer Ausrichtung) oder in Mainz und München (beides Institute für Ethnologie und Afrikanistik). In Frankfurt/M. ist historische Ethnologie der Fachgegenstand. Als Informationsquelle bietet sich neben den Vorlesungsverzeichnissen auch das von immer mehr Völkerkundeinstituten genutzte Internet an.[2]

Unter den Nachbardisziplinen sind die thematischen Parallelen mit Soziologie, der auf Europa spezialisierten Volkskunde und Religionswissenschaften sicherlich am größten. Der theoretische und methodische Austausch ist hier intensiv, wenn die genannten Fächer auch im allgemeinen weniger Wert auf Feldforschungen legen. Auch mit vielen anderen Fächern gibt es Überschneidungen, so daß etwa Musikethnologie, Ethnomedizin, Wirtschaftsethnologie, Ethnopädagogik o.ä. etablierte Teilgebiete der Ethnologie sind. Der besondere ethnologische Beitrag besteht in diesen interdisziplinären Grenzbereichen häufig darin, die Grenzen der Ansätze aus den jeweiligen Fachdisziplinen aufzuzeigen, da diese nicht selten einseitig auf westliche Gesellschaften ausgerichtet sind und den Faktor Kultur nicht genügend berücksichtigen.

Bestehen entsprechende Interessen und Studienangebote, kann sich jedes dieser Fächer zur Kombination mit dem Haupt- oder Nebenfach Völkerkunde eignen, ohne daß sich ein einzelnes „bestes" Nebenfach benennen ließe. Generell zu empfehlen ist allerdings die Kombination mit einem Fach, das sich mit einer bestimmten Region oder Einzelkultur auseinandersetzt (wie etwa Islamwissenschaften, Sinologie o.ä.). Dies verschafft einerseits den Theorien und Methoden der Völkerkunde

---

[2] DGV: http://www.eth. uni-heidelberg.de/dgv/
Bayreuth: http://www.uni-bayreuth.de/departments/ethnologie
FU Berlin: http://userpage.fu-berlin.de/~simsek
Bonn: http://www.voelk.uni-bonn.de
Frankfurt/M.:   http://www.rz.uni-frankfurt.de/FB/fb08/IHE
Göttingen: http://www.GWDG.DE/~~ethno/voehome.htm
Hamburg: http://www.rrz.uni-hamburg.de/ethno/welcome.html
Heidelberg: http://www.uni-heidelberg.de/institute/fak10/eth
Köln: http://www.uni-koeln.de/phil-fak/voelkerkunde/index/html
Mainz: http://www.uni-mainz.de/~ifeas
Marburg: http://www.uni-marburg.de/fb03/welcome.html
München: http://www.fak12.uni-muenchen.de/vka/index.html
Münster: http://www.uni-muenster.de/GeschichtePhilosophie/Ethnologie/Inst-Etno
Tübingen: http://www.uni-tuebingen.de/ETHNOLOGIE/

einen unmittelbaren Anwendungsbereich und erweitert andererseits die Perspektive auf die jeweilige Region. Außerdem können so konkrete Sprachkenntnisse und Auslandserfahrungen erworben werden, was die Berufschancen verbessert.

Studienorganisation

Seit den siebziger Jahren ist Ethnologie in (West-)Deutschland vom Orchideen- zum Massenfach avanciert, ohne daß ein entsprechender institutioneller Ausbau erfolgt wäre. An vielen deutschen Universitäten besteht daher für Völkerkunde ein universitätsinterner *Numerus Clausus*. Die Aufnahme des Studiums ist außerdem oft nur jedes zweite Semester (in der Regel zum Wintersemester) möglich.

Das drei- oder viersemestrige *Grundstudium* besteht aus einführenden Veranstaltungen zu Theorien, Methoden und Fachgeschichte der Ethnologie; oft gibt es auch Einführungen in einen festen Kanon von Teilbereichen (wie etwa Wirtschaft, Soziales, Religion). Den Abschluß des Grundstudiums bildet meist eine Zwischenprüfung. Da ein großer Teil der Fachliteratur englischsprachig ist, sind entsprechende Lesekenntnisse bereits im Grundstudium unabdingbar.

Im *Hauptstudium* werden vertiefende Vorlesungen und Seminare angeboten, entweder zu einem bestimmten Sachthema, das quer durch die Kulturen verfolgt wird (z.B. „Geschlechterbeziehungen im Kulturvergleich", „Theorie und Methode der Netzwerkanalyse", „Ethnologie der Ernährung"), einer bestimmten Region (z.B. „Mexiko", „Neue Ethnographien zu Ostasien") oder einer Kombination aus beidem (z.B. „Kaste und Stamm in Indien", „Pastoralnomaden in Ostafrika"). Für Auslandsstudien und erste kürzere Feldforschungen ist das Hauptstudium ebenfalls die geeignetste Zeit. Fast alle Institute organisieren betreute Feldforschungspraktika, die mitunter auch finanziell gefördert werden. Manchmal ist außerdem auch ein Berufspraktikum verpflichtend. Für das Hauptstudium werden zwei bis drei Jahre veranschlagt.

Den Abschluß des Studiums bildet die Magisterprüfung. Völkerkundler schreiben ihre Magisterarbeit oft über in eigenen Feldforschungen erhobene Daten. Weiterführend ist die Promotion zum Dr. phil. möglich, selten auch die direkte Promotion ohne vorherigen Magisterabschluß. Das Tübinger Institut für Völkerkunde bietet wahlweise auch den in drei Jahren zu erwerbenden Abschluß eines Bakkalaureus an, bei dem auf ein stärker vorstrukturiertes Grundstudium ein verkürztes Hauptstudium mit einer im Umfang reduzierten Abschlußarbeit folgt.

Berufliche Möglichkeiten

Die einzigen Arbeitgeber, die gezielt Stellen für Ethnologen ausschreiben, sind Völkerkundeinstitute und -museen. Dies ist ein kleiner, zudem von Kürzungen betroffener Arbeitsmarkt, der oft nur befristete und bescheiden bezahlte Positionen bietet. Für viele ist eine solche Tätigkeit daher eher eine Durchgangsstation als eine dauerhafte Aussicht. Doch steht Ethnologen daneben ein sehr viel größerer Arbeitsmarkt offen, in dem sie mit anderen Geistes- und Sozialwissenschaftlern konkurrieren. Dieser umfaßt Tätigkeiten in Journalismus und Medien, Verbänden, Vereinen, Stiftungen und Parteien, Erwachsenenbildung, Tourismus, dem diplomatischen Dienst und auch gewöhnlichen Unternehmen, die zwar oft an einen akademischen Abschluß gebunden sind, nicht aber an ein bestimmtes Fach. Hier zu arbeiten, bedeutet längst nicht immer eine Entfernung von der Völkerkunde: Gerade wenn die Inhalte kulturübergreifend sind – wie etwa in Institutionen für Kulturaustausch, Entwicklungshilfe, Sozialarbeit mit ausländischer Klientel, Auslandsfilialen und -redaktionen –, fühlen sich Ethnologen häufig auf interessante und ihrer Ausbildung entsprechende Weise eingesetzt. In Ländern wie den USA, Großbritannien oder den Niederlanden sind praktische Spezialisierungen innerhalb des Ethnologiestudiums möglich, z.B. Medizinethnologie (mit Einsatzmöglichkeiten etwa in psychiatrischen Krankenhäusern mit multikultureller Patientenschaft) oder Entwicklungsethnologie. In Deutschland läßt dies allerdings noch auf sich warten. Da der Wert ethnologischen Wissens über den – notorisch verkannten – Faktor Kultur bislang nur unzureichend ins öffentliche Bewußtsein gedrungen ist, verhelfen spezielle Fachkenntnisse nur selten zu einer Anstellung. Wichtiger sind im und neben dem Studium erworbene praktische Erfahrungen (durch Praktika, Jobs, ehrenamtliches Engagement, Auslandsaufenthalte) und Kenntnisse (ausgefallene Sprachen, PC, Schreibfähigkeiten, Wirtschaftsgrundlagen). Nicht wenige Ethnologen versuchen, mit Zusatzausbildungen, häufig in den Bereichen Sozialarbeit/-pädagogik, Medizin/Therapie und Medien/Journalismus, ihre Chancen zu verbessern. Auch Ethnologen in unorthodoxen Tätigkeiten wie z.B. in der Unternehmensberatung bescheinigen sich oft einen Vorsprung an Flexibilität, Offenheit und Kreativität gegenüber ihren Kollegen mit „gewöhnlicheren" Ausbildungsgängen und begründen dies mit dem breiten Blickwinkel, den die Völkerkunde lehrt. Ob potentielle Arbeitgeber von diesen Vorzügen zu überzeugen sind, ist zwar nicht gesichert, aber einen Versuch wert.

Trotz des diffusen Berufsbildes ist die *Arbeitsmarktsituation* für Ethnologen keineswegs aussichtslos und nicht schlechter als für andere Geistes- und Sozialwissenschaftler. Notwendig ist allerdings Eigeninitiative bei der Arbeitssuche. Diese läßt sich mit bestimmten Studieninteressen (z.B. Entwicklungszusammenarbeit, interkulturelles Lernen, Migration) verbinden und sollte in Form von Praktika u.ä. unbedingt schon während des Studiums beginnen.

Literatur

Bollig, Michael/Christoph Brumann: Publikation zu Ethnologie und Beruf – in Vorbereitung (ca. 1998).

Fischer, Hans (Hrsg.): Ethnologie: Einführung und Überblick, 3. Auflage, Berlin 1992.

Harris, Marvin: Kulturanthropologie: Ein Lehrbuch, Frankfurt 1988.

Schweizer, Thomas/Margarete Schweizer/Waltraud Kokot (Hrsg.): Handbuch der Ethnologie, Berlin 1993.

2.10 VOLKSKUNDE
von Michael Prosser

Gegenstand, Aufgaben und Ziele

Volkskunde untersucht, welche populären und alltags-kulturellen Äußerungen in einer gegebenen Gesellschaft in Vergangenheit und Gegenwart hervorgebracht wurden. Sie interessiert sich dafür, was kulturelle Objektivationen – in einem umfassenden Verständnis des Begriffes – für die oder in der jeweiligen Trägergruppe, die sie verwendet und anwendet, bedeuten.

Lebhafte Diskussionen zum eigenen Selbstverständnis und über die zu behandelnden Themen begleiten seit jeher die Geschichte des Faches. Eine einmütige, unumstrittene Auffassung über Zweck und Ziele gibt es nicht. Diese Heterogenität kommt nicht zuletzt zum Ausdruck in den unterschiedlichen Fachbenennungen, die im deutschen Sprachraum existieren. An einigen Universitäten hat man sich statt für „Volkskunde" auch für „Empirische Kulturwissenschaft", „Europäische Ethnologie und Kulturanthropologie" oder „Ethnographie" entschieden. Ein gemeinsamer Dachverband besteht in der „Deutschen Gesellschaft für Volkskunde". Ein weitgespanntes Lehrangebotsspektrum macht den Überblick über das Volkskundestudium nicht immer einfach; aus der thematischen Vielfalt bezieht die Wissenschaft jedoch auch einen guten Teil ihrer Forschungsimpulse und ihrer Vitalität. Den verschiedenen Namensgebungen der Institute entsprechen verschiedene Nuancierungen des Fachverständnisses.

Als zentrales, allgemeines Forschungsfeld wird jedoch die Alltagskultur (in ihrer historischen und aktuellen Ausprägung) in nahezu sämtlichen aktuell erschienenen programmatischen Schriften namhaft gemacht. Im Unterschied zur Monumentalität kanonisierter Kunstwerke oder zur Imposanz philosophisch ausgezeichneter Ideenkonstrukte existiert in jeder Kultur ein Grundstrom selbstverständlicher Verrichtungen und Verständigungen. Diese eher unscheinbare Sphäre des Gebrauchs und Verzehrs läßt sich mit den Begriffen der Lebenswelt oder des Alltags umreißen. Die volkskundliche Forschung verwendet „Alltag" als systematischen Grundbegriff, der kulturelle Handlungs- und Denkmuster, Klassifikationssysteme, Routinen und Regeln umschreibt, auf deren Grundlage Mitglieder dieser Kultur verständigen und identifizieren. Bei der Auswahl der Forschungsgegenstände können demnach nicht primär ästhetische Kategorien zum Maßstab genommen werden (wie etwa in der Literaturwissenschaft oder der Kunstgeschichte), Volkskunde wendet sich vielmehr den weitverbreiteten Mengenphänomenen vor den individuellen Spitzenleistungen zu. Dabei bezieht sie sowohl Erscheinungen der materiellen Kultur wie auch den Bereich der institutionalisierten sozialen Handlungen mit ein.

In der Herangehensweise versteht sich die Volkskunde als Erfahrungswissenschaft, die zunächst von Beobachtung, Befragung und Objektüberlieferung (einschließlich Schriftzeugnissen) ausgeht und dabei den europäischen Raum in der Regel nicht überschreitet. In diesem Rahmen werden, soweit sich das gegenwärtig beurteilen läßt, vergleichende Untersuchungen zwischen den verschiedenen europäischen Regionen immer wichtiger. Dasselbe gilt für den wissenschaftlichen Austausch der einzelnen Institute auf internationaler Ebene. Wer ein Volkskundestudium aufnimmt, tut keinesfalls schlecht daran, sich neben Englisch und den bekannten romanischen Sprachen (Französisch, Italienisch usw.) weitere Fremdsprachen anzueignen, die im gymnasialen Unterricht weniger häufig vermittelt werden. Seit langem besteht zwischen der deutschen und skandinavischen Volkskunde reger Kontakt; in jüngerer Zeit werden auch die Beziehungen mit den Kulturinstituten des slawischen Sprachraumes intensiviert. Dies sei gerade im Hinblick auf spätere berufliche Möglichkeiten ausdrücklich vermerkt.

Studieninhalte

Um etwas in die Einzelheiten zu gehen, seien – ohne Anspruch auf Vollständigkeit – aus dem Gesamtkomplex der volkskundlichen Kulturanalyse einige wichtige Gegenstandsbereiche genannt, die traditionell und aktuell zu den festen Größen des Lehr- und Forschungsprogramms zählen.

Man kann kulturelle Objektivationen als solche thematisieren und sie in ihrer gebrauchspraktischen Funktion sowie in ihrer kommunikativen Bedeutung zu erklären versuchen. Die Kleidungsforschung, die Erforschung kultureller Aspekte der Nahrung, die Hausforschung (Bauen und Wohnen) und die Geräteforschung sind hier Beispiele, die bisher intensiv in historischer Perspektive dargestellt und ebenso im Zusammenhang mit Gegenwartsproblemen fortgeschrieben worden sind.

Aus dem Bereich der sprachlichen und rituell-zeichenhaften Kulturphänomene werden die Formen der mündlichen Kommunikation und Überlieferung untersucht, worunter der Themenkomplex der sagen- und märchenhaften Geschichten, der Exempelforschung, der Sprichwortforschung, der Sing- und Liedforschung und der Bedingungen ihrer Fixierung bzw. Aufzeichnung zu verstehen ist. Hierbei geht es nicht zuletzt um das Wechselverhältnis von literarisch und über Gedächtnisse tradiertem Erzählgut. Der Umgang mit populärem Lesestoffen – von massenhaft konsumierter, „trivialer" Literatur bis zu populärer Ratgeber- und Anleitungsliteratur – markiert ein korrespondierendes Forschungsfeld.

Weitere wichtige Untersuchungsgebiete betreffen die religiösen Aspekte der Kultur (etwa Ausdrucksformen populärer Frömmigkeit und die Formen des sogenannten „Aberglaubens"), die sozialorganisatorischen Aspekte der Kultur (etwa Bräuche und Rituale; darin verzahnt ist das Teilgebiet „rechtliche Volkskunde", die Rechtssymbole und Rechtsvorstellungen außerhalb der offiziellen, geschriebenen Gesetze zu erfassen sucht) und die medikale Seite der Kultur (etwa paramedizinische, gleichsam „inoffizielle" Heilmethoden im Sinne von Behandlungsweisen außerhalb der Schulmedizin).

Exponiertes Untersuchungsfeld war lange Zeit die traditionelle agrarisch geprägte Welt; die Arbeiterkultur und die „Volkskunde der (Groß-)Stadt" sind erst in jüngerer Zeit stärker thematisiert worden. Heute ist die Vokskunde, bedingt unter anderem durch die grundlegenden demographischen Verschiebungen seit den 50er und 60er Jahren dieses Jahrhunderts, zu einer weitläufigen Kulturwissenschaft geworden, die – zumindest im Prinzip – alle Bevölkerungsgruppen berücksichtigen will. Eine weitere Hauptperspektive volkskundlicher Untersuchungsansätze besteht so gesehen darin, die spezifische Kultur von einzelnen Gruppen oder Regionen zu analysieren. Hier geht es darum, methodisch gesichertes Wissen über die einer bestimmten Gruppe gemeinsamen und jeweils zur Einweisung anstehenden Fertigkeiten und Verhaltensdispositionen bereitzustellen.

Familienforschung sowie Gemeinde- und Stadtteilforschungen widmen sich vor allem der Entstehung von Wertvorstellungen (der Enkulturation) innerhalb solcher lokaler Gruppen, deren Angehörige in beständigem direkten Kontakt zueinander stehen. Auch die Untersuchung der Geschlechterbeziehungen als kulturell und historisch bedingtem, zentralem gesellschaftlichen Verhältnis hat, zumeist unter dem Stichwort „Frauenforschung", starken Auftrieb erfahren.

Volkskunde beschäftigt sich schließlich mit den Lebensformen und der kulturellen Identität von Minderheiten. Die Erforschung der jüdischen Kultur bildet hier gegenwärtig einen Schwerpunkt, ebenso die Problematik von Kulturkontakt und Kulturkonflikt im Zusammenhang mit der Situation von Arbeitsimmigranten.

Methoden

Zur wissenschaftlichen Darstellung müssen die Untersuchungsgegenstände sinnvoll eingegrenzt und vom Alltag distanziert werden: Die wissenschaftliche Herangehensweise an den fraglichen Gegenstand impliziert gerade dessen Herauslösung aus den Üblichkeiten der Lebenswelt und (vor allem) aus dem Bereich des sogenannten „Allgemeinwissens". Ohne einen solchen Schritt der planmäßig vorgenommenen Objektivation und Neutralisierung des Forschungsthemas kann die Disziplin nicht zu gültigen Ergebnissen gelangen. Vehikel aller seriösen Forschunge ist deshalb die Arbeit unter methodischen Prinzipien und systematischen Gesichtspunkten, die den Wert des Ergebnissses im Unterschied zur eher zufälligen Alltagserfahrung erst sicherstellt. Dies gilt insbesondere für das Volkskundestudium mit seinen weitreichenden (also schwer abgrenzbaren) und oft aus einem jeweils aktuellen Tagebedürfnis entstehenden und entwickelten Problemfeldern. Im Repertoire volkskundlicher Methodenlehre befinden sich verschiedene, je nach Orientierung der Forschungsschwerpunkte am Studienort unterschiedlich vertiefte Forschungsmethoden.

Um Phänomene unserer Zeitgenossenschaft angemessen untersuchen zu können, bedarf es der Einübung und Anwendung von empirischen Methoden der Informationsaufnahme. Die Volkskunde favorisiert in der empirischen Feldforschung die qualitativen, sogenannten „weichen" Methoden der Informationsaufnahme. Darunter sind zu verstehen:
- die Beobachtung, in der Regel mit Hilfe eines Protokollbuches, gegebenenfalls unterstützt durch technische Instrumente (Foto-, Filmkamera, Skizzenblock). Als teilnehmende Beobachtung setzt sie voraus, daß sich der Forscher in die zu untersuchende Gruppe mehr oder weniger einlebt, um deren Aktivitäten verstehen zu lernen;
- die Befragung mittels planmäßigem mündlichen Interview oder systematisch ausgearbeitem Fragebogen;
- autobiographische Zugänge, d. h. Aufzeichnung der selbsterlebten und erzählten Lebensgeschichte(n) von Informanten, die der zu untersuchenden Gruppe angehören.

Den sogenannten „weichen" Erhebungsverfahren gemeinsam ist der hohe Partizipationsgrad. Durch den notwendigen direkten Kontakt zwischen fragendem Wissenschaftler und Untersuchungsgruppe soll gewährleistet werden, daß sich die Interessen beider nicht voneinander abkoppeln. Wer Volkskunde betreibt, sollte bereit sein, sich auf seine Gewährspersonen und deren Sichtweisen intensiv einzulassen. Die Methodenlehre findet daher in der Praxis des Studiums entsprechende Berücksichtigung.

Neben den empirischen Verfahren der Feldforschung haben text- bzw. text/ bild-analysierende Methoden (sogenannte „nonreaktive" Verfahren) ihren festen Platz. Die systematische Inhaltsanalyse, bei der von den Merkmalen eines manifesten Textes auf Merkmale eines nichtmanifesten Kontextes geschlossen wird, wurde bisher vor allem zur Untersuchung populärer Lesestoffe (Trivialliteratur, Comics, Flugblatt) benutzt. Philologische textvergleichende Methoden kamen bei der Untersuchung von Erzählstoffen zum Tragen, wo es um die zeitliche und räumliche Verbreitung bestimmter Motive und Motivwanderung ging. Mit historisch-archivalischen Methoden und unter Maßgabe einer geschichtswissenschaftlichen Standards genügenden Quellenkritik können kulturelle Objektivationen (etwa Brauchformen) in ihrem historischen Kontext verortet und ihre historische Bedingtheit aufgezeigt werden. Ziel dieses Verfahrens ist es, alle greifbaren archivalischen Zeugnisse über ein bestimmtes kulturelles Phänomen (wie etwa eine Brauchform, ein Gebäude, ein Kleidungsstück etc.) auszuwerten, um so zu einer möglichst umfassend erklärenden Beschreibung zu gelangen. Wer historisch arbeiten will, kommt zudem um die Aneignung paläographischer Grundkenntnisse nicht herum.

Geschichte des Faches

Obwohl Wort und Begriff „Volkskunde" bereits zu Ende des 18. Jahrhunderts im Umkreis der aufklärerischen Kameralistik (Verwaltungswissenschaft) auftauchen und obwohl der Staatswissenschaftler Wilhelm Heinrich Riehl (1823–97) im Jahre 1858 die „Volkskunde als Wissenschaft" proklamiert, verläuft ihr Werdegang zum Universitätsfach in den Bahnen der Germanistik. Einflußreichster Vertreter war Jacob Grimm (1785–1863). Grimm wurde durch die „Volksgeistlehre" der Romantik geprägt. Sie geht davon aus, daß sich in den vermeintlich in Urzeiten zurückreichenden mündlichen Traditionen der ungebildeten, einfachen Leute – Sage, Märchen, Liedgut, Rechtsgewohnheiten – die kollektive Eigenart eines Volkes und seine Typik äußert. Derartige Zeugnisse, von Grimm und seinen Nachfolgern in großangelegten Editionen aufbereitet, symbolisierten für sie eine zeitlose nationale Identität. Solche Textsammlungen bildeten die Grundlage derjenigen germanistischen Lehrveranstaltungen, die sich seit der zweiten Hälfte des 19. Jahrhunderts „volkskundlich" nennen. 1889 gründete der Arzt und liberale Politiker Rudolf Virchow in Berlin das heutige „Museum für Deutsche Volkskunde". Ebenfalls in Berlin wurde 1890 durch den Germanisten Karl Weinhold (1832–1901) ein wichtiger institutioneller Rahmen geschaffen, der „Verein für Volkskunde"; hier entstand mit der „Zeitschrift des Vereins für Volkskunde" ein zentrales Publikationsorgan.

Es dauerte bis 1919, ehe der erste Lehrstuhl für Volks- und Altertumskunde (in Hamburg) eingerichtet wurde. Hinter der Einrichtung eines eigenständigen Studienganges mit Examensqualifikation stand maßgeblich die Überlegung, die nunmehr zahlreichen volkskundlichen Sammlungen von Universitätsabsolventen betreuen zu lassen. Otto Lauffer, der Inhaber des Lehrstuhls, war gleichzeitig Museumsdirektor.

Die theoretische Diskussion während der 20er Jahre (mit Nachwirkungen bis in die Gegenwart) bestimmte weitgehend eine vom Germanisten Hans Naumann entworfene These, wonach kulturschöpferische Leistungen allein der Eliteschicht vorbehalten seien und die „populäre" oder „volkstümliche" Kultur lediglich das Resultat eines von dort ausgehenden Diffusionsprozesses darstelle (Begriff des „gesunkenen Kulturgutes", 1922).

In der Zeit des Nationalsozialismus erfolgte eine politische Vereinnahmung der Wissenschaft. Der Volkskunde war die Aufgabe zugedacht, das „Wesen der Deutschheit" insgesamt zu ergründen (Wilhelm Peßler 1935). Im Sog der herrschenden Ideologie spitzte sich dies teilweise zu auf Fragen nach der Überlegenheit bzw. Unterlegenheit von Rassen und auf die konstruierte Beweisführung eines ungebrochenen Fortlebens germanisch-heidnischer Elemente in der einheimischen Volkskultur.

Mit den exakten historisch-archivalischen Arbeiten der „Münchener Schule" um Hans Moser und Karl-Sigismund Kramer sowie mit dem Perspektivenwechsel hin zu soziologisch angeregten Fragestellungen zur modernen urban und industriell geprägten Gesellschaft aus der Tübinger Schule (Hermann Bausinger, „Volkskultur in der Technischen Welt", 1961) ist nach dem Zweiten Weltkrieg eine klare Abkehr vollzogen worden.

Die Volkskunde in der DDR bildete zunächst Arbeitsschwerpunkte in der Sachkulturforschung und im Bereich der kollektiven mündlichen Traditionen. Von etwa 1966 an dominierten hier Untersuchungsansätze zur Kultur und Lebensweise des Proletariats.

In der Bundesrepublik Deutschland begann die große Auseinandersetzung um das eigene Selbstverständnis – Wozu Volkskunde? Wem nützt Volkskunde? – am Ende der 60er Jahre. Sie brachte das Fach an den Rand der Spaltung. Das Unbehagen mit dem problematisch gewordenen Begriff „Volk" und seinen Komposita schlug sich in der Umbenennung einiger Institute nieder (Studienmöglichkeiten für Volkskunde siehe Tabelle 17). Daß der Dachverband erhalten und trotzdem neue Wege gefunden wurden, ist das Ergebnis der fachgeschichtlich wichtigen Falkensteiner Fachtagung 1971. Das Fach öffnet sich inzwischen verstärkt auch sozialgeschichtlichen Anregungen. Vermehrtes Interesse finden seitdem auch Gegenwartsfragen. Für die gewachsene Bedeutung des internationalen Austauschs steht unter anderem die seit 1967 erscheinende Zeitschrift „Ethnologia Europaea".

Tabelle 17: Studienmöglichkeiten für Volkskunde an deutschen Universitäten (1991; vgl. auch Tabelle 5)

Augsburg:	Fach Volkskunde*
Bamberg:	Lehrstuhl für Heimat- und Volkskunde
Bayreuth:	Fach Volkskunde*
Berlin:	Institut für Europäische Ethnologie der Humboldt-Universität
Bonn:	Volkskundliches Seminar der Universität
Bremen:	Fachbereich 9 – Kulturwissenschaften
Dresden:	Arbeitsgruppe Volkskunde am Institut für Geschichte der Technischen Universität*
Eichstätt:	Fach Volkskunde
Frankfurt/M.:	Institut für Kulturanthropologie und Europäische Ethnologie
Freiburg i. Br.:	Institut für Volkskunde
Göttingen:	Seminar für Volkskunde der Universität
Hamburg:	Institut für Volkskunde
Kiel:	Seminar für Volkskunde der Universität
Mainz:	Lehrstuhl für deutsche Volkskunde
Marburg:	Institut für Europäische Ethnologie und Kulturforschung
München:	Institut für deutsche und vergleichende Volkskunde
Münster:	Seminar für Volkskunde / Europäische Ethnologie
Nürnberg:	Abt. Landes- und Volkskunde der Universität Erlangen-Nürnberg*
Passau:	Lehrstuhl für Volkskunde
Regensburg:	Institut für Volkskunde
Rostock:	Institut für Volkskunde in Mecklenburg-Vorpommern (Wossidlo-Archiv)*
Tübingen:	Ludwig-Uhland-Institut für Empirische Kulturwissenschaft
Würzburg:	Volkskundliche Abteilung des Instituts für Deutsche Philologie

* (ohne Lehrstuhl)

Im Zuge des Ausbaus der deutschen Universitäten während der 60er und 70er Jahre erlebte auch die Volkskunde eine beträchtliche Erweiterung ihrer Lehr- und Forschungskapazitäten. Gegenwärtig wird Volkskunde (Europäische Ethnologie, Empirische Kulturwissenschaft, Kulturanthropologie, Ethnographie) an mindestens 20 deutschen Universitäten sowie an drei österreichischen (Wien, Innsbruck, Graz) und drei schweizerischen Universitäten (Basel, Bern und Zürich) betrieben.

Studienanforderungen und -organisation

Außer der allgemeinen Hochschulreife bestehen im wesentlichen keine Studienvoraussetzungen. Die zunehmende Internationalisierung der Forschung läßt allerdings Sprachkenntnisse zumindest in Englisch und Französisch dringlich erscheinen. Für die Zulassung zur Abschlußprüfung und insbesondere zur Promotion ist der Nachweis des Latinums oder als gleichwertig anerkannter Sprachkenntnisse erforderlich.[1]

In der Regel wird Volkskunde im Magisterstudiengang als Haupt- oder Nebenfach angeboten. Speziell an bayerischen Universitäten kann Volkskunde auch als Wahlpflichtfach in die Lehramtsstudiengänge eingebracht werden. Wegen des weiten inhaltlichen Spektrums der Volkskunde ist ein Wechsel des Studienortes, am besten nach der Zwischenprüfung, grundsätzlich anzuraten.

Der Ablauf des Studiums gliedert sich in zwei Abschnitte, das Grundstudium und das Hauptstudium. Im *Grundstudium* sollen sich die Studierenden einen Einblick in die Arbeitsfelder des Faches und seine Methoden, seinen Begriffsapparat und die Grundzüge der Fachgeschichte verschaffen. Überblickswissen und Forschungsgegenstand vermittelt der Besuch von Vorlesungen. Die Anleitung zum wissenschaftlichen Arbeiten in volkskundlichen Forschungsfeldern geschieht in einem oder zwei Grundkursen bzw. Einführungsseminaren; zwei oder drei weitere Proseminare sollen besucht werden, um sich mit spezielleren Themenstellungen vertraut zu machen. Zum Studium gehört ferner die Teilnahme an fachspezifischen Exkursionen.

Mit der *Zwischenprüfung* wird das Grundstudium abgeschlossen. Sie kann frühestens nach dem 2. Semester und soll spätestens am Ende des 4. Semestern abgelegt werden. In Ausnahmefällen (z.B. wenn Sprachkenntnisse neu erworben werden müssen) kann die Zwischenprüfung bis ins 6. Semester hinausgeschoben werden. Je nach örtlicher Gepflogenheit ist die Prüfung mündlich (zum Beispiel ein halbstündiges Prüfungsgespräch) oder mündlich und schriftlich (z.B. mehrstündige Klausur oder umfanglichere Hausarbeit).

---

[1] Hier und in den folgenden Angaben bestehen Unterschiede zwischen den einzelnen Universitätsinstituten. Die vorliegende Darstellung kann nur allgemeine Richtlinien anzeigen, sie ersetzt nicht die verbindliche Information einer Studienberatung am Hochschulort selbst. Auch die über die Homepages der einzelnen Institute im Internet vermittelten Informationen stellen zwar eine Hilfe zur Vorbereitung dieses Gesprächs dar, können es jedoch nicht ersetzen.

Die bestandene Zwischenprüfung berechtigt zur Aufnahme des *Hauptstudiums,* in dem die Studierenden die im Grundstudium erworbenen Kenntnisse weiterentwickeln und sich in einem, besser zwei Kanongebieten spezialisieren sollen. Dazu gehört die erfolgreiche Teilnahme an einem bis drei Hauptseminaren (je nach Hochschulort und Studiengang) mit der Anfertigung schriftlicher Referate. Dazu gehört neben dem Besuch von Vorlesungen sowie der selbständigen Auswahl und Verarbeitung der Fachliteratur auch die Erprobung methodischer Verfahren. An manchen Instituten ist die Mitarbeit an mehrsemestrigen Feldforschungsprojekten im Studienplan verankert. Auf Exkursionen, von denen eine mehrtägig sein soll, lernt man die Umsetzung von Volkskunde außerhalb der Universität kennen. Obwohl in den Studienordnungen nicht eigens vorgesehen, empfiehlt sich ein Praktikum, etwa an einem kulturhistorischen Museum, um einen leichteren Einstieg in den Berufsweg zu finden. Kolloquien bieten die Gelegenheit, sich einerseits mit aktuellen Forschungstendenzen vertraut zu machen, sich andererseits im wissenschaftlichen Argumentieren zu üben, indem man über die eigene Abschlußarbeit referiert.

Das Hauptstudium wird mit der *Magisterprüfung* abgeschlossen. Sie ist möglich nach acht Semestern Studiendauer und nach der Anfertigung einer Magisterarbeit mit einem Umfang von 80–100 Seiten. Die Prüfung besteht aus einem wissenschaftlichen Gespräch (1 Stunde im Hauptfach, $^1/_2$ Stunde im Nebenfach) und gegebenenfalls aus einer mehrstündigen Klausur.

Die *Promotion* zum Dr. phil. kann nach einem guten Abschneiden beim Magisterexamen angeschlossen werden; manche Universitäten bieten einen Promotionsstudiengang an, in dem die Promotion direkt angestrebt werden kann.

Literatur

Bausinger, Hermann: Volkskunde. Von der Altertumsforschung zur Kulturanalyse, Darmstadt 1971.

Bausinger, Hermann (Hrsg.): Berufsleitfaden Volkskunde, Tübingen 1984.

Brednich, Rolf-Wilhelm (Hrsg.): Grundriß der Volkskunde. Einführung in die Forschungsfelder der europäischen Ethnologie, Berlin 1988.

Burckhardt-Seebass, Christine/DGV (Hrsg.): Zwischen den Stühlen fest im Sattel? Eine Diskussion um Zentrum, Perspektiven und Verbindungen des Faches Volkskunde (Tagungsband), Göttingen 1997.

Gerndt, Helge: Studienskript Volkskunde. Eine Handreichung für Studierende, 3. Auflage, München 1997.

Hugger, Paul (Hrsg.): Handbuch der schweizerischen Volkskultur, 3 Bde, Zürich 1992.

Weber-Kellermann, Ingeborg /Andreas C. Bimmer: Einführung in die Volkskunde/Europäische Ethnologie. Eine Wissenschaftsgeschichte, Stuttgart 1985.

2.11 VOR- UND FRÜHGESCHICHTE
von R. Hachmann, J. Lichardus, F. Stein

Gegenstand und Methoden

Vor- und Frühgeschichte wird auch als Ur- und Frühgeschichte oder Prähistorische Archäologie oder als Prähistorie bezeichnet. Das Fach begann sich gegen Ende des ersten Drittels des 19. Jahrhunderts zu entwickeln und wurde gegen Ende des zweiten Jahrhundertdrittels erstmals als Teil einer umfassenden Geschichtswissenschaft gesehen. Seit 1902 ist es – zunächst nur in Berlin als Extraordinariat für Germanische Altertumskunde – an deutschen Universitäten vertreten und gehört seit dem Ende der zwanziger Jahre zu den „klassischen" Fächern der Philosophischen Fakultäten deutscher Universitäten.

In Skandinavien und Österreich ging die Entwicklung des Faches annähernd die gleichen Wege wie in Deutschland. Dies gilt ebenso für Großbritannien und im Prinzip auch für Frankreich. In Großbritannien bilden „Prehistory" (auch „Prehistoric Archaeology") und „Medieval Archaeology" eine Einheit, während das Fach in Frankreich stärker aufgegliedert ist und die Bezeichnungen anders definiert sind. Man unterscheidet hier zwischen „Préhistoire", „Protohistoire", „Archéologie Gallo-Romaine" und „Archéologie Médiévale". In Polen, Tschechien und der Slowakei ist das Fach seit dem Ersten Weltkrieg an Universitäten vertreten, und in ganz Osteuropa gehört es seit dem Zweiten Weltkrieg zur Grundausstattung der Universitäten und wissenschaftlichen Akademien.

Vor- und Frühgeschichte ist eine historische Kulturwissenschaft, d. h. die Kulturgeschichte der frühen Menschheit Europas. Die Kultur hat – wie die Menschheit selbst – einen einheitlichen Ursprung und ist trotz aller in Raum und Zeit eingetretenen Veränderungen immer eine Einheit geblieben. Darum ist auch die Geschichte der Kultur eine Einheit. Die wissenschaftliche Erforschung der Kultur kann nicht nur diachron, sondern auch synchron erfolgen. Die synchrone Betrachtung erfaßt vor allen Dingen die gegenwärtigen kulturellen Phänomene; sie kann Kultur aber auch für alle „vergangenen Gegenwarten" in gleicher Weise betrachten. Die Fülle der in der Gegenwart und in der jüngeren Vergangenheit überlieferten kulturellen Fakten hat längst zu einer Aufteilung einer synchron betriebenen Kulturwissenschaft – nach ihrer Gliederung in Gesellschaft, Wirtschaft und Religion sowie Kunst und Sprache – in eine Vielzahl von Einzelwissenschaften geführt. Eine solche Aufteilung ist für die Vor- und Frühgeschichte noch nicht erfolgt. Die Wissenschaft von der Frühzeit des Menschen ist darum in synchroner Sicht zugleich Sozial-, Wirtschafts-, Religions- und Kunstwissenschaft.

In diachroner Sicht bilden die Fächer Vor- und Frühgeschichte und Geschichte eine Einheit. Zusammen ermöglichen sie eine Vorstellung von der gesamten Geschichte der Menschheit von deren Anfängen vor mehr als einer Million Jahre bis zur Gegenwart. Die Gliederung in Geschichte auf der einen und Vor- und Frühgeschichte auf der anderen Seite ist nicht durch die Art des Geschehens, sondern durch den Charakter der Quellen bedingt, die über dieses Aufschluß geben können. Alle historischen Quellen sind lückenhaft und unvollständig. In diesem Merkmal liegt der Unterschied zwischen Geschichte und Vor- und Frühgeschichte offensichtlich nicht. Die bemerkenswertesten Quellen der Geschichte sind schriftliche Aufzeichnungen verschiedenster Art; diese fehlen in der Vorgeschichte und sind in der Frühgeschichte verhältnismäßig spärlich. Aus den vor- und frühgeschichtlichen Epochen sind dafür zahlreiche Überreste der Kultur – meist in der Erde – erhalten. Ihre Auswertung ergibt trotz des Fehlens der Schriftlichkeit gleichwohl ein Bild von der Geschichte der frühen Menschheit, das sich indes in mancherlei Hinsicht von dem, was aufgrund geschriebener Quellen darzustellen ist, unterscheidet. Schriftquellen ermöglichen es, den einzelnen Menschen in seinem Handeln und Unterlassen deutlich zu erfassen, während er anhand der Überreste nur an seinen Werken und seinem Verhalten indirekt zu erkennen ist.

Vor- und Frühgeschichte kann überall dort betrieben werden, wo Bodenfunde als Quellen vorhanden bzw. bekannt sind. Da jedoch im 19. Jahrhundert zunächst vor- und frühgeschichtliche Quellen vornehmlich in Mittel-, West- und Nordeuropa bekannt wurden, war Vor- und Frühgeschichte lange Zeit in erster Linie eine solche Europas. Da auch heute die zeitlich anschließende, d.h. die Mittelalterliche Geschichte, in erster Linie eine solche der romanischen, germanischen und slawischen Völker ist, wird auch jetzt in Europa Vor- und Frühgeschichte als die frühe Geschichte jener Bevölkerungen betrieben, die den eben genannten vorausgingen. In diese Vor- und Frühgeschichte Europas muß für bestimmte Epochen die Vor- und Frühgeschichte und Geschichte Vorderasiens, des ägyptischen Niltals und Griechenlands sowie Italiens, für andere Epochen die Vor- und Frühgeschichte Zentralasiens oder Nordafrikas einbezogen werden. Für diese Bereiche haben sich teilweise selbständige Disziplinen entwickelt, wie die Vorderasiatische Archäologie, Ägyptologie, Klassische Archäologie, Etruskologie und Provinzialrömische Archäologie. Sie sind vom Standpunkt des Vor- und Frühgeschichtlers Sonderwissenschaften mit demselben Ziel. Forschungsgeschichtlich gesehen sind sie jedoch teilweise aus anderen Wurzeln entstanden und haben –

bedingt durch den Charakter der Quellen – eine teilweise andersartige Entwicklung genommen.

Stärker als beim Menschen der jüngeren historischen Epochen ist die Welt des Menschen der Frühzeit von der natürlichen, unbelebten und belebten Umwelt beeinflußt. Die Interdependenz zwischen dem frühen Menschen und seiner Umwelt wird in neuerer Zeit von einer speziellen Forschungsrichtung untersucht, die in Großbritannien als „Environmental Archaeology", in Deutschland als „Öko-Archäologie" bezeichnet wird. Für diese Forschungen wurden verschiedene Naturwissenschaften zunächst als Hilfswissenschaften herangezogen; aus diesen haben sich inzwischen teilweise selbständige Wissenschaften entwickelt. Zu diesen gehören die Archäozoologie, die Ethnobotanik und bestimmte Ausrichtungen der Anthropologie. Andere naturwissenschaftliche und technisch orientierte Hilfswissenschaften werden seit einiger Zeit unter dem Begriff „Archäometrie" zusammengefaßt. Es sind solche Wissenschaftszweige, die durch „Messen" (griech. metrein, metron) der Vor- und Frühgeschichte ergänzende Quellen eröffnen.

Nachbarwissenschaften der Vor- und Frühgeschichte

Eine Reihe von Wissenschaften sind der Vor- und Frühgeschichte benachbart. Dazu gehören auch die schon genannten, als Sonderwissenschaften innerhalb der Vor- und Frühgeschichte betrachtbaren, aber selbständigen Wissenschaften. Man kann die Gesamtheit der Nachbarwissenschaften gliedern und zusammenfassen nach ihrer zeitlichen oder räumlichen Benachbarung und nach ihrer methodologischen Bedeutung.

In der diachronen Achse, die ein Geschichtsbild von den Anfängen bis zur Gegenwart bieten soll, arbeiten neben Vor- und Frühgeschichte die in ihrer Benennung leicht als zusammengehörig erkennbaren Fächer Alte, Mittlere, Neue und Neueste Geschichte, aber auch die Altorientalische Philologie und die Byzantinistik sowie die schon genannten Fächer Ägyptologie, Vorderasiatische und Klassische Archäologie. Von allen diesen Wissenschaften hat die Mittelalterliche Geschichte (Mediävistik) für das Fach Vor- und Frühgeschichte besondere Bedeutung, denn sie ist nicht nur zeitlich benachbart, sondern in methodologischer Hinsicht wichtig, da sie in ihren Quellen mit der Vor- und Frühgeschichte teilweise eng verzahnt ist. Bodenfunde haben in wachsendem Umfang Bedeutung als Quellen für die Mittelalterliche Geschichte. Wichtiger ist es aber, daß sich in der Mediävistik schon früh im 19. Jahrhundert die text- und quellenkritischen Methoden entwickelt haben, die dann für alle Geschichtswissenschaften maßgebend wurden. Diese Methoden gelten auch für die Schriftquellen der Frühgeschichte. Das Nebeneinander von Bodenfunden und Schriftquellen in der Frühgeschichte hilft zum Verständnis des historischen Aussagewerts der Bodenfunde, und deswegen kann auch reine Vorgeschichte nur mit Kenntnis der Frühgeschichte und der für sie maßgebenden historischen Methoden betrieben werden. Umgekehrt geben die Bodenfunde rückwirkend ein methodologisches Korrektiv bei einer einseitigen Auswertung schriftlicher Quellen.

Wegen ihrer räumlichen Nachbarschaft sind Klassische Archäologie und Etruskologie – letztere meist als ein Zweig der Klassischen Archäologie betrieben –, Vorderasiatische Archäologie und Ägyptologie als Nachbarfächer von Bedeutung. Diese Fächer bieten teilweise zugleich eine beträchtliche fachinhaltliche Identität, vermitteln allerdings auch fachliche und gelegentlich auch methodologische Ergänzungen. Für kunstgeschichtliche Aspekte in der Vor- und Frühgeschichte ist die Klassische Archäologie methodologisch bedeutsam und Vorderasiatische Archäologie, Etruskologie und Ägyptologie nicht unwichtig. In gleichem methodologischen Sinne ist auch die Kunstgeschichte als Nachbarwissenschaft von Wichtigkeit.

Dem Inhalt ihrer Quellen nach steht die Ethnologie der Vor- und Frühgeschichte nahe. Für alle Kulturbereiche – Gesellschaft, Wirtschaft, Religion und Kunst – finden sich hier zwar keine identischen, aber doch vergleichbare Verhältnisse. Eine vergleichende Ethnologie kann kulturelle Entwicklungs- und Veränderungsbedingungen erarbeiten, die für alle rezenten Bevölkerungsgruppen geringer Naturbeherrschung gelten und darum auch für vor- und frühgeschichtliche Bevölkerungsgruppen Gültigkeit haben.

Mangels aufschlußreicher Quellen lassen sich die sprachlichen Verhältnisse in der Frühzeit nur ganz selten klären. Eine Tradition haben die Versuche, die Vergleichende Indogermanische Sprachwissenschaft und die Vor- und Frühgeschichte miteinander zu verbinden. Eine lange Tradition haben ganz ebenso die Bemühungen der Altgermanistik, mit Hilfe von frühgeschichtlichen Funden sprachliche Verhältnisse zu klären, und umgekehrt die der Frühgeschichtsforschung, aufgrund von Sprachresten das Bild der Kultur zu ergänzen.

Mehrere Naturwissenschaften haben als Nachbarwissenschaften der Vor- und Frühgeschichte für die Erhellung der Umwelt der frühen Menschen wachsende Bedeutung. Dazu gehören die Geologie, die Geographie (insbesondere die Biogeographie und die Geomorphologie), die Bodenkunde, die Zoologie und die Botanik.

Aus den beiden letztgenannten Wissenschaften haben sich die Archäozoologie und die Paläoethnobotanik als Sonderwissenschaften entwickelt, die einerseits Fauna und Flora der Umwelt des frühen Menschen klären, andererseits dessen Haustiere und Nutzpflanzen erforschen und deren Entwicklung untersuchen. Sie liefern auf diese Weise auch wesentliche Beiträge zur Wirtschaftsgeschichte.

Studieninhalte/Studienorganisation

Gegenstand des Studiums der Vor- und Frühgeschichte im Hauptfach ist normalerweise das gesamte Fachgebiet; denn es ist erforderlich, sich während des Studiums die im Bereich der Vorgeschichte und der Frühgeschichte teilweise unterschiedlichen Methoden zu eigen zu machen. Wie im vorausgegangenen Abschnitt schon angesprochen, wirken die methodologischen Erkenntnisse der Frühgeschichte befruchtend auf die der Vorgeschichte, umgekehrt bilden letztere ein ganz wesentliches Korrektiv im Bereich der Frühgeschichte. Eine Spezialisierung auf das Paläolithikum (Altsteinzeit) und das Mesolithikum (Mittelsteinzeit) ist nach den Studienplänen einiger deutscher Universitäten möglich. Eine derartige Abtrennung – ihr entspricht in Frankreich das Studium der „Préhistoire" – impliziert in der Regel eine Ausweitung des Studiums auf das Paläo- und Mesolithikum der ganzen Alten Welt.

Der Umfang des Studienfaches ist so groß, daß eine gleichmäßig intensive Beschäftigung mit allen Epochen im gesamten Arbeitsgebiet im Rahmen einer angemessenen Studienzeit schwierig ist. Es können innerhalb des Studienganges deswegen nach den Studienplänen der meisten deutschen Universitäten zeitliche und räumliche Schwerpunkte gewählt werden. Doch sollte dies erst im Verlauf des zweiten Studienabschnitts angestrebt werden, sobald die Fähigkeiten erworben sind, sich in jedes Spezialgebiet selbständig einzuarbeiten.

Mögliche zeitliche Schwerpunkte sind: 1. Paläo- und Mesolithikum (Alt- und Mittelsteinzeit), 2. Neolithikum (Jungsteinzeit), Kupferzeit, Bronzezeit und frühe Eisenzeit sowie 3. Frühgeschichte (späte vorrömische Eisenzeit und nachchristliche Eisenzeit). Mögliche räumliche Schwerpunkte können liegen: 1. in Mittel- und Südosteuropa, 2. in Mittel- und Westeuropa, 3. in Mittel- und Nordeuropa, 4. in Mittel- und Osteuropa und 5. in Mittel- und Südwesteuropa.

Einzelheiten der Möglichkeiten zur Schwerpunktbildung legen in der Regel die Studienpläne oder Studienordnungen der Universitäten fest. Es entspricht am ehesten dem Entwicklungsgang der frühen Geschichte der Menschheit, wenn zwei aufeinander folgende zeitliche Schwerpunkte (1 und 2, oder 2 und 3) gewählt werden. Als räumliche Schwerpunkte sollten Mittel- und Südosteuropa, Mittel- und Osteuropa oder Mittel- und Nordeuropa vorgezogen werden.

Für alle Sparten des Berufsfeldes sind bestimmte praktische Fähigkeiten unentbehrlich: Ausgraben, Museumstechnik, wissenschaftliches Zeichnen und Fotografieren. Zu diesem Zweck werden an den meisten Universitäten Lehrgrabungen, auch Zeichenkurse und Museumskunde in Blockveranstaltungen angeboten. Dies können jedoch nur Einführungen sein; deshalb wird die Teilnahme an planmäßigen Ausgrabungen insbesondere von Forschungsinstitutionen in den Semesterferien dringend empfohlen, und die Mitarbeit in einem Museum in der vorlesungsfreien Zeit wird angeraten.

Das Studium des Faches Vor- und Frühgeschichte kann mit der Akademischen Abschlußprüfung (Magisterprüfung) oder der Promotion beendet werden. An einer Reihe von Universitäten ist der Erwerb des Magistergrades Voraussetzung für die Promotion. Für beide Abschlüsse muß außer dem Hauptfach das Studium zweier Nebenfächer nachgewiesen werden. Diese sollten dem Hauptfach nahe stehen und für dessen Studium von maximalem Nutzen sein und deshalb möglichst aus den genannten Nachbarwissenschaften gewählt werden. Angesichts der wachsenden Bedeutung der Umweltwissenschaften wird ein Nebenfach aus dem Bereich dieser Wissenschaften und ein zweites aus dem Bereich der Kulturwissenschaften empfohlen. Als Grundsatz sollte nur ein archäologisches Fach als Nebenfach gewählt werden.

Für das Studium der Vor- und Frühgeschichte im Nebenfach genügen neben einem allgemeinen Überblick über die Kulturentwicklung Kenntnisse der grundlegenden Probleme in einem der zeitlichen und einem der räumlichen Schwerpunkte. Die Schwerpunkte sollten so gewählt werden, daß das Hauptfachstudium dadurch einen optimalen Nutzen erfährt.[1]

Studienvoraussetzungen

Studierende des Faches Vor- und Frühgeschichte müssen über einige Begabungen bzw. Fähigkeiten verfügen, die nicht unbedingt durch die schulische Ausbildung er-

---

[1] Zur Übersicht der Hochschulorte vgl. Tabelle 5.

worben werden können. Besonders wichtig sind eine deutlich entwickelte „eidetische" Begabung, d. h. ein anschaulich-bildhaftes Vor- und Darstellungsvermögen, und eine spezifische Kombination von intellektueller und praktischtechnischer Veranlagung.

Englische und französische Sprachkenntnisse sind zu empfehlen, weil nur mit diesen Kenntnissen weiträumiges Arbeiten und Vergleichen möglich ist. Der zusätzliche Erwerb von russischen Sprachkenntnissen ist anzuraten. Lateinkenntnisse sind nicht an allen Universitäten Voraussetzung für die Abschlußprüfungen im Fach Vor- und Frühgeschichte. Dies ist in den jeweiligen Studien- bzw. Prüfungsordnungen geregelt. Vor- und Frühgeschichte kann überdies nur dann sinnvoll studiert werden, wenn der Studierende bereit und in der Lage ist, sich im Verlauf des Studiums in jede europäische indogermanische Sprache einzulesen und in einer solchen einen Grabungs- und Fundbericht zu verstehen.

Berufliche Möglichkeiten

Die Zahl der Planstellen für Vor- und Frühgeschichtler im staatlichen und städtischen Bereich sowie in Körperschaften des öffentlichen Rechts ist begrenzt. Die Neuorganisation der Forschungseinrichtungen in den neuen Bundesländern, die zu einer gewissen Vermehrung der Planstellen geführt hatte, ist inzwischen abgeschlossen.

Bei Planstellen ist zwischen wissenschaftlichen Angestelltenstellen auf Zeit (in der Regel fünf Jahre) und wissenschaftlichen Angestellten- und Beamtenstellen auf Lebenszeit zu unterscheiden. Neben der Einweisung in Planstellen gibt es die Möglichkeit des Abschlusses von Privatdienstverträgen auf begrenzte Zeit (weniger als fünf Jahre). Von großer Bedeutung ist die Beschäftigung im Rahmen von Arbeitsbeschaffungsmaßnahmen (ABM) geworden. Gute Einstiegsmöglichkeiten bieten auch kurzfristige Arbeitsverträge im Rahmen von Großbauunternehmungen (Autobahnbau, Braunkohleabbau usw.), bei denen die archäologische Prospektion und die Sicherung der wichtigen Befunde durch Ausgrabungen in der Regel im Rahmen dieser Vorhaben finanziert werden. Dies gilt besonders für die neuen Bundesländer.

Für die Einweisung in eine Planstelle ist der Nachweis der Akademischen Abschlußprüfung (Magisterprüfung) oder der Promotion erforderlich. In der Praxis ist die Aussicht, nur auf Grund der Magisterprüfung eine Planstelle oder auch eine andere fachspezifische Beschäftigung zu finden, verhältnismäßig gering. Darum sollte das Studium mit der Promotion abgeschlossen werden.

Möglichkeiten fachspezifischer Beschäftigung im Rahmen von Planstellen oder Privatdienstverträgen bieten mindestens 20 deutsche Universitäten, einige Forschungsinstitutionen, Ämter für Archäologische Denkmalpflege/Bodendenkmalpflege bzw. entsprechende Abteilungen innerhalb von Ämtern für kulturgeschichtliche Denkmalpflege und Museen für Vor- und Frühgeschichte sowie Museen mit vor- und frühgeschichtlichen Abteilungen. Neuerdings zeigt sich die Tendenz zur Schaffung von Stellen für Kreisarchäologen, zu deren Aufgabe es gehört, Maßnahmen der Bodendenkmalpflege im Kreisgebiet wahrzunehmen und Lokalmuseen mit vor- und frühgeschichtlichen Beständen zu betreuen.

An Universitäten besteht für besonders Begabte die Möglichkeit der Habilitation und damit des Zuganges zur Hochschullehrerlaufbahn. Von besonderem Wert sind Stellen auf Zeit oder auf Lebenszeit bei einigen wissenschaftlichen Institutionen im Ausland.

Die Zahl der Studierenden der Vor- und Frühgeschichte ist derzeit so groß, daß gegenwärtig nur Universitätsabsolventen mit Prädikatsexamen Aussicht auf eine Stelle auf Zeit oder auf Lebenszeit haben. Die Einweisung auf eine Stelle auf Lebenszeit setzt heute normalerweise eine längere Verweildauer auf einer Stelle auf Zeit bzw. eine längere Tätigkeit im Rahmen eines Privatdienstvertrages voraus.

Bei der Realisierung von befriedigenden Berufsmöglichkeiten spielte schon immer neben der Qualität der Dissertation das Renommee des akademischen Lehrers, der die Dissertation betreute, eine besondere Rolle. Daran hat sich auch gegenwärtig nichts geändert.

Literatur

Eggers, Hans Jürgen: Einführung in die Vorgeschichte. Ergebnisse und Probleme moderner Wissenschaft, 2. Auflage, München 1986.

Hrouda, Barthel (Hrsg.): Methoden der Archäologie. Eine Einführung in ihre naturwissenschaftlichen Techniken, München 1978.

Methoden der Archäologie (Mit Beiträgen von H.-G. Bachmann, A. Czarnetzki, J. Hahn u.a.) Archaeologica Venatoria 6, Tübingen 1983.

Mommsen, Hans: Archäometrie. Neuere naturwissenschaftliche Methoden und Erfolge in der Archäologie, Stuttgart 1986.

Müller-Karpe, Hermann: Einführung in die Vorgeschichte, München 1975.

Wheeler, Mortimer Sir: Moderne Archäologie, Methoden und Technik der Ausgrabung. Deutsche Ausgabe von: Archaeology from the Earth, London 1952, Reinbek 1960. (Neuauflage in französischer Sprache: Archéologie: La voix de la terre, Aix en Provence: Edisud o. J. (ca. 1989)).

ANHANG

Hochschuladressen

Rheinisch-Westfälische Technische Hochschule Aachen	Templergraben 55 52062 Aachen Telefon (02 41) 80-1 Telefax (02 41) 88 88-1 00
Zentrale Studienberatung	Templergraben 83 52062 Aachen Telefon (02 41) 80-40 50, -40 51 Telefax (02 41) 88 88-1 08
Internet-Adresse	http://www.rwth-aachen.de
Universität Augsburg	86159 Augsburg Universitätsstraße 2 86159 Augsburg Telefon (08 21) 5 98-1 Telefax (08 21) 5 98-55 05
Zentrum für Studien- und Konfliktberatung (ZSK)	Universitätsstraße 2 86159 Augsburg Telefon (08 21) 5 98-51 37, -51 46, -51 47 Telefax (08 21) 5 98-51 36
Internet-Adresse	http://www.uni-augsburg.de
Otto-Friedrich-Universität Bamberg	Kapuzinerstraße 16 96047 Bamberg Telefon (09 51) 8 63-0 Telefax (09 51) 8 63-10 05
Zentrale Studienberatung	Markusstraße 6 96047 Bamberg Telefon (09 51) 8 63-10 50
Internet-Adresse	http://www.uni-bamberg.de

Universität Bayreuth	Universitätsstraße 30 95447 Bayreuth Telefon (09 21) 55-0 Telefax (09 21) 55-52 90 eMail: poststelle@uvw.uni-bayreuth.de
Zentrale Studienberatung	Universitätsstraße 30 95447 Bayreuth Telefon (09 21) 55-52 43, -55 44, -55 45 Telefax (09 21) 55-52 48
Internet-Adresse	http://www.uni-bayreuth.de
Freie Universität Berlin	Kaiserswerther Straße 16–18 14195 Berlin Telefon (0 30) 8 38-1 Telefax (0 30) 8 38-7 31 07
Zentrale Studienberatung	Brümmerstraße 50 14195 Berlin Telefon (0 30) 8 38-52 36, -22 47 Telefax (0 30) 8 38-39 13
Internet-Adresse	http://www.fu-berlin.de
Humboldt-Universität zu Berlin	Unter den Linden 6 10117 Berlin Telefon (0 30) 20 93-0 Telefax (0 30) 20 93-27 70 eMail: inge-guensel@verwaltung.hu-berlin.de
Referat Studienberatung	Unter den Linden 6 10117 Berlin Telefon (0 30) 20 93-21 25 Telefax (0 30) 20 93-27 70
Internet-Adresse	http://www.hu-berlin.de

Technische Universität Berlin	Straße des 17. Juni 135 10623 Berlin Telefon (0 30) 3 14-0 Telefax (0 30) 3 14-2 32 22 eMail: pressestelle@tu-berlin.de
Allgemeine Studienberatung	Straße des 17. Juni 135 10623 Berlin Telefon (0 30) 3 14-2 56 06 Telefax (0 30) 3 14-2 48 05
Internet-Adresse	http://www.tu-berlin.de
Universität Bielefeld	Universitätsstraße 25 33615 Bielefeld Telefon (05 21) 1 06-00 Telefax (05 21) 1 06-58 44, -29 64 eMail: gerhard.trott@post.uni-bielefeld.de
Zentrale Studienberatung	Universitätsstraße 25 33615 Bielefeld Telefon (05 21) 1 06-30 14, -30 17, -30 19
Internet-Adresse	http://www.uni-bielefeld.de
Ruhr-Universität Bochum	Universitätsstraße 150 44801 Bochum Telefon (02 34) 7 00-1 Telefax (02 34) 7 09-42 01
Zentrale Studienberatung	Universitätsstraße 150 44801 Bochum Telefon (02 34) 7 00-24 35 Telefax (02 34) 7 09-44 73
Internet-Adresse	http://www.ruhr-uni-bochum.de

Rheinische Friedrich-Wilhelms-Universität Bonn	Regina-Pacis-Weg 3 53113 Bonn Telefon (02 28) 73-1 Telefax (02 28) 73-70 75
Zentrale Studienberatung	Franziskanerstraße 4 53113 Bonn Telefon (02 28) 73-70 80 Telefax (02 28) 73-55 79 eMail: zsb@uni-bonn.de
Internet-Adresse	http://www.uni-bonn.de
Technische Universität Carolo-Wilhelmina zu Braunschweig	Pockelstraße 14 38106 Braunschweig Telefon (05 31) 3 91-0 Telefax (05 31) 3 91-45 77 eMail: president@tu-bs.de
Zentrale Studienberatung	Fallersleber-Tor-Wall 10 38100 Braunschweig Telefon (05 31) 3 91-43 44 Telefax (05 31) 3 91-45 77
Internet-Adresse	http://www.tu-bs.de
Universität Bremen	Bibliotheksstraße 1 28359 Bremen Telefon (04 21) 2 18-1 Telefax (04 21) 2 18-42 59
Zentrale Studienberatung	Bibliotheksstraße 1 28359 Bremen Telefon (04 21) 2 18-27 98 Telefax (04 21) 2 18-47 69
Internet-Adresse	http://www.uni-bremen.de

Technische Universität Chemnitz	Straße der Nationen 62 09111 Chemnitz Telefon (03 71) 5 31-0 Telefax (03 71) 5 31-13 42 eMail: pressestelle@tu-chemnitz.de
Zentrale Studienberatung	Straße der Nationen 62 09111 Chemnitz Telefon (03 71) 5 31-16 37, -18 40 Telefax (03 71) 5 31-18 09 eMail: studienberatung@tu-chemnitz.de
Internet-Adresse	http://www.tu-chemnitz.de
Technische Universität Darmstadt	Karolinenplatz 5 64289 Darmstadt Telefon (0 61 51) 16-1 Telefax (0 61 51) 16-54 89
Zentrale Studienberatung	Hochschulstraße 3 64289 Darmstadt Telefon (0 61 51) 16-35 68 Telefax (0 61 51) 16-20 55 eMail: zsb@zsb.th-darmstadt.de
Internet-Adresse	http://www.th-darmstadt.de
Universität Dortmund	August-Schmidt-Straße 4 44227 Dortmund Telefon (02 31) 7 55-1 Telefax (02 31) 75 15 32
Zentrale Studienberatung	Emil-Figge-Straße 50 44227 Dortmund Telefon (02 31) 7 55-23 45
Internet-Adresse	http://www.uni-dortmund.de

Technische Universität Dresden	Mommsenstraße 13 01069 Dresden Telefon (03 51) 4 63-0 Telefax (03 51) 4 63-71 65 eMail: tupress@aol.com
Zentrale Studienberatung	Mommsenstraße 13 01069 Dresden Telefon (03 51) 4 63-60 63 Telefax (03 51) 4 63-71 80 eMail: zsb@pop3.tu-dresden.de
Internet-Adresse	http://www.tu-dresden.de
Heinrich-Heine-Universität Düsseldorf	Universitätsstraße 1 40225 Düsseldorf Telefon (02 11) 81-00 Telefax (02 11) 34 22 29
Zentrale Studienberatung	Universitätsstraße 1 40225 Düsseldorf Telefon (02 11) 81-1 43 80 Telefax (02 11) 34 22 29
Internet-Adresse	http://www.uni-duesseldorf.de
Gerhard-Mercartor-Universität Gesamthochschule Duisburg	Lotharstraße 65 47048 Duisburg Telefon (02 03) 3 79-0 Telefax (02 03) 3 79-33 33
Zentrale Studienberatung	Lotharstraße 65 47048 Duisburg Telefon (02 03) 3 79-23 11, -23 12 Telefax (02 03) 3 79-33 33 eMail: zsb@uni-duisburg.de
Internet-Adresse	http://www.uni-duisburg.de

Katholische Universität Eichstätt	Ostenstraße 26 85072 Eichstätt Telefon (0 84 21) 93-0 Telefax (0 84 21) 93-17 96
Zentrale Studienberatung	Ostenstraße 26 85072 Eichstätt Telefon (0 84 21) 93-12 11, -12 83
Internet-Adresse	http://www.ku-eichstaett.de
Pädagogische Hochschule Erfurt	Nordhäuser Straße 63 99089 Erfurt Telefon (03 61) 7 37-0 Telefax (03 61) 7 37-19 99
Allgemeine Studienberatung	Nordhäuser Straße 63 99089 Erfurt Telefon (03 61) 7 37-10 55 Telefax (03 61) 7 37-19 05
Internet-Adresse	http://www.ph-erfurt.de
Friedrich-Alexander-Universität Erlangen-Nürnberg	Schloßplatz 4 91054 Erlangen Telefon (0 91 31) 85-0 Telefax (0 91 31) 85-21 31 eMail: ringel@hauptbuero2-pc. zuv.uni-erlangen.de
Informations- und Beratungszentrum für Studiengestaltung (IBZ)	Schloßplatz 4 91054 Erlangen Telefon (0 91 31) 85-48 02, 48 09 Telefax (0 91 31) 85-21 31 eMail: ibz@zuv.uni-erlangen.de
Internet-Adresse	http://www.uni-erlangen.de

Universität – **Gesamthochschule Essen**	Universitätsstraße 2 45141 Essen Telefon (02 01) 1 83-1 Telefax (02 01) 1 83-35 36
Zentralstelle für Allgemeine Studienberatung	Universitätsstraße 2 45141 Essen Telefon (02 01) 1 83-20 09, -20 14 eMail: studienberatung@uni-essen.de
Internet-Adresse	http://www.uni-essen.de
Bildungswissenschaftliche **Hochschule Flensburg-Universität**	Mürwiker Straße 77 24943 Flensburg Telefon (04 61) 31 30-0 Telefax (04 61) 3 85 43 eMail: info@uni-flensburg.de
Allgemeine Studienberatung	Mürwiker Straße 77 24943 Flensburg Telefon (04 61) 31 30-1 16 Telefax (04 61) 3 85 43
Johann-Wolfgang-Goethe-Universität **Frankfurt/M.**	60325 Frankfurt/M. Telefon (0 69) 7 98-1 Telefax (0 69) 7 98-2 85 30 eMail: presse@ltg.uni-frankfurt.de
Zentrale Studienberatung	Bockenheimer Landstraße 133 60325 Frankfurt/M. Telefon (0 69) 7 98-2 35 97 Telefax (0 69) 7 98-2 39 83 eMail: zsb@ltg.uni-frankfurt.de
Internet-Adresse	http://www.uni-frankfurt.de

Albert-Ludwigs-
Universität Freiburg

Heinrich-von-Stephan-Straße 25
79100 Freiburg
Telefon (07 61) 2 03-1
Telefax (07 61) 2 03-43 69
eMail: rektor@uni-freiburg.de

Zentrale Studienberatung

Wilhelmstraße 26
79098 Freiburg
Telefon (07 61) 2 03-42 46
Telefax (07 61) 2 03-44 09

Internet-Adresse

http://www.uni-freiburg.de

Pädagogische Hochschule Freiburg

Kunzenweg 21
79117 Freiburg
Telefon (07 61) 6 82-1
Telefax (07 61) 6 82-4 02

Zentrale Studienberatung der
Hochschulregion Freiburg

Wilhelmstraße 26
79098 Freiburg
Telefon (07 61) 2 03-42 46
Telefax (07 61) 2 03-44 09

Internet-Adresse

http://www.uni-freiburg.de/ph/
PHHome.htm

Justus-Liebig-Universität Gießen

Ludwigstraße 23
35390 Gießen
Telefon (06 41) 99-0
Telefax (06 41) 99-1 26 59

Büro für Studienberatung

Ludwigstraße 28 a
35390 Gießen
Telefon (06 41) 99-1 62 23
Telefax (06 41) 99-1 62 26

Internet-Adresse

http://www.uni-giessen.de

Georg-August-Universität Göttingen	Goßlerstraße 5–7 37073 Göttingen Telefon (05 51) 39-0 Telefax (05 51) 39-96 12 eMail: ghahne@uni-goettingen.de
Zentrale Studienberatung	Humboldtallee 17 37073 Göttingen Telefon (05 51) 39-74 93
Internet-Adresse	http://www.uni-goettingen.de
Ernst-Moritz-Arndt-Universität Greifswald	Domstraße 11 17489 Greifswald Telefon (0 38 34) 86-0 Telefax (0 38 34) 86-11 05
Allgemeine Studienberatung	Domstraße 11 17489 Greifswald Telefon (0 38 34) 86-12 94 Telefax (0 38 34) 86-12 48
Internet-Adresse	http://www.uni-greifswald.de
Martin-Luther-Universität Halle-Wittenberg	Universitätsplatz 06108 Halle Telefon (03 45) 5 52-0 Telefax (03 45) 5 52-70 75
Allgemeine Studienberatung	Universitätsring 3 06108 Halle Telefon (03 45) 5 52-13 06, -13 08 Telefax (03 45) 55 2-70 52
Internet-Adresse	http://www.uni-halle.de

Hochschule für Musik und Theater Hamburg	Harvestehuder Weg 12 20148 Hamburg Telefon (0 40) 4 41 95-0 Telefax (0 40) 4 41 95-6 66
Studienberatung	Harvestehuder Weg 12 20148 Hamburg Telefon (0 40) 4 41 95-5 77, -5 78 Telefax (0 40) 4 41 95-6 66
Universität Hamburg	Edmund-Siemers-Allee 1 20146 Hamburg Telefon (0 40) 41 23-1 Telefax (0 40) 41 23-24 49
Zentrum für Studienberatung und Psychologische Betreuung	Edmund-Siemers-Allee 1 20146 Hamburg Telefon (0 40) 41 23-25 22 Telefax (0 40) 41 23-23 18 eMail: studienberatung@rrz-cip-1.rrz. uni-hamburg.de
Internet-Adresse	http://www.uni-hamburg.de
Universität Hannover	Welfengarten 1 30167 Hannover Telefon (05 11) 7 62-0 Telefax (05 11) 7 62-34 56
Zentrale Studienberatung	Welfengarten 1 30167 Hannover Telefon (05 11) 7 62-55 87 Telefax (05 11) 7 62-55 04 eMail: zsb@mbox.zsb.uni-hannover.de
Internet-Adresse	http://www.uni-hannover.de

Pädagogische Hochschule Heidelberg	Keplerstraße 87 69120 Heidelberg Telefon (0 62 21) 4 77-0 Telefax (0 62 21) 4 77-4 33 eMail: schwinge@ph-com.ph.uni-heidelberg.de
Zentrum für Studienberatung und Weiterbildung der Ruprecht-Karls-Universität Heidelberg	Seminarstraße 2 69117 Heidelberg Telefon (0 62 21) 54-23 07
Internet-Adresse	http://www.ph.uni-heidelberg.de
Ruprecht-Karls-Universität Heidelberg	Grabengasse 1 69117 Heidelberg Telefon (0 62 21) 54-0 Telefax (0 62 21) 54-26 18 eMail: rektor@rektorat.uni-heidelberg.de
Zentrum für Studienberatung und Weiterbildung	Seminarstraße 2 69117 Heidelberg Telefon (0 62 21) 54-23 07
Internet-Adresse	http://www.uni-heidelberg.de
Universität Hildesheim	Marienburger Platz 22 31141 Hildesheim Telefon (0 51 21) 8 83-0 Telefax (0 51 21) 86 75 58 eMail: rektorat@rz.uni-hildesheim.de
Allgemeine Studienberatung	Marienburger Platz 22 31141 Hildesheim Telefon (0 51 21) 8 83-5 31 Telefax (0 51 21) 8 83-2 97
Internet-Adresse	http://www.uni-hildesheim.de

Friedrich-Schiller-Universität Jena	Fürstengraben 10 7743 Jena Telefon (0 36 41) 63-00 Telefax (0 36 41) 63-23 45
Zentrale Studienberatung	Fürstengraben 10 7743 Jena Telefon (0 36 41) 93 11-20
Internet-Adresse	http://www.uni-jena.de
Pädagogische Hochschule Karlsruhe	Bismarckstraße 10 76133 Karlsruhe Telefon (07 21) 9 25-3 Telefax (07 21) 9 25-40 00 eMail: info@ph-karlsruhe/ph.de
Allgemeine Studienberatung	Bismarckstraße 10 76133 Karlsruhe Telefon (07 21) 9 25-40 40 Telefax (07 21) 9 25-40 00
Internet-Adresse	http://www.uni-karlsruhe.de/PH
Universität Fridericiana zu Karlsruhe	Kaiserstraße 12 76131 Karlsruhe Telefon (07 21) 6 08-0 Telefax (07 21) 6 08-42 90 eMail: rektor.verwaltung@uni- karlsruhe.de
Zentrum für Information und Beratung	Karlstraße 40 76133 Karlsruhe Telefon (07 21) 6 08-49 30 Telefax (07 21) 6 08-49 02 eMail: zib@zib.uni-karlruhe.de
Internet-Adresse	http://www.uni-karlsruhe.de

Universität Gesamthochschule Kassel	Mönchebergstraße 19 34125 Kassel Telefon (05 61) 8 04-0 Telefax (05 61) 8 04-22 33 eMail: praesident@verwaltung. uni-kassel.de
Zentrale Studienberatung	Mönchebergstraße 19 34125 Kassel Telefon (05 61) 8 04-0 Telefax (05 61) 8 04-31 96 eMail: zsb@hrz.uni-kassel.de
Internet-Adresse	http://www.uni-kassel.de
Christian-Albrechts-Universität zu Kiel	Olshausenstraße 40 24118 Kiel Telefon (04 31) 8 80-00 Telefax (04 31) 8 80-73 33 eMail: pressestelle@verwaltung. uni-kiel.de
Zentrale Studienberatung	Olshausenstraße 40 24118 Kiel Telefon (04 31) 8 80-37 10, -37 11, -37 12
Universität Koblenz-Landau Abt. Koblenz	Rheinau 1 56075 Koblenz Telefon (02 61) 91 19-0 Telefax (02 61) 3 75 24
Allgemeine Studienberatung	Rheinau 1 56075 Koblenz Telefon (02 61) 91 19-7 29 Telefax (02 61) 3 75 24
Internet-Adresse	http://www.uni-koblenz.de

Universität Koblenz-Landau **Abt. Landau**	Im Fort 7 76829 Landau Telefon (0 63 41) 2 80-0 Telefax (0 63 41) 2 80-1 01
Allgemeine Studienberatung	Im Fort 7 76829 Landau Telefon (0 63 41) 2 80-1 83 Telefax (0 63 41) 2 80-1 01
Internet-Adresse	http://www.uni-koblenz.de/- universitaet/Landau/landau.html
Universität zu Köln	Albertus-Magnus-Platz 50931 Köln Telefon (02 21) 4 70-0 Telefax (02 21) 4 70-51 51
Zentrale Studienberatung	Albertus-Magnus-Platz 50931 Köln Telefon (02 21) 4 70-36 06, -37 89
Internet-Adresse	http://www.uni-koeln.de
Universität Konstanz	Universitätsstraße 10 78464 Konstanz Telefon (0 75 31) 88-1 Telefax (0 75 31) 88-36 88
Zentrale Studienberatung	Universitätsstraße 10 78464 Konstanz Telefon (0 75 31) 88-36 36 Telefax (0 75 31) 88-31 43 eMail: studienberatung@uni-konstanz.de
Internet-Adresse	http://www.uni-konstanz.de

Hochschule für Musik und Theater "Felix Mendelssohn Bartholdy" Leipzig	Grassistraße 8 04107 Leipzig Telefon (03 41) 21 44-55 Telefax (03 41) 21 44-5 03 eMail: reichelt@rz.uni-leipzig.de
Allgemeine Studienberatung	Grassistraße 8 04107 Leipzig Telefon (03 41) 21 44-6 20
Universität Leipzig	Augustusplatz 9–11 04109 Leipzig Telefon (03 41) 97-1 08 Telefax (03 41) 97-3 00 99
Zentrale Studienberatung	Goethestraße 6 04109 Leipzig Telefon (03 41) 97-3 20 44
Internet-Adresse	http://www.uni-leipzig.de
Pädagogische Hochschule Ludwigsburg	Reuteallee 46 71634 Ludwigsburg Telefon (0 71 41) 1 40-0 Telefax (0 71 41) 1 40-4 34
Internet-Adresse	http://www.ph-ludwigsburg.de
Universität Lüneburg	Scharnhorststraße 1 21335 Lüneburg Telefon (0 41 31) 78-0 Telefax (0 41 31) 78-10 91
Zentrale Studien- und Studentenberatungsstelle	Scharnhorststraße 1 21335 Lüneburg Telefon (0 41 31) 78-12 60 Telefax (0 41 31) 78-12 69 eMail: zsb@uni-lueneburg.de
Internet-Adresse	http://www.uni-lueneburg.de

Otto-von-Guerike-Universität **Magdeburg**	Universitätsplatz 2 39106 Magdeburg Telefon (03 91) 67 01 Telefax (03 91) 6 71 11 56
Zentrale Studien- und Studentenberatung	Universitätsplatz 2 39106 Magdeburg Telefon (03 91) 6 71 22 - 83, - 84, - 85
Internet-Adresse	http://www.uni-magdeburg.de
Johannes-Gutenberg-Universität **Mainz**	Saarstraße 21 55122 Mainz Telefon (0 61 31) 39-0 Telefax (0 61 31) 39-29 19 eMail: idpb@verwaltung.uni-mainz.de
Zentrale Studienberatung	Saarstraße 21 55122 Mainz Telefon (0 61 31) 39-33 61 Telefax (0 61 31) 39-55 28
Internet-Adresse	http://www.uni-mainz.de
Universität Mannheim	Schloß 68131 Mannheim Telefon (06 21) 2 92-0 Telefax (06 21) 2 92-25 87 eMail: presse@rummelplatz.uni-mannheim.de
Allgemeine Studienberatung	L 9, 5 68161 Mannheim Telefon (06 21) 2 92-53 90 Telefax (06 21) 2 92-50 66 eMail: presse@rummelplatz.uni-mannheim.de
Internet-Adresse	http://www.uni-mannheim.de

Philipps-Universität Marburg	Biegenstraße 10 35037 Marburg Telefon (0 64 21) 28-0 Telefax (0 64 21) 28-25 00
Zentrale Arbeitsstelle für Studienorientierung und -beratung	Biegenstraße 12 35037 Marburg Telefon (0 64 21) 28-60 04
Internet-Adresse	http://www.uni-marburg.de
Ludwig-Maximilians-Universität München	Geschwister-Scholl-Platz 1 80539 München Telefon (0 89) 21 80-0 Telefax (0 89) 21 80-23 22 eMail: rektorat@lrz.muenchen.de
Zentrale Studienberatung	Ludwigstraße 27 80539 München Telefon (0 89) 21 80-23 50/23 45 Telefax (0 89) 21 80-29 67 eMail: zsb@verwaltung.uni-muenchen.de
Internet-Adresse	http://www.uni-muenchen.de
Westfälische Wilhelms-Universität Münster	Schloßplatz 2 48149 Münster Telefon (02 51) 83-0 Telefax (02 51) 83-3 20 90
Zentrale Studienberatung	Schloßplatz 5 48149 Münster Telefon (02 51) 83-2 23 57, -2 23 58, -2 23 59 Telefax (02 51) 83-2 20 85 eMail: zsb@uni-muenster.de
Internet-Adresse	http://www.uni-muenster.de

Carl-von-Ossietzky-Universität Oldenburg	Ammerländer Heerstraße 114–118 26129 Oldenburg Telefon (04 41) 7 98-0 Telefax (04 41) 7 98-30 00
Zentrale Studienberatung	Uhlhornsweg 49-55 26129 Oldenburg Telefon (04 41) 7 98-24 73, -44 05
Internet-Adresse	http://www.uni-oldenburg.de
Universität Osnabrück	Neuer Graben/Schloß 49074 Osnabrück Telefon (05 41) 9 69-0 Telefax (05 41) 9 69-45 70 eMail: pressestelle@uni-osnabrueck.de
Zentrale Studienberatung	Neuer Graben 19/21 49074 Osnabrück Telefon (05 41) 9 69-41 36, -41 39 Telefax (05 41) 9 69-47 92
Internet-Adresse	http://www.uni-osnabrueck.de
Universität – Gesamthochschule Paderborn	Warburger Straße 100 33098 Paderborn Telefon (0 52 51) 60-0 Telefax (0 52 51) 60-25 19
Zentrale Studienberatung	Warburger Straße 100 33098 Paderborn Telefon (0 52 51) 60-20 08, -20 07, -20 09
Internet-Adresse	http://www.uni-paderborn.de

Universität Passau	Dr.-Hans-Kapfinger-Straße 22 94032 Passau Telefon (08 51) 5 09-0 Telefax (08 51) 5 09-10 05
Zentrale Studienberatung	Heuwieserstraße 1 94032 Passau Telefon (08 51) 5 09-11 20, -11 50
Internet-Adresse	http://www.uni-passau.de
Universität Potsdam	Am Neuen Palais 10 14469 Potsdam Telefon (03 31) 97 70 Telefax (03 31) 9 77 21 63
Zentrale Studienberatung	Am Neuen Palais 10 14469 Potsdam Telefon (03 31) 9 77 12 25
Internet-Adresse	http://uni-potsdam.de
Universität Regensburg	Universitätsstraße 31 93053 Regensburg Telefon (09 41) 9 43-01 Telefax (09 41) 9 43-23 05
Zentralstelle für Studienberatung	Universitätsstraße 31 93053 Regensburg Telefon (09 41) 9 43-22 19, -22 20, -22 22
Internet-Adresse	http://www.uni-regensburg.de

Universität Rostock	Universitätsplatz 1 18051 Rostock Telefon (03 81) 4 98-0 Telefax (03 81) 4 98-10 06 eMail: rektor@rektorat.uni-rostock.de
Allgemeine Studienberatung	Universitätsplatz 1 18051 Rostock Telefon (03 81) 4 98-12 53, -12 54 Telefax (03 81) 4 98-12 41
Internet-Adresse	http://www.uni-rostock.de
Universität des Saarlandes	Im Stadtwald 66123 Saarbrücken Telefon (06 81) 3 02-0 Telefax (06 81) 3 02-26 09 eMail: ref61upr@rz.uni-sb.de
Zentrale Studienberatung	Im Stadtwald 66123 Saarbrücken Telefon (06 81) 3 02-35 13
Internet-Adresse	http://www.uni-sb.de
Pädagogische Hochschule Schwäbisch-Gmünd	Oberbettringer straße 200 73525 Schwäbisch Gmünd Telefon (0 71 71) 9 83-0 Telefax (0 71 71) 9 83-2 12
Allgemeine Studienberatung	Oberbettringer Straße 200 73525 Schwäbisch Gmünd Telefon (0 71 71) 9 83-2 10
Internet-Adresse	http://www.ph-gmuend.de

Universität – Gesamthochschule Siegen	Herrengarten 3 57072 Siegen Telefon (02 71) 7 40-1 Telefax (02 71) 7 40-48 99, -49 11
Zentrale Studienberatung	Hölderlinstraße 3 57068 Siegen Telefon (02 71) 7 40-31 16, -31 17 Telefax (07 11) 7 40-23 10
Internet-Adresse	http://www.uni-siegen.de
Universität Stuttgart	Keplerstraße 7 70174 Stuttgart Telefon (07 11) 1 21-0 Telefax (07 11) 1 21-22 71
Zentrale Studienberatung	Geschwister-Scholl-Straße 24 c 70174 Stuttgart Telefon (07 11) 1 21-21 33 Telefax (07 11) 1 21-22 56 eMail: studienberatung@ www.uni-stuttgart.de
Internet-Adresse	http://www.uni-stuttgart.de
Universität Trier	Universitätsring 15 54296 Trier Telefon (06 51) 2 01-0 Telefax (06 51) 2 01-42 99 eMail: lano@olewig.uni-trier.de
Zentrale Studienberatung	Universitätsring 15 54296 Trier Telefon (06 51) 2 01-27 98, -27 99 Telefax (06 51) 2 01-27 98
Internet-Adresse	http://www.uni-trier.de

Eberhard-Karls-Universität Tübingen	Wilhelmstraße 7 72074 Tübingen Telefon (0 70 71) 29-1 Telefax (0 70 71) 29-59 90
Zentrale Studienberatung	Wilhelmstraße 11 72074 Tübingen Telefon (0 70 71) 29-7 25 55 eMail: abz@uni-tuebingen.de
Internet-Adresse	http://www.uni-tuebingen.de
Hochschule Vechta	Driverstraße 22 49377 Vechta Telefon (0 44 41) 15-1 Telefax (0 44 41) 15-4 44 eMail: rektor@uni-vechta.de
Zentrale Studienberatung	Driverstraße 22 49377 Vechta Telefon (0 44 41) 15-3 78, -3 79
Internet-Adresse	http://www.uni-vechta.de
Pädagogische Hochschule Weingarten	Kirchplatz 2 88250 Weingarten Telefon (07 51) 5 01-0 Telefax (07 51) 5 01-2 00 eMail: rektor@ph-nov1.ph.ph-weingarten.de
Allgemeine Studienberatung	Kirchplatz 2 88250 Weingarten Telefon (07 51) 5 01-2 20, -2 22
Internet-Adresse	http://www.fh-weingarten.de/ph/ welcome.htm

Bayerische **Julius-Maximilians-Universität** **Würzburg**	Sanderring 2 97070 Würzburg Telefon (09 31) 31-0 Telefax (09 31) 31-26 00 eMail: universitaet@zv.uni-wuerzburg.de
Zentrale Studienberatung	Ottostraße 16 97070 Würzburg Telefon (09 31) 31-29 14 eMail: studienberatung@zv.uni-wuerzburg.de
Internet-Adresse	http://www.uni-wuerzburg.de
Bergische Universität – **Gesamthochschule Wuppertal**	Gaußstraße 20 42119 Wuppertal Telefon (02 02) 4 39-1 Telefax (02 02) 4 39-28 99
Zentrale Studienberatung	Gaußstraße 20 42119 Wuppertal Telefon (02 02) 4 39-25 95, -25 96 Telefax (02 02) 4 39-25 97 eMail: zsb@uni-wuppertal.de
Internet-Adresse	http://www.uni-wuppertal.de

Verzeichnis der Tabellen und Übersichten

Autoren

Heinz-Jürgen Beyer (* 1943 in Echternach/Luxemburg) Studium von Geschichte, Latein und Italienisch an den Universitäten Bonn, Würzburg, Padua (Italien) und Bochum. Magisterprüfung 1967, Promotion 1973. Wissenschaftlicher Assistent (mdVb) für Mittelalterliche Geschichte an der Ruhr-Universität Bochum; seit 1973 Studienberater an der Universität des Saarlandes; seit 1986 Referent im Präsidial-büro ebenda.

Gerhard Binder (* 1937 in Nürnberg) Studium der Fächer Latein, Griechisch und Evangelische Theologie an den Universitäten Erlangen und Bonn. Promotion 1961, Erste Staatsprüfung 1961/62, Habilitation für Klassische Philologie 1968. Apl. Professor und Wissenschaftlicher Rat am Institut für Altertumskunde der Universität zu Köln 1970; Professeur Associé an der Universität Nantes (Frankreich) 1979/80; seit 1982 Professor für Latinistik an der Ruhr-Universität Bochum.

Christoph Brumann (*1962 in Köln) Studium der Völkerkunde, Japanologie und Sinologie in Köln und Tokyo, 1991 M.A., seit 1992 wissenschaftlicher Mitarbeiter am Kölner Institut für Völkerkunde, 1997 Promotion.

Reinhold Glei (* 1959 in Remscheid) Studium der Klassischen Philologie und der Philosopie an der Universität zu Köln. Erste Staatsprüfung in Latein und Griechisch 1982, Promotion 1983, Habilitation für Klassische Philologie 1989. Hochschuldozent am Seminar für Klassische Philologie der Ruhr-Universität Bochum 1990; Professor für Lateinische Philologie an der Universität Bielefeld 1993; seit 1996 Professor für Lateinische Philologie an der Ruhr-Universität Bochum.

Rolf Hachmann (* 1917 in Hamburg) Studium in Hamburg und München mit dem Hauptfach Vor- und Frühgeschichte und den Nebenfächern Alte Geschichte und Ethnologie. Promotion 1949, Habilitation 1955. Danach Privatdozent für Vor- und Frühgeschichte an der Universität Hamburg; seit der Berufung auf den Lehrstuhl für Vor- und Frühgeschichte der Universität des Saarlandes (1959) Professor in Saarbrücken (seit 1986 emeritiert).

Jürgen Hofmann (* 1941 in Würzburg) Studium von Germanistik, Theaterwissenschaft, Soziologie und Publizistik. Promotion 1970, Habilitation 1979. Seitdem Privatdozent für Theaterwissenschaft an der FU Berlin. „Kritisches Handbuch des westdeutschen Theaters" (Berlin 1981). Zahlreiche Theaterstücke („Noch ist Polen nicht verloren", 1984 – „Heydrich-Blues", 1990 – „Farben der Liebe", 1997). Professor an der Hochschule der Künste Berlin („Szenisches Schreiben").

Kurt Lehnstaedt (* 1942 in Neustadt/Kulm) Studium von Klassischer Archäologie, Latein und Alter Geschichte an der Universität München. Promotion 1970. Danach Berufsberater; seit 1976 Studienberater an der Universität München.

Jan Lichardus (* 1939 in Ruzomberok/Rosenberg) Studium in Bratislava mit dem Hauptfach Vor- und Frühgeschichte und den Nebenfächern Alte und Mittlere Geschichte. Diplomabschluß 1961; Kandidatsexamen der historischen Wissenschaften (Tschechoslowakische Akademie der Wissenschaften); Promotion in Brünn 1968. Seit 1970 an der Universität des Saarlandes tätig, nach der Habilitation 1973 als Privatdozent, seit 1986 als Professor für Vor- und Frühgeschichte.

Christoph-Hellmut Mahling (* 1932 in Berlin) Privatmusiklehrerexamen 1957; Studium der Musikwissenschaft an der Universität Tübingen und an der Universität des Saarlandes. Promotion 1962, danach Assistent an der Universität des Saarlandes; dort 1972 Habilitation für das Fach Musikwissenschaft und Ernennung zum Professor; seit 1981 Professor an der Johannes Gutenberg-Universität Mainz. 1968 bis 1981 einer der Schriftleiter der Zeitschrift „Die Musikforschung"; 1987 bis 1992 Präsident der Internationalen Gesellschaft für Musikwissenschaft; seit 1997 Präsident der Gesellschaft für Musikforschung.

Michael Prosser (* 1960 in Freiburg/Brsg.) Studium der Volkskunde, Geschichte und Sprachwissenschaft an den Universitäten Würzburg und Freiburg/Brsg. Freiberufliche Tätigkeit im Ausstellungs- und Archivwesen. Promotion 1991. Seitdem wissenschaftlicher Assistent und Studienberater am Institut für Volkskunde der Universität Regensburg.

Barbara Purbs (* 1943 in Plauen/Vogtland) 2 Studiensemester an der Werkkunstschule Bielefeld, danach Studium der Kunstgeschichte, Soziologie und Psychologie, dann Archäologie und Islamkunde als Nebenfacher an der Universität des Saarlandes. Promotion 1974; Ausbildung für den höheren Dienst an wissenschaftlichen Bibliotheken, Assessorexamen am Bibliothekarlehrinstitut Köln 1976. Wissenschaftliche Angestellte in der Zentralen Studienberatung der Universität des Saarlandes 1976; seit 1978 Leiterin des Staatlichen Büchereiamtes für das Saarland. Zeitweilige Nebentätigkeit für die Stiftung Saarländischer Kulturbesitz. 1986 bis 1992 Referatsleiterin im Ministerium für Wissenschaft und Kultur des Saarlandes. Seit 1992 Leiterin der Stadtbücherei Frankfurt am Main.

Birgit Röder (* 1963 in Passau) Studium der Germanistik und Allgemeinen Linguistik an der Universität Passau. Magisterabschluß 1988, Promotion 1993; ab

1989 dreijährige Tätigkeit als wissenschaftliche Mitarbeiterin im Bereich Deutsche Sprachwissenschaft, seit 1992 Studienberaterin an der Universität Passau.

Dieter Scheler (* 1940 in Würzburg) Studium der Geschichte und Germanistik in Würzburg, Wien und Bochum. Promotion 1970. Akademischer Oberrat in der Abteilung für Geschichtswissenschaft der Ruhr-Universität Bochum, Arbeitsgebiet: Sozialgeschichte des Spätmittelalters.

Frauke Stein (* 1936 in Leer/Ostfriesland) Studium in Hamburg und München mit dem Hauptfach Vor- und Frühgeschichte und den Nebenfächern Alte Geschichte und Klassische Archäologie. Promotion 1961. Seit 1964 an der Universität des Saarlandes tätig, nach der Habilitation 1970 als Privatdozentin, ab 1973 als Professorin für Vor- und Frühgeschichte.

Register